全国高职高专教育精品规划教材

国际贸易理论与实务项目化教程

主　编　江卫华　任　艳
副主编　陈勇平　董　越　刘照红
　　　　杨　琼　张　萍　彭　扬
　　　　陈礼兴

北京交通大学出版社

·北京·

内 容 简 介

本教材将国际贸易的运用能力标准充分结合到教学内容中，把能力标准细分为知识目标（应知）和技能目标（应会），并以之作为国际贸易教学的培养目标，同时把这些目标融合到基于国际贸易相关工作过程而划分的任务中去，然后通过这些任务的驱动，真正让学生掌握与国际贸易相关的知识和方法，掌握相应的知识目标和技能目标。这样的基于任务驱动的教学模式，就有了很实在的内容，而不再只是停留在一个概念上。

全书分为三大项目、10 个任务。项目 1 为走进国际贸易，主要任务是熟悉国际贸易相关的基本概念及理论，对一些国际贸易现象有初步的认识，为后续任务做好相关知识准备。项目 2 为掌握国际贸易核心技能，该项目是课程的核心内容。通过任务驱动及其一系列的技能任务，来训练学生的国际贸易相关技能，强调对核心技能的训练。要求学生能够独立完成或者与他人合作完成甚至指导他人完成具体任务。项目 3 为探索国际贸易创新模式，是课程内容的延展，可提升读者的能力，为读者在未来的若干年职业生涯的可持续发展提供知识储备。

本书是一本较为完整地编述国际贸易的教材，适合高职高专国际贸易专业、物流专业、营销专业、商务英语专业及相关专业选用，更适合作为从事国际贸易及物流在职人员的工作实践指导用书。

图书在版编目（CIP）数据

国际贸易理论与实务项目化教程／江卫华，任艳主编. — 北京：北京交通大学出版社，2012.3（2014.6 重印）

（全国高职高专教育精品规划教材）

ISBN 978 – 7 – 5121 – 0948 – 3

Ⅰ.① 国…　Ⅱ.① 江…　② 任…　Ⅲ.① 国际贸易理论 – 高等职业教育 – 教材　② 国际贸易 – 贸易实务 – 高等职业教育 – 教材　Ⅳ.① F740

中国版本图书馆 CIP 数据核字（2012）第 048936 号

责任编辑：薛飞丽

出版发行：北京交通大学出版社　　　　　　电话：010 – 51686414
　　　　　北京市海淀区高梁桥斜街 44 号　　邮编：100044
印　刷　者：北京鑫海金澳胶印有限公司
经　　销：全国新华书店
开　　本：185×260　　印张：13　　字数：315 千字
版　　次：2012 年 3 月第 1 版　　2014 年 6 月第 2 次印刷
书　　号：ISBN 978 – 7 – 5121 – 0948 – 3/F · 993
印　　数：3 001 ～ 6 000 册　　定价：24.00 元

本书如有质量问题，请向北京交通大学出版社质监组反映。对您的意见和批评，我们表示欢迎和感谢。

投诉电话：010 – 51686043，51686008；传真：010 – 62225406；E-mail：press@bjtu.edu.cn。

全国高职高专教育精品
规划教材丛书编委会

出 版 说 明

　　高职高专教育是我国高等教育的重要组成部分，其根本任务是培养生产、建设、管理和服务第一线需要的德、智、体、美全面发展的应用型专门人才，所培养的学生在掌握必要的基础理论和专业知识的基础上，应重点掌握从事本专业领域实际工作的基础知识和职业技能，因此与其对应的教材也必须有自己的体系和特点。

　　为了适应我国高职高专教育发展及其对教育改革和教材建设的需要，在教育部的指导下，我们在全国范围内组织并成立了"全国高职高专教育精品规划教材研究与编审委员会"（以下简称"教材研究与编审委员会"）。"教材研究与编审委员会"的成员所在单位皆为教学改革成效较大、办学实力强、办学特色鲜明的高等专科学校、成人高等学校、高等职业学校及高等院校主办的二级职业技术学院，其中一些学校是国家重点建设的示范性职业技术学院。

　　为了保证精品规划教材的出版质量，"教材研究与编审委员会"在全国范围内选聘"全国高职高专教育精品规划教材编审委员会"（以下简称"教材编审委员会"）成员和征集教材，并要求"教材编审委员会"成员和规划教材的编著者必须是从事高职高专教学第一线的优秀教师和专家。此外，"教材编审委员会"还组织各专业的专家、教授对所征集的教材进行评选，对所列选教材进行审定。

　　此次精品规划教材按照教育部制定的"高职高专教育基础课程教学基本要求"而编写。此次规划教材按照突出应用性、针对性和实践性的原则编写，并重组系列课程教材结构，力求反映高职高专课程和教学内容体系改革方向；反映当前教学的新内容，突出基础理论知识的应用和实践技能的培养；在兼顾理论和实践内容的同时，避免"全"而"深"的面面俱到，基础理论以应用为目的，以必要、够用为尺度；尽量体现新知识和新方法，以利于学生综合素质的形成和科学思维方式与创新能力的培养。

　　此外，为了使规划教材更具广泛性、科学性、先进性和代表性，我们真心希望全国从事高职高专教育的院校能够积极参与到"教材研究与编审委员会"中来，推荐有特色、有创新的教材。同时，希望将教学实践的意见和建议及时反馈给我们，以便对出版的教材不断修订、完善，不断提高教材质量，完善教材体系，为社会奉献更多、更新的与高职高专教育配套的高质量教材。

　　此次所有精品规划教材由全国重点大学出版社——北京交通大学出版社出版。适合于各类高等专科学校、成人高等学校、高等职业学校及高等院校主办的二级技术学院使用。

全国高职高专教育精品规划教材研究与编审委员会

2012 年 3 月

总　序

　　历史的年轮已经跨入了公元 2012 年，我国高等教育的规模已经是世界之最，2010 年毛入学率达到 26.5%，属于高等教育大众化教育阶段。根据教育部 2006 年第 16 号《关于全面提高高等职业教育教学质量的若干意见》等文件精神，高职高专院校要积极构建与生产劳动和社会实践相结合的学习模式，把工学结合作为高等职业教育人才培养模式改革的重要切入点，带动专业调整与建设，引导课程设置、教学内容和教学方法改革。由此，高职高专教学改革进入了一个崭新阶段。

　　新设高职类型的院校是一种新型的专科教育模式，高职高专院校培养的人才应当是应用型、操作型人才，是高级蓝领。新型的教育模式需要我们改变原有的教育模式和教育方法，改变没有相应的专用教材和相应的新型师资力量的现状。

　　为了使高职院校的办学有特色，毕业生有专长，需要建立"以就业为导向"的新型人才培养模式。为了达到这样的目标，我们提出"以就业为导向，要从教材差异化开始"的改革思路，打破高职高专院校使用教材的统一性，根据各高职高专院校专业和生源的差异性，因材施教。从高职高专教学最基本的基础课程，到各个专业的专业课程，着重编写出实用、适用高职高专不同类型人才培养的教材，同时根据院校所在地经济条件的不同和学生兴趣的差异，编写出形式活泼、授课方式灵活、满足社会需求的教材。

　　培养的差异性是高等教育进入大众化教育阶段的客观规律，也是高等教育发展与社会发展相适应的必然结果。只有使在校学生接受差异性的教育，才能充分调动学生浓厚的学习兴趣，才能保证不同层次的学生掌握不同的技能专长，避免毕业生被用人单位打上"批量产品"的标签。只有高等学校的培养有差异性，其毕业生才能有特色，才会在就业市场具有竞争力，从而使高职高专的就业率大幅度提高。

　　北京交通大学出版社出版的这套高职高专教材，是在教育部"十一五规划教材"所倡导的"创新独特"四字方针下产生的。教材本身融入了很多较新的理念，出现了一批独具匠心的教材，其中，扬州环境资源职业技术学院的李德才教授所编写的《分层数学》，教材立意新颖，独具一格，提出以生源的质量决定教授数学课程的层次和级别。还有无锡南洋职业技术学院的杨鑫教授编写的一套《经营学概论》系列教材，将管理学、经济学等不同学科知识融为一体，具有很强的实用性。

　　此套系列教材是由长期工作在第一线、具有丰富教学经验的老师编写的，具有很好的指导作用，达到了我们所提倡的"以就业为导向培养高职高专学生"和因材施教的目标要求。

教育部全国高等学校学生信息咨询与就业指导中心择业指导处处长

中国高等教育学会毕业生就业指导分会秘书长

曹　殊　研究员

前　言

尊敬的读者：拿到这本书，只要大致浏览一遍，您就会觉得这是一本非常"实用、新颖和独具特色"的教科书。

本教材借鉴国外国际贸易教材的写作特点和思路，以案例导入与解析引入教学，围绕现实生活中的国际贸易现象展开基本理论的分析和概述。

本教材具有如下特点：

（1）紧扣教育部"16号文"《关于全面提高高等职业教育教学质量的若干意见》精神，以实际运用能力标准为依据，以任务驱动来创新课程开发模式。通过这些任务驱动，真正让读者掌握相应的知识目标和技能目标。它遵循职业教育教学规律，面向应用，突出读者国际贸易实务应用能力培养。

（2）结合高职高专的教学特色，按照"理论够用为度，知识注重实用"的原则编写。理论知识不强调全面，只求掌握核心，贴近生活。

（3）以"明理、优术"为主线。所谓"明理"，是指通过经典案例和国际贸易故事启发读者的思维；所谓"优术"，是指强调核心知识和技能。

（4）本教材设计了知识目标、技能目标、核心能力、案例导入、案例解析、任务分解、任务小结、课堂讨论、任务提示、阅读与思考、案例分析、任务实训等栏目，构建了相对完整的国际贸易原理及操作体系，回归了以培养学生应用能力为主线的高职高专的教育本位，突出强调读者学习的参与性与主动性，体现了教材定位、规划、设计与编写等方面的职业教育教学改革示范性，适合高职高专院校经济管理专业及相关专业选用。

本教材由广州松田职业学院江卫华、任艳担任主编，由广州松田职业学院陈勇平，湖南都市职业学院刘照红，广州松田职业学院杨琼、张萍、彭扬、陈礼兴，苏州职业技术学院董越担任副主编。具体分工如下：江卫华负责编写任务1、任务2、任务5；陈勇平负责编写任务9，刘照红负责编写任务3，杨琼负责编写任务4，张萍负责编写任务6，彭扬负责编写任务8，陈礼兴负责编写任务7，董越负责编写任务10。初稿完成后，江卫华总辑、修改和定稿。

本教材提供电子教案、电子课件（编者电子邮箱：John1025@126.com）。

在编写过程中，我们参阅了国内外大量经济学的研究成果，除注明出处的部分外，限于体例未能一一说明，在此对这些参考文献的作者表示诚挚的感谢。同时，本书的出版得到了北京交通大学出版社的大力支持与帮助，也得到了广州松田职业学院院领导及管理系王峻主任的大力支持，在此一并致以衷心的感谢。

由于编者水平所限，加上时间仓促，书中疏漏与不妥之处在所难免，敬请有关专家和读者批评指正。

编　者

2012年2月

目　　录

项 目 1

走进国际贸易

◉ **知识目标**

通过完成本项目，你应该能够：

1. 了解国际贸易的产生与发展；
2. 理解国际贸易的作用、基本政策及其工具；
3. 掌握国际贸易基本概念及基本理论。

◉ **技能目标**

1. 能够用国际贸易基本理论分析现实中的国际贸易政策与现象；
2. 了解国际贸易并掌握与国际贸易相关的一系列问题。

◆ 项目解析
◆ 案例导入
◆ 案例解析
◆ 课堂讨论
◆ 任务小结
◆ 阅读与思考
◆ 案例分析
◆ 模拟实训

▶▶ **项目解析**

尊敬的读者：我们每天都在谈论国际贸易，而且也在不知不觉中参与其中。那么，企业呢？企业更是如此，现在很多企业都在大力发展对外贸易。好了，从现在开始，我们将一起走进国际贸易，一层一层地揭开它神秘的面纱！

为了更好地把握国际贸易及国际贸易基本理论，为完成今后各项任务打下坚实基础，首先请尝试完成本项目：走进国际贸易。

1

为了方便你掌握国际贸易及国际贸易基本理论，我们将本项目分为两个任务：

任务1：探究国际贸易理论；

任务2：探究国际贸易政策、措施、工具与约束。

你可以对照知识目标以及技能目标，反复演练，有的放矢地依次完成各项任务，直至完成本项目，为早日掌握国际贸易技能做好准备。

⊙ 开篇案例

我国某进出口公司根据埃及商人所提供的图纸生产、出售机床一批，埃及商人将该机床转售给德国商人。机床进入德国后，德国商人被起诉该机床侵犯了德国有效的专利权。法院令被告赔偿损失，随后德国商人向埃及商人提出索赔，而埃及商人又向我方提出赔偿。中国、德国、埃及均是《联合国国际货物销售合同公约》的缔约国。

这一案例表明，在竞争激烈以及经济全球化的今天，企业的持续发展离不开国际贸易。那么，什么是国际贸易？下面我们一起来学习。

任务 1　探究国际贸易理论

↳ 任务提示

本任务将引领你明确国际贸易的概念、基本理论及其特性。

↳ 任务先行

国际贸易首先是在哪里出现的？它是怎样来到我们身边的？它研究什么？要了解这些问题，请往下看。

第 1 部分　案例导入与解析

⊙ 案例导入

中国国际贸易的飞速发展

据《人民日报》2009 年 9 月 27 日报道，2008 年，中国进出口贸易总额是 1950 年的 2 266 倍。

新中国成立初期，中国的主要贸易伙伴是苏联和东欧社会主义国家。1950 年，中国的进出口贸易总额只有 11.35 亿美元。改革开放以后，中国参与国家分工及国际市场的广度和深度不断加大，对外贸易实现了平均 18.1% 的增长。2008 年，中国在遭受国际金融危机冲击下仍取得不俗的贸易业绩，贸易总额从 1978 年的 206 亿美元增加到 2.56 万亿美元，相当于改革开放前30 年总和的 15 倍，是 1950 年的 2 266 倍。

目前，中国的贸易量仅次于美国和德国，居世界第三位，中国在世界贸易中所占的分量，也从 1950 年的 0.9% 提升到 2008 年的 8% 以上。

那么，什么是进出口贸易？什么是对外贸易？改革开放以来，中国进出口贸易快速发展的原因是什么？我们先从国际贸易的产生和发展谈起。

⇨ **案情介绍**

阿根廷的电信市场

阿根廷电信市场开放起步于 1989 年。当时政府决定将国有电话公司私有化，两家外国公司将它买下，平分天下，一家经营北方市场，一家接管南方业务，各有各的地盘。10 年来，两家公司共投资约 180 亿美元，更新设备，改造线路，使阿根廷的电信行业有了显著发展。

到 2000 年，阿根廷固定电话从 310 万部增加到近 800 万部，普及率达到每百人 23 部电话；电话初装费从 1 750 美元降低到 150 美元；移动电话用户从 1.5 万户发展到 570 万户，平均每百个居民有 14 部手机，移动电话实行单向收费，外地漫游不加价。现在阿根廷的互联网用户已达到 250 万户，并以每年 40% 的速度增长着。1999 年，政府决定进一步开放电信市场，这一次是从长途电话入手。除两家固定电话公司以外，移动电话公司也可以经营长途电话，用户可以任意改换提供长途电话服务的公司，只要打个电话就行。各家公司之间展开了价格大战。结果一年之内长途电话费下降了 30% ～?%（因通话目的地不同而不同）。平均每个月有近 10% 的用户改换公司，其中当然也有改过去又改回来的。每个月有 80 万～90 万用户"移情别恋"，造成一些混乱，政府不得不对此做了限制。

2000 年 6 月，阿根廷政府在开放电信市场方面迈出了最大也是最后一步——颁布法令，从 2000 年 11 月 9 日起全面开放电信市场。无论国内国外，有兴趣的企业都可以在阿根廷经营电信业务，没有业务范围和地域限制，对投资额也没有要求。

阿根廷 1999 年全国固定电话营业额为 110 亿美元，移动通信营业额是 27 亿美元，电信业盈利率高达 14.6%，几乎是世界排名前 10 位的电信公司平均盈利率的 3 倍。这个大蛋糕吸引了众多的国内外企业前来分食。法令颁布后就有 26 家企业提出申请，准备在阿根廷大展身手。这些公司已经允诺在未来 3 年投资 50 亿美元，政府预计在未来 18 个月内就可以创造 1.5 万～2 万个就业机会。这对长期受高失业率困扰的阿根廷来说，也是一个福音。

⇨ **案例解析**

政府对本国的服务业采取何种开放模式，会直接影响到本国服务业的发展？

第 2 部分　任务学习引导

重要知识

国际贸易的含义

国际贸易是指不同国家（或地区）之间进行的商品交换活动。

1.1　初识国际贸易

1.1.1　国际贸易的产生与发展

国际贸易是在人类社会生产力发展到一定阶段时才产生和发展起来的，它是一个历史范畴。国际贸易的产生必须具备两个基本条件：一是要有国家的存在；二是产生了对国际分工的需要，而国际分工只有在社会分工和私有制的基础上才可能形成。这些条件不是人类社会一产生就有的，而是随着社会生产力的不断发展和社会分工的不断扩大而逐渐形成的。

1. 原始社会的贸易

原始社会初期，人类的祖先结伙群居，打鱼捕兽，生产力水平极度低下，人们处于自然分工状态，劳动成果仅能维持群体最基本的生存需要，没有剩余产品用以交换，因此谈不上有对外贸易。

人类历史的第一次社会大分工，即畜牧业和农业的分工，促进了原始社会生产力的发展，产品除维持自身需要以外，还有少量的剩余。人们为了获得本群体不生产的产品，便出现了氏族或部落之间用剩余产品进行原始的物物交换。当然，这种交换只是极其原始并偶然发生的物物交换。

在漫长的年代里，随着社会生产力的继续发展，手工业从农业中分离出来成为独立的部门，形成了人类社会第二次大分工。由于手工业的出现，便产生了直接以交换为目的的生产——商品生产。当产品是专门为满足别人的需要而生产时，商品交换就逐渐成为一种经常性的活动。随着商品生产和商品交换的扩大，出现了货币，于是，商品交换就变成了以货币为媒介的商品流通。这样就进一步促进了私有制和阶级的形成。由于商品交换的日益频繁和交换的地域范围不断扩大，又产生了专门从事贸易的商人阶层。

第三次社会大分工使商品生产和商品流通进一步扩大。商品生产和流通更加频繁和广泛，从而阶级和国家相继形成。于是，到原始社会末期，商品流通开始超越国界，这就产生了对外贸易。

人类社会三次大分工，每次都促进了社会生产力的发展和剩余产品的增加，同时也促进了私有制的发展和奴隶制的形成。在原始社会末期和奴隶社会初期，随着阶级和国家的出现，商品交换超出了国界，国家之间的贸易便产生了。可见，在社会生产力和社会分工发展的基础上，商品生产和商品交换的扩大，以及国家的形成，是国际贸易产生的必要条件。

2. 奴隶社会的国际贸易

在奴隶社会，自然经济占主导地位，其特点是自给自足，生产的目的主要是为了消费，而不是为了交换。奴隶社会虽然出现了手工业和商品生产，但其在整个社会生产中却显得微不足道，进入流通领域的商品数量很少。同时，由于社会生产力水平低下和生产技术落后，交通工具简陋，道路条件恶劣，严重阻碍了人与物的交流，对外贸易局限在很小的范围内，其规模和内容都受到很大的限制。

奴隶社会是奴隶主占有生产资料和奴隶的社会，奴隶社会的对外贸易是为了奴隶主阶级服务的。当时，奴隶主拥有财富的重要标志是其占有多少奴隶，因此奴隶社会国际贸易中的主要商品是奴隶。据记载，希腊的雅典就曾经是一个贩卖奴隶的中心。此外，粮食、酒及其他专供奴隶主阶级享用的奢侈品，如宝石、香料和各种织物等也都是当时对外贸易中的重要商品。

奴隶社会时期从事国际贸易的国家主要有腓尼基、希腊、罗马等，这些国家在地中海东部和黑海沿岸地区主要从事贩运贸易。我国在夏商时代进入奴隶社会，贸易集中在黄河流域沿岸各国。

对外贸易在奴隶社会经济中不占有重要地位，但是它促进了手工业的发展，奴隶贸易成为奴隶主经常补充奴隶的重要来源。

3. 封建社会的国际贸易

封建社会的国际贸易比奴隶社会的国际贸易有了较大的发展。在封建社会早期，封建地租采取劳役和实物的形式，进入流通领域的商品并不多。到了封建社会中期，随着商品生产的发展，封建地租转变为货币地租的形式，商品经济得到进一步发展。在封建社会晚期，随着城市手工业的发展，资本主义因素已孕育生产，商品经济和对外贸易都有了较快发展。

在封建社会，封建地主阶级占统治地位，对外贸易是为封建地主阶级服务的。这时奴隶贸易在国际贸易中基本消失，参加国际贸易的主要商品，除了奢侈品外，还有日用手工业品和食品，如棉织品、地毯、瓷器、谷物和酒等。这些商品主要供国王、君主、教堂、封建地主和部分富裕的城市居民享用。

在封建社会，国际贸易的范围明显地扩大。亚洲各国之间的贸易由近海逐渐扩展到远洋。早在西汉时期，中国就开辟了从长安经中亚通往西亚和欧洲的陆路商路——丝绸之路，把中国的丝绸、茶叶等商品输往西方各国，换回良马、种子、药材和饰品等。到了唐朝，除了陆路贸易外，还开辟了通往波斯湾以及朝鲜和日本等地的海上贸易。在宋、元时期，由于造船技术的进步，海上贸易进一步发展。在明朝永乐年间，郑和曾率领商船队七次下"西洋"，经东南亚、印度洋到达非洲东岸，先后访问了 30 多个国家，用中国的丝绸、瓷器、茶叶、铜铁器等同所到的国家进行贸易，换回各国的香料、珠宝、象牙和药材等。

在欧洲，封建社会的早期阶段，国际贸易主要集中在地中海东部。在东罗马帝国时期，君士坦丁堡是当时最大的国际贸易中心。公元 7—8 世纪，阿拉伯人控制了地中海的贸易，通过贩运非洲的象牙、中国的丝绸、远东的香料和宝石，成为欧、亚、非三大洲的贸易中间商。11 世纪以后，随着意大利北部和波罗的海沿岸城市的兴起，国际贸易的范围逐步扩大到整个地中海以及北海、波罗的海和黑海的沿岸地区。当时，南欧的贸易中心是意大利的一些城市，如威尼斯、热那亚等，北欧的贸易中心是汉撒同盟的一些城市，如汉堡、卢卑克等。

综上所述，资本主义社会以前的国际贸易是为奴隶主和封建地主阶级利益服务的。随着社会生产力的提高，以及社会分工和商品生产的发展，国际贸易不断扩大。但是，由于受到生产方式和交通条件的限制，商品生产和流通的主要目的是为了满足剥削阶级奢侈生活的需要，贸易主要局限于各洲之内和欧亚大陆之间，国际贸易在奴隶社会和封建社会经济中都不占重要地位，贸易的范围和商品品种都有很大的局限性，贸易活动也不经常发生。15 世纪的"地理大发现"及由此产生的欧洲各国的殖民扩张则大大发展了各洲之间的贸易，从而开始了真正意义上的"世界贸易"，而到了资本主义社会，国际贸易才获得了广泛的发展。

4. 资本主义时期的国际贸易

15 世纪末期至 16 世纪初期，哥伦布发现新大陆，瓦斯哥达·加成从欧洲经由好望角到达亚洲，麦哲伦完成环球航行，这些地理大发现对西欧经济发展和全球国际贸易产生了十分深远的影响。大批欧洲冒险家前往非洲和美洲进行掠夺性贸易，运回大量金银财富，甚至还开始了买卖黑人的罪恶勾当，同时还将这些地区沦为本国的殖民地，妄图长久地保持其霸权。这样，既加速了资本的原始积累，又大大推动了国际贸易的发展。西班牙、荷兰、英国之间长期战火不断，目的就是为了争夺海上霸权，讲到底，就是要争夺殖民地和国际贸易的控制权。可见，国际贸易是资本主义生产方式的基础。同争夺海运和国际贸易的霸权相呼应，这些欧洲国家的外贸活动常常具有一定的垄断性质，甚至还建立了垄断性外贸公司，如英国的东印度公司。

17世纪中期英国资产阶级革命的胜利，标志着资本主义生产方式的正式确立。随后英国夺得海上霸权，意味着它在世界贸易中占据了主导地位，这就为它向外掠夺扩张铺平了道路。18世纪中期的产业革命又为国际贸易的空前发展提供了十分坚实而又广阔的物质基础。一方面，蒸汽机的发明使用开创了机器大工业时代，生产力迅速提高，物质产品大为丰富，从而真正的国际分工开始形成；另一方面，交通运输和通信联络的技术与工具都有了突飞猛进的发展，各国之间的距离似乎骤然变短，这就使得世界市场真正得以建立。正是在这种情况下，国际贸易有了惊人的巨大发展，并且从原先局部的、地区性的交易活动转变为全球性的国际贸易。这个时期的国际贸易，不仅贸易数量和种类有长足增长，而且贸易方式和机构职能也有创新发展。显然，国际贸易的巨大发展是资本主义生产方式发展的必然结果。

19世纪70年代后，资本主义进入垄断阶段，此时的国际贸易不可避免地带有"垄断"的特点。主要资本主义国家的对外贸易被为数不多的垄断组织所控制，由它们决定着一国对外贸易的地理方向和商品构成。垄断组织输出巨额资本，用来扩大商品输出的范围和规模。

5. "二战"后的国际贸易

资本主义各国在相互竞争的同时又互相勾结，建立起国际联盟组织，共同瓜分势力范围。如果说自由竞争时期的国际贸易活动还在推动资本主义方式发展，此时的资本主义国际贸易则完全是为了攫取高额垄断利润，为了更有效地争夺原料产地、商品市场和投资场所。正因为这样，从全球范围来看，国际贸易的范围和规模在不断扩大，国际贸易越来越成为各国经济发展的重要因素。

两次世界大战和资本主义世界爆发的三次经济危机，使世界工业生产极为缓慢，在1912—1938年的25年间，世界工业生产量只增长了83%。同时，这一时期贸易保护主义显著加强，奖出限入措施交互推进，螺旋上升，给国际贸易的发展设置了层层的人为障碍。因此，两次世界大战期间，国际贸易的扩大过程几乎处于停滞状态。1913—1938年，世界贸易量只增长了3%，年增长率为0.7%，而世界贸易值却减少了32%，且这一时期，国际贸易的增长更为明显地落后于世界工业生产的增长，许多国家对对外贸易的依赖性减小了。

在这一时期，国际贸易的地理格局发生了变化。第一次世界大战打断了各国间特别是欧洲国家与海外国家间的经济贸易联系，使欧洲在国际贸易中的比重下降，而美国的比重却有了较大的增长。亚洲、非洲和拉丁美洲经济不发达国家在国际贸易中的比重亦有所上升。但在这一时期，欧洲国家仍处于国际贸易的控制地位，因为两次世界大战间的经济危机和超保护主义政策措施在限制欧洲各国间贸易的同时，鼓励和扩大了欧洲对其他国家的贸易。

两次世界大战时期，国际贸易商品结构的特点表现为初级产品和制成品。在1913—1937年的初级产品贸易中，食品和农业原料所占的比重都下降了，而燃料和其他矿产品所占比重均有所增加。制成品贸易结构的突出变化是重工业品贸易所占比重显著增加和纺织品贸易比重下降。金属和化学品的国际贸易比重也有所增加，但其他轻工产品贸易比重则下降了。制成品贸易日益从消费品贸易转向资本货物贸易，半制成品贸易也稍有增加。

第二次世界大战后，世界经济又一次发生了巨大变化，国际贸易再次出现了飞速增长，其速度和规模都远远超过了 19 世纪工业革命以后的贸易增长。1950—2000 年的 50 年中，全世界的商品出口总值从约 610 亿美元增加到 61 328 亿美元，增长了约 100 倍。即使扣除通货膨胀因素，实际商品出口值也增长了 15 倍多，远远超过了工业革命后乃至历史上任何一个时期的国际贸易增长速度。而且，世界贸易实际价值的增长速度（年平均增长 6% 左右）超过了同期世界实际 GDP 增长的速度（年平均增长 3.8% 左右）。这意味着国际贸易在各国的 GDP 中的比重在不断上升，国际贸易在现代经济中的地位越来越重要。

"二战"后国际贸易领域出现了两个不同于以前的特征：服务贸易的快速发展和电子商务的广泛应用。"二战"后，伴随着第三次科学技术革命的发生，各国，尤其是发达国家产业结构不断优化，第三产业急速发展，加上资本国际化和国际分工的扩大和深化，国际服务贸易得到迅速发展。发达国家服务业占其国内生产总值比重达 2/3，其中美国已达 3/4，发展中国家服务业所占比重也达 1/2。发达国家服务业就业人数占其总就业人数比重达 2/3，发展中国家的这一比重达 1/3。随着服务业的发展，其专业化程度日益提高，经济规模不断扩大，从而效率不断提高，为国际服务贸易打下了坚实的基础。在国际贸易商品结构不断软化的过程中，国际贸易的交易手段也发生着变化。特别是 20 世纪 90 年代，随着信息技术的发展，信息、计算机等高科技手段在国际贸易上的应用，出现了电子商务这种新型的贸易手段，无纸贸易和网上贸易市场的发展方兴未艾，已经引起了全球范围的结构性商业革命，有人声称，没有 EDI，就没有订单。据统计，EDI 使商务文件传递速度提高 81%，文件成本降低 44%，文件处理成本降低 38%，由于错讯造成的商贸损失减少 40%，市场竞争能力则提高 34%。利用国际互联网络的网上交易量也呈逐年上扬的势头，据国际电信联盟统计称，1996 年因特网交易总额为 20 亿～30 亿美元，1998 年增长至 500 亿美元。

电子商务的蓬勃发展，为企业生存注入了强大的活力。为推动我国电子商务的发展，各级外经贸部门要充分发挥掌握国际市场信息的优势，加紧研究，为实施"科技兴贸"战略发挥积极的市场导向作用。运用现代先进的电子网络技术，建立高新技术产品的信息数据库和电子交易系统，形成连接国际市场和国内高技术企业产品出口的专用信息网、交易网，使广大中、小型高技术企业能够及时获得国内外高技术产业发展状况和高技术产品的供求信息，并根据这些信息，完成自己的技术创新，跻身国际市场。

随着历史的演进，科学技术的发展，国际贸易无论是其总量、规模，还是结构、形式都将逐步改变。

1.1.2　国际贸易的基本概念

1. 国际贸易

本书所讲的商品交换是广义的，即包括有形商品和无形商品的贸易活动。既然国际贸易（International Trade）泛指国家与国家之间的商品交换，那么，它就既包括本国与他国之间的贸易，也包括别的国家之间的贸易。因此，从全世界范围来看，国际贸易也就是世界贸易（World Trade）。

2. 对外贸易

如果从某个国家或地区的角度来看，对外贸易（Foreign Trade）是指该国（或地区）同别国（或地区）进行的商品交换活动。因为这是立足于一个国家的立场来看待这种商品贸易活动，所以称为对外贸易，或者也可称为"国外贸易"或"外部贸易"（External Trade）。有一些海洋岛国或者对外贸易活动主要依靠海运的国家（如英国、日本等），又很自然地将对外贸易称作"海外贸易"（Oversea Trade）。由于对外贸易是由商品的进口和出口两部分构成的，所以人们有时又把它叫做"进出口贸易"或者"输出入贸易"（Import and Export Trade）。

可见，国际贸易与对外贸易这两个概念紧密相连又有所区别，是不能被等同起来的。它们都是国际的商品交换活动，不过就其涵盖的范围而言，任何一国的对外贸易都远远不及国际贸易，它只是后者这个总体的一个组成部分，占其中较小的份额（如我国对外贸易额目前仅为世界贸易额的3%左右）。但是，一国对外贸易只有遵循国际贸易所通行的规则和惯例，才能得以顺利进行和不断发展。从这个意义上讲，对外贸易又可视为国际贸易，所以，本章论及的国际贸易知识自然也是我国开展对外贸易活动所不可缺少的。

3. 贸易额

贸易额又叫贸易值（Value of Trade），是用货币表示的反映贸易规模的指标。各国一般都用本国货币加以表示，但为了便于国际比较，许多国家按汇率折算成国际上通用的美元来计量。贸易额通常分为对外贸易额和国际贸易额两种。

对外贸易额是指一个国家在一定时期内（如一年）出口贸易额和进口贸易额的总和。从世界范围来看，一国的出口即意味着其他国家的进口。

国际贸易额专指世界各国出口贸易额的总和，亦称世界贸易额。因此，计算一国对外贸易额占世界贸易额的比重时，通常只能用本国的出口贸易额与世界贸易额相比较而得出。不注意这点，则可能因重复计算而夸大了一国的国际贸易地位。同时，考虑到有关的运费和保险费等不应算作出口贸易额，世界上一般都用离岸价格（FOB）来计算出口额，只有少数国家的出口贸易额是按到岸价格（CIF）计算的。

用国际贸易额来反映一国对外贸易的规模和水平，既简洁明了，又便于国际比较，因而它最为通用。可是，如果有关货币的价值发生变动，这个指标就可能会有虚假的反映。例如，由于本国货币或者美元的汇率发生变动，同样数量的出口商品就表现为不同的出口贸易额，有时这个差额还相当巨大。

4. 国际贸易量

国际贸易量（Quantity of Trade）是用进出口商品的计量单位（如数量、重量等）表示的反映贸易规模的指标。按照实物计量单位进行计算，可以剔除价格变动等因素带来的虚假成分，更准确地反映实际贸易情况。贸易值增加了，贸易量不一定增加，还可能减少。但对一个国家千千万万种进出口商品来说，无法用同类计量单位来表示一国对外贸易的总和，只有同种货币的金额才能相加。因此，技术上以剔除价格变动的贸易值来替代贸易量，即许多国家和联合国通常用贸易量指数来表示进出口贸易的实际规模，这样，贸易量的计量单位仍是货币单位。

5. 贸易差额

一个国家（或地区）在一定时期（如一年）里，出口额与进口额的相差数，叫做贸易差额（Balance of Trade）。如果出口额大于进口额，叫做"贸易顺差"或"贸易盈余"，亦称"出超"（Favorable Balance of Trade）；如果出口额小于进口额，叫做"贸易逆差"或"贸易赤字"，亦称"入超"（Unfavorable Balance of Trade）。贸易差额是衡量一国对外贸易状况的重要标志。一般来说，贸易顺差表明一国在对外贸易收支上处于有利地位，贸易逆差表明一国在对外贸易收支上处于不利地位。争取贸易顺差的手段最主要的是扩大出口。

但是，贸易长期顺差不一定是好事。这是因为，要长期赚取贸易顺差就必须把国内大量的商品和劳务让外国人享受和使用，手中只留有充当国际清偿手段的外汇，这样一来本国自己可用的经济资源就会相对减少，从而实际上降低了广大国民的经济福利。同时，长期顺差往往易于引发同他国的经济摩擦，给本国今后的外贸发展增加障碍和困难。当今的日本便是一个典型的例子。同样，贸易逆差也并非绝对是坏事，贸易逆差若是发生于为加速经济发展而适度举借外债，引进先进技术及生产资料，也不是坏事。况且逆差也是减少长期顺差的手段。因此，从长期趋势来看，一国的进出口贸易应保持基本平衡。

6. 国际收支

国际收支（Balance of Payment）是指一国在一定时期内（通常为 1 年）所有对外经济交易的收入与支出总额的对比。如果收入大于支出，称为国际收支顺差（或黑字）；如果支出大于收入，则称为国际收支逆差（或赤字）；如果收入等于支出，则称为国际收支平衡。但是，一般很少见国际收支绝对平衡。国际收支是由经常账户、资本账户、官方结算账户等组成的。对外贸易收支是经常账户中的主要内容，因此，贸易差额对国际收支具有重要影响。

7. 贸易条件

贸易条件（Terms of Trade）是指出口一单位商品可以换回多少单位的外国商品。换回的外国商品越多，称为贸易条件好转；换回的外国商品越少，称为贸易条件恶化。在以货币为媒介、以价格表示交换价值的条件下，贸易条件一般以一定时期内出口商品价格与进口商品价格之间的比率表示。所以，贸易条件又叫"进出口交换比价"，或简称"交换比价"。这里涉及的是所有进出口商品的价格，而一个国家的进出口商品种类又很多，因此通常用一国在一定时期（如一年）里的出口商品价格指数同进口商品价格指数对比进行计算。其具体公式为：

$$贸易条件指数（TOT）=（出口价格指数/进口价格指数）\times 100$$

TOT 的计算值有 3 种情况：① TOT 大于 100，即贸易条件好转；② TOT 小于 1，即贸易条件恶化；③ TOT 等于 1，即贸易条件不变。

例如，现以 1994 年为基准年，其进出口价格指数均是 100，而 1995 年出口价格上涨6%，进口价格下降2%，这样，该年出口价格指数为 106，进口价格指数为 98，那么贸易条件指数就是 108.16（即 106/98×100）。可见贸易条件改善了 8.16%。贸易条件改善或有利，是指交换比价上升，即同等数量的出口商品能换回比以前更多的进口商品。反之则称贸易条件恶化。必须注意，这种改善或恶化只是就进出口时期与基期相比较而言的，因而完全是相对的。应该看到，随着我国外贸活动从粗放型向集约型的转变，贸易条件和其他一些反映外贸效益的概念（如换汇成本等）将越来越为我国外贸界人士所普遍重视。

一般来说，在 TOT 小于 1 的情况下，出口越多越不利。针对这种情况，政府应积极采取措施，调整进出口商品结构，以改变对外贸易的不利状况。但是，孤立地考察贸易条件并不能很好地计量福利或贸易利益变动。比如，在出口价格下降而进口价格相对不变的情况下，只有当生产出口商品的劳动生产率在没有一定程度提高的情况下，才能判断出贸易对本国福利的不利影响。假设美国找到一种成本更低的种植小麦的方法，则美国供给出口的小麦增多，降低了小麦价格和美国的贸易条件，这就不能认为美国的经济变坏了或是美国从贸易中获得的利益减少了，因为美国可以从出口成本的降低中获得更多的利益。

8. 对外贸易依存度

对外贸易依存度（Ratio of Dependence on Foreign Trade）是指一国对外贸易额在该国国内生产总值（GDP）中所占的比重。也有人用国民生产总值（GNP）来计算对外贸易依存度，但现在较多地使用 GDP 来计算对外贸易依存度。

对外贸易依存度表明一国的经济对外贸的依赖程度，也可表明一国经济国际化的程度。由于进口值不是该国在一定时期内新创造的价值，使外贸依存度表现得较高，因此，很多人使用出口依存度这个概念。出口依存度是指一国在一定时期内出口值在国内生产总值中所占的比重。

另外，可以把进口额在 GDP 中的比重称为进口依存度。进口依存度可以用来表示一国的市场开放度。

第二次世界大战后，世界出口总额占世界 GDP 的比重在不断提高：1950 年为 5%，1960 年为 10.5%，1970 年为 14.9%，1980 年为 16.6%，1990 年为 19.9%，2000 年为 29.9%。这充分反映了世界各国之间的经济贸易联系越来越密切，外贸在各国国民经济中的地位也越来越重要。我国自改革开放后，出口依存度也在大幅度提高。1978 年为 5.22%，1980 年为 6.68%，1990 年为 14.56%，2000 年为 22.3%。由此可见，我国的对外贸易在国民经济中的地位在日益提高，我国经济与世界经济的联系也越来越密切。

9. 对外贸易商品结构

一国在一定时期里（如一年）各类商品在进出口贸易额中所占的比重，叫做该国的对外贸易商品结构（Composition of International Trade）。商品的种类繁多，一种常见的分类方法是根据商品的加工程度，把商品分为初级产品和工业制成品两大类。初级产品是指未经加工或简单加工的农、林、牧、渔和矿藏等产品，如食品、工业原料、燃料等。工业制成品是指经过机器完全加工的产品，如机器设备、化学制品和其他工业品等。还有一种常见的分类方法是根据商品生产中所需要的某种较多的生产要素，把商品分为劳动密集型商品、资本密集型商品等。联合国正式采用的《国际贸易标准分类》（SITC）把贸易商品分为十大类，其中前五类为初级产品，后五类是工业制成品。一国出口商品构成取决于它的国民经济状况、自然资源丰歉以及对外经济政策等因素。

必须指出的是，不断提高外贸商品结构中工业制成品的比重，是一国增强国际竞争力的重要方面。一国出口工业制成品所占的比重越大，反映它的生产力水平越高，从而它在国际分工中的优势地位越明显。何况，由于大多数初级产品的国际需求难以大幅度上升，增加它们的出口量并非易事，并且初级产品的相对价格一般呈现下跌趋势，其贸易利益明显不及工业制成品。总的来说，发达国家主要出口工业制成品和进口初级产品，发展中国家则主要出口初级产品和进口工业制成品。近年来，一些发展中国家的出口商品构成已有较大变化，但尚未根本改变上述基本状况。同时，一国出口商品构成还应力求多元化。出口商品的种类越是多样化，越从多方面适应国际市场的广泛需求，就越能抵御国际市场大起大落的猛烈冲击，从而它在国际贸易中的地位也就越相对有利。

10. 国际贸易地理方向

从一国对外贸易的角度而言，国际贸易地理方向（Direction of Trade）是指一国对外贸易额的地区分布和国别分布状况，即该国的出口商品流向和进口商品来自哪些国家或地区。该指标反映了一国同世界各国或各地区的经济贸易联系的程度。以中国为例，2000 年，中国的主要对外贸易地理方向排名前 4 位的是日本（17.53%）、美国（15.70%）、欧盟（14.56%）、中国香港（11.37%）。这表明，我国同日本、欧盟、美国及我国香港的对外贸易额所占比重很大，而同拉美国家的贸易交往相对就很少。从国际贸易方面来看，国际贸易地理方向是指世界贸易额的国别分布或洲别分布情况，反映了各国或各洲在国际贸易中的地位。例如，2000 年，中国的对外贸易额占世界贸易总额的比重为 7.67%，排名第 7 位。2000 年，国际贸易排名前三位的是美国（32.98%）、德国（17%）、日本（13.88%）。这表明，这些发达国家参加国际商品流通水平较高，在世界贸易中具有举足轻重的地位。

1.1.3 国际贸易的主要分类

国际贸易范围广泛，性质复杂，可以从不同角度进行分类，主要的分类有以下 7 种。

1. 按商品流向划分

按商品流向划分，可把国际贸易分为出口贸易、进口贸易、过境贸易、转口贸易、复出口、复进口。

（1）出口贸易（Export Trade）。出口贸易是指一国把自己生产的商品输往国外市场销售，又称输出贸易。如果商品不是因外销而输往国外（如运往境外使馆、驻外机构的物品，或者旅客携带个人使用物品到境外等），则不计入出口贸易的统计中。

（2）进口贸易（Import Trade）。进口贸易是指一国从国外市场购进用以生产或消费的商品，又称输入贸易。如果商品不是因购入而输入国内，则不计入进口贸易的统计中。同样，若不是因购买而输入国内的商品（如外国使、领馆运进自用的货物，以及旅客携带个人使用物品进入国内等），则不称进口贸易，也不列入统计。

（3）过境贸易（Transit Trade）。某种商品从 A 国经由 C 国输往 B 国销售，对 C 国来说，这项买卖就是过境贸易。过境贸易又可分为直接过境贸易和间接过境贸易。直接过境贸易是指 A 国的商品进入 C 国境内后不存放海关仓库而直接运往 B 国；间接过境贸易是指 A 国的商品进入 C 国境内后存放于仓库，然后再运往 B 国。在过境贸易中，由于本国未通过买卖取得货物的所有权，因此，过境商品一般不列入本国的进出口统计中。

（4）转口贸易（Entrepot Trade）。转口贸易是指本国从 A 国进口商品后，再出口至 B 国的贸易。转口贸易中的货物运输可以有两种方式：一种方式是转口运输，即货物从 A 国运入本国后，再运往 B 国；另一种方式是直接运输，即货物从 A 国直接运往 B 国，而不经过本国。

（5）复出口（Re-export）。从国外输入的商品，没有在本国消费，又未经加工就再出口，称作复出口或复输出。如进口货物的退货、转口贸易等。

（6）复进口（Re-import）。输往国外的商品未经加工又输入本国，叫做复进口或再输入。产生复进口的原因，或者是商品质量不合格，或者是商品销售不对路，或者是国内本身就供不应求。从经济效益考虑，一国应尽量避免出现复进口的情况。

2. 按商品形态划分

按商品形态划分，可将国际贸易分为有形贸易和无形贸易。

（1）有形贸易（Tangible Goods Trade）。有形贸易是指买卖那些看得见、摸得着的具有物质形态的商品（如粮食、机器等）的交换活动。为了便于统计和分析，联合国秘书处于1950年公布了《国际贸易标准分类》（Standard International Trade Classification，SITC）。1960年、1975年、1985年还分别对其作过三次修订。在这个标准分类中，把有形商品分为十大类、67章、261组、1 033个分组和3 118个项目。SITC几乎包括了所有的有形贸易商品。每种商品都有一个5位数的目录编号。第一位数表明类，前两位数表示章，前三位数表示组，前四位数表示分组，五位数一起表示某个商品项目。例如，活山羊的标准分类编号为001.22。其中，0表示类，名称为食品及主要供食用的活动物；00表示章，名称为主要供食用的活动物；001表示组，名称为主要供食用；001.2表示分组，名称为活绵羊及山羊；001.22表示项目，名称为活山羊。SITC对有形商品的分类见表1-1。

表1-1　SITC对有形商品的分类

大类编号	类别名称
0	食品及主要供食用的活动物
1	饮料及烟草
2	燃料以外的非食用粗原料
3	矿物燃料、润滑油及有关原料
4	动植物油脂
5	未列名化学品及有关产品
6	主要按原料分类的制成品
7	机械及运输设备
8	杂项制品
9	没有分类的其他商品

（2）无形贸易（Intangible Goods Trade）。无形贸易是指买卖一切不具备物质形态的商品的交换活动，如运输、保险、金融、文化娱乐、国际旅游、技术转让、咨询等方面的提供和接受。无形贸易可以分为服务贸易和技术贸易。一般来说，服务贸易（Trade in Services）是指提供活劳动（非物化劳动）以满足服务接受者的需要并获取报酬的活动。为了便于统计，世界贸易组织的《服务贸易总协定》把服务贸易定义为4种方式：① 过境交付，即从一国境内向另一国境内提供服务；② 境外消费，即在一国境内向来自其他国家的消费者提供服务；③ 自然人流动，即一国的服务提供者以自然人的方式在其他国家境内提供服务；④ 商业存在，即一国的服务提供者在其他国家境内以各种形式的商业或专业机构提供服务。技术贸易（Technology Transactions）是指技术供应方通过签订技术合同或协议，将技术有偿转让给技术接受方使用。

有形贸易与无形贸易有一个鲜明的区别，即有形贸易均需办理海关手续，其贸易额总是列入海关的贸易统计，而无形贸易尽管也是一国国际收支的构成部分，但由于无须经过海关手续，一般不反映在海关资料上。但是，对形成国际收支来讲，这两种贸易是完全相同的。

无形贸易在国际贸易活动中已占据越来越重要的地位，它的贸易额在最近几年接近于国际商品贸易额的1/4。不少发达国家的服务贸易额已占其出口贸易额的相当比重，有的（如美国）已达一半左右。近年来，服务贸易的增长速度明显快于有形贸易的增长速度，且继续保持着十分强劲的增长势头。特别是乌拉圭回合通过了《服务贸易总协定》，规定把服务贸易纳入国际贸易的规范轨道，逐步实现自由化。这将促使各国进一步大力发展服务贸易。我国提出的发展大经贸的工作思路，实际上就强调了发展无形贸易的重要意义。

3. 按境界标准划分

按境界标准划分，可将国际贸易分为总贸易和专门贸易。这是由于国境和关境不一致所产生的统计标准。

（1）总贸易（General Trade）。总贸易是指以国境为标准统计的进出口贸易。凡因购买输入国境的商品一律计入进口，凡因外销输出国境的商品一律计入出口。总贸易可以分为总进口和总出口。总进口是指一定时期内（如一年内）跨国境进口的总额；总出口是指一定时期内（如一年内）跨国境出口的总额。将这两者的总额相加，即总进口和总出口之和，称作总贸易额。世界上某些国家，如英国、日本、加拿大、澳大利亚等，采用总贸易方式来统计。

（2）专门贸易（Special Trade）。专门贸易是指以关境为标准统计的进出口贸易。凡因购买输入关境的商品一律计入进口，凡因外销输出关境的商品一律计入出口。专门贸易可以分为专门进口和专门出口。专门进口是指一定时期内（如一年内）跨关境进口的总额；专门出口是指一定时期内（如一年内）跨关境出口的总额。专门贸易额是专门进口额与专门出口额的总和。这样，外国商品直接存入保税仓库（区）的一类贸易活动不再列入进口贸易项目之中。显然，专门贸易与总贸易在数额上不可能相等，但两者都是指一国在一定时期时（如一年）对外贸易的总额。世界上某些国家，如美国、法国、意大利、德国、瑞士等，采用专门贸易方式来统计。

各国都按自己的统计方式公布对外贸易的统计数据，并向联合国报告。联合国公布的国际贸易统计数据一般注明总贸易或专门贸易。过境贸易列入总贸易，不列入专门贸易。

4. 按贸易关系划分

按贸易关系划分，可将国际贸易分为直接贸易和间接贸易。

（1）直接贸易（Direct Trade）。直接贸易是指商品直接从生产国（出口国）销往消费国（进口国），不通过第三国转手而进行的贸易。

（2）间接贸易（Indirect Trade）。间接贸易是指商品从生产国销往消费国中通过第三国转手的贸易。对生产国和消费国来说，开展的是间接贸易；而对于第三国来说，则进行的是转口贸易。

直接贸易和间接贸易的区别是以货物所有权转移是否经过第三国（中间国）为标准，而与运输方式无关。

5. 按贸易国数目划分

按贸易国数目划分，可将国际贸易分为双边贸易和多边贸易。

（1）双边贸易（Bilateral Trade）。双边贸易是指两国政府之间商定的贸易规则和调节机制下的贸易。两国政府往往通过签订贸易条约或协定来规定贸易规则和调节机制，要求两国在开展贸易时必须遵守贸易条约或协定中的规定。双边贸易所遵守的规则和调节机制不适用于任何一个签约国与第三方非签约国之间开展的贸易。例如，在《中美贸易条约》下开展的中美贸易就是一种双边贸易。

（2）多边贸易（Multilateral Trade）。多边贸易是指在多个国家政府之间商定的贸易规则和调节机制下的贸易。同样，多个国家政府之间也需要通过签订贸易条约或协定来规定贸易规则和调节机制，而且这些贸易规则和调节机制也不适用于任何一个签约国与其他非签约国之间的贸易。例如，世界贸易组织中的国家所开展的贸易就属于多边贸易。

6. 按清偿工具划分

按清偿工具划分，可将国际贸易分为自由结汇贸易和易货贸易。

（1）自由结汇贸易（Free-Liquidation Trade）。自由结汇贸易是指以国际货币作为清偿手段的国际贸易，又称现汇贸易。能够充当这种国际支付手段的，主要是美元、英镑、马克、法郎和日元等可以自由兑换的货币。

（2）易货贸易（Barter Trade）。易货贸易是指以经过计价的商品作为清偿手段的国际贸易，又叫换货贸易。它的特点是，进口与出口直接相联系，以货换货，进出基本平衡，可以不用现汇支付。这就解决了那些外汇匮乏国家开展对外贸易的困难。加上现在各国之间经济依赖性加强，有支付能力的国家有时也不得不接受这种贸易方式，因此，易货贸易在国际贸易中十分兴盛，大致已接近世界贸易额的1/3。

必须注意，倘若两国间签订了贸易支付协定，规定双方贸易经由清算账户收付款，则一般不允许进行自由结汇贸易。因此，从清偿工具的角度看，这是一种特殊形式的国际贸易。

7. 按经济发展水平划分

按经济发展水平划分，可将国际贸易分为水平贸易和垂直贸易。

（1）水平贸易（Horizontal Trade）。水平贸易是指经济发展水平比较接近的国家之间开展的贸易活动。例如，北北之间、南南之间以及区域性集团内的国际贸易，一般都是水平贸易。

（2）垂直贸易（Vertical Trade）。垂直贸易是指经济发展水平不同的国家之间开展的贸易活动。这两类国家在国际分工中所处的地位相差甚远，其贸易往来有着许多与水平贸易大不一样的特点。南北之间贸易一般属于垂直贸易。

区分和研究水平贸易与垂直贸易的差异，对一国确定其对外贸易的政策和策略具有重要作用。

想想议议1-1

一国的对外贸易额（值）能否真正代表一国的实际贸易发展规模？

1.2 熟知国际贸易基本理论

1.2.1 传统国际贸易理论

一、重商主义理论

1. 重商主义理论概述

15—18世纪重商主义理论在欧洲流行，后为古典经济学取代。重商主义者认为，一国积累的金银越多，就越富强，因此主张国家干预经济生活，禁止金银输出，增加金银输入。重商主义者认为，要得到这种财富，最好是由政府管制农业、商业和制造业；发展对外贸易垄断；通过高关税率及其他贸易限制来保护国内市场；并利用殖民地为母国的制造业提供原料和市场。1776 年亚当·斯密在他的著作《国民财富的性质和原因的研究》（《国富论》）一书中提出"重商主义"这一名称，对其进行了猛烈抨击，他提倡自由贸易和开明的经济政策。但是，直到 19 世纪中叶英国才废弃以重商主义哲学为基础的经济政策。

2. 重商主义产生的时期及背景

历史上对国际贸易的研究和理论在最早的时候几乎都是出自重商学派的著作。

重商主义产生和发展于欧洲资本原始积累时期，反映这个时期商业资本的利益和要求，是资产阶级最初的经济学说。它对资本主义生产方式进行了最初的理论考察。

15 世纪末，西欧社会进入封建社会的瓦解时期，资本主义生产关系开始萌芽和成长；地理大发现扩大了世界市场，给商业、航海业、工业以极大刺激；商业资本发挥着突出的作用，促进各国国内市场的统一和世界市场的形成，推动对外贸易的发展；与商业资本加强的同时，西欧一些国家建立起封建专制的中央集权国家，运用国家力量支持商业资本的发展。随着商业资本的发展和国家支持商业资本的政策的实施，产生了从理论上阐述这些经济政策的要求，逐渐形成了重商主义理论。

3. 重商主义的贸易观点和经济思想

（1）认为贵金属（货币）是衡量财富的唯一标准。一切经济活动的目的都是为了获取金银。除了开采金银矿以外，对外贸易是货币财富的真正来源。因此，要使国家变得富强，就应尽量使出口大于进口，因为贸易出超才会导致贵金属的净流入。一国拥有的贵金属越多，就会越富有、越强大。因此，政府竭力鼓励出口，不主张甚至限制商品（尤其是奢侈品）进口。

（2）由于不可能所有贸易参加国同时出超，而且任一时点上的金银总量是固定的，所以一国的获利总是基于其他国家的损失，即国际贸易是一种"零和博弈"。

二、绝对优势理论

1. 绝对优势理论概述

绝对优势理论（Theory of Absolute Advantage），又称绝对成本说（Theory of Absolute Cost）、地域分工说（Theory of Territorial Division of Labor）。该理论将一国内部不同职业之间、不同工种之间的分工原则推演到各国之间的分工，从而形成其国际分工理论。绝对优势理论是最早的主张自由贸易的理论，由英国古典经济学派主要代表人物亚当·斯密创立。

亚当·斯密（1723—1790）是英国产业革命前夕工场手工业时期的经济学家。产业革命是指从工场手工业转向机器大工业的过渡，在这一过程中封建主义和重商主义是实现这一变革的障碍。亚当·斯密代表工业资产阶级的要求，在其代表作《国民财富的性质和原因的研究》（《国富论》）中猛烈抨击了重商主义，鼓吹自由放任，系统地提出了绝对优势理论。亚当·斯密因此成为自由贸易理论的首先倡导者和鼻祖。

2. 绝对优势理论的主要内容

所谓绝对优势，是指某两个国家之间生产某种产品的劳动成本的绝对差异，即一个国家所耗费的劳动成本绝对低于另一个国家。亚当·斯密的绝对优势理论主要阐明了如下内容。

1）分工可以提高劳动生产率，增加国民财富

亚当·斯密认为，交换是出于利己心并为达到利己目的而进行的活动，是人类的一种天然倾向。人类的交换倾向产生分工，社会劳动生产率的巨大进步是分工的结果。他以制针业为例说明其观点。根据亚当·斯密所举的例子，分工前，一个粗工每天至多能制造20枚针；分工后，平均每人每天可制造4 800枚针，每个工人的劳动生产率提高了几百倍。由此可见，分工可以提高劳动生产率，增加国民财富。

2）分工的原则是成本的绝对优势或绝对利益

亚当·斯密认为，分工既然可以极大地提高劳动生产率，那么每个人专门从事他最有优势的产品的生产，然后彼此交换，则对每个人都是有利的。即分工的原则是成本的绝对优势或绝对利益。他以家庭之间的分工为例说明了这个道理：如果一件东西购买所花费用比在家里生产所花费用少，就应该去购买而不要在家里生产，这是每一个精明的家长都知道的。裁缝不为自己做鞋子，鞋匠不为自己裁衣服，农场主既不打算自己做鞋子，也不打算自己缝衣服。他们都认识到，应当把他们的全部精力集中用于比邻人有利地位的职业，用自己的产品去交换其他物品，会比自己生产一切物品得到更多的利益。

3）国际分工是各种形式分工中的最高阶段，在国际分工基础上开展国际贸易，对各国都会产生良好效果

亚当·斯密由家庭推及国家，论证了国际分工和国际贸易的必要性。他认为，适用于一国内部不同个人或家庭之间的分工原则，也适用于各国之间。国际分工是各种形式分工中的最高阶段。他主张，如果外国的产品比自己国内生产的要便宜，那么最好是输出在本国有利的生产条件下生产的产品，去交换外国的产品，而不要自己去生产。他举例说，在苏格兰可以利用温室种植葡萄，并酿造出同国外一样好的葡萄酒，但要付出比国外高30倍的代价。他认为，如果真的这样做，显然是愚蠢的行为。每一个国家都有其适宜于生产某些特定产品的绝对有利的生产条件，如果每一个国家都按照其绝对有利的生产条件（即生产成本绝对低）去进行专业化生产，然后彼此进行交换，则对所有国家都是有利的，世界的财富也会因此而增加。

4）国际分工的基础是有利的自然禀赋或后天的有利条件

亚当·斯密认为，有利的生产条件来源于有利的自然禀赋或后天的有利条件。自然禀赋和后天的条件因国家而不同，这就为国际分工提供了基础。因为有利的自然禀赋或后天的有利条件可以使一个国家生产某种产品的成本绝对低于别国而在该产品的生产和交换上处于绝对有利地位。各国按照各自的有利条件进行分工和交换，将会使各国的资源、劳动和资本得到最有效的利用，将会大大提高劳动生产率和增加物质财富，并使各国从贸易中获益。这便是绝对成本说的基本精神。

3. 绝对优势理论简评

绝对优势理论是科学成分与非科学成分的混合，其正确的方面，是深刻指出了分工对提高劳动生产率的巨大意义。各国之间根据各自的优势进行分工，通过国际贸易使各国都能得利。其错误主要表现在，认为交换引起分工，而交换又是人类本性所决定的。事实上，交换以分工为前提，在历史上分工早于交换。同时，交换也不是人类本性的产物，而是社会生产方式和分工发展的结果。

绝对优势理论解决了具有不同优势的国家之间的分工和交换的合理性。但是，这只是国

际贸易中的一种特例。如果一个国家在各方面都处于绝对的优势，而另一个国家在各方面都处于劣势，那么，它们应该怎么办？对此，亚当·斯密的理论无法回答，这个问题的解决是大卫·李嘉图的功劳。

三、比较优势贸易理论

1. 比较优势贸易理论概述

大卫·李嘉图在其代表作《政治经济学及赋税原理》中提出了比较成本贸易理论（后人称为"比较优势贸易理论"）。比较优势贸易理论认为，国际贸易的基础是生产技术的相对差别（而非绝对差别），以及由此产生的相对成本的差别。每个国家都应根据"两利相权取其重，两弊相权取其轻"的原则，集中生产并出口其具有"比较优势"的产品，进口其具有"比较劣势"的产品。比较优势贸易理论在更普遍的基础上解释了贸易产生的基础和贸易利得，大大发展了绝对优势理论。

2. 比较优势贸易理论的基本内容

比较优势贸易理论说明一个国家即使在所有商品生产中都处于劣势，依然可以按照"两优择重，两劣择轻"的分工原则参与国际分工，从而使各国获得贸易利益。

3. 比较优势贸易理论模型

1）基本假设和生产贸易模式

比较优势贸易理论模型的假设与绝对优势贸易理论模型基本一样，但它强调两国之间生产技术存在相对差别而不是绝对差别，使用相对劳动生产率和相对成本及机会成本来衡量一国在某种商品生产上的比较优势。

生产技术差别产生的相对成本差异，形成了各国在不同产品上的比较优势。

（1）相对劳动生产率的比较优势：一国某种产品的相对劳动生产率高于他国同一产品的相对劳动生产率。

（2）相对成本的比较优势：一国生产某种产品的相对成本低于别国生产同一产品的相对成本。

（3）机会成本的比较优势：一国生产某种产品的机会成本低于别国生产同样产品的相对成本。

2）贸易影响与贸易所得

表1-2所示为李嘉图比较优势贸易理论所列举的两国生产条件。

表1-2　两国生产条件

	酒（W）	布（C）	国内相对价格
葡萄牙	80 小时/桶	90 小时/码	1C：(9/8) W [或 1 W：(8/9) C]
英国	120 小时/桶	100 小时/码	1C：(5/6) W [或 1 W：(6/5) C]

由表1-2可知，葡萄牙在两种商品的生产上都具有绝对优势；葡萄牙在酒的生产上有比较优势，英国在布的生产上有比较优势；可以葡萄牙专门生产酒，英国专门生产布，然后交换。

（1）节约劳动时间。单位进口产品的劳动时间节约如表1-3所示。

表 1 - 3 单位进口产品的劳动时间节约

		贸易前	贸易后	节约
葡萄牙	酒	80 小时		
	布	90 小时	80 小时	10 小时
英国	酒	120 小时	100 小时	20 小时
	布	100 小时		

国际相对价格不同对两国贸易所得有不同效果：贸易条件越接近国内自给自足经济下的价格水平，该国从贸易中获利就越少。

（2）增加总收益。贸易后两国的生产、消费与总收益如表 1 - 4 所示。

表 1 - 4 贸易后两国的生产、消费与总收益

		生产	消费	总收益
葡萄牙	贸易前	540W，320C	540W，320C	
	贸易后	900W，0C	540W，360C	3 600 小时
英国	贸易前	300W，360C	300W，360C	
	贸易后	0W，720C	360W，360C	7 200 小时

假定两国都拥有 72 000 小时的劳动，生产条件如表 1 - 4 所示，则贸易条件为 1W : 1C。

4. 对比较优势贸易理论的实证检验

对比较优势贸易理论的实证检验工作最早由麦克·道戈尔作出。麦克·道戈尔的检验表明，李嘉图的比较优势贸易理论比较符合国际贸易和国际分工结构的现实。同时，国际贸易现实中还有李嘉图所不能解释的现象。

5. 比较优势贸易理论简评

李嘉图的比较优势贸易理论是现代西方国际经济学的直接理论渊源，该理论的提出标志着西方国际贸易理论的形成。其局限性主要表现在它是一个短期、静态的理论，而且没有说明国际交换价格是怎样决定的。

四、相互需求理论

相互需求理论由英国经济学家约翰·穆勒（1806—1873）在《政治经济学原理》一书中提出。该理论在大卫·李嘉图的比较优势贸易理论的基础上，回答了国际间商品交换的比例如何确定的问题，认为商品的国内交换比例是国际交换比例的基础，而国际交换比例最终由两国相互对商品的需求关系来决定。

1. 相互需求理论提出的背景

20 世纪 30 年代前，廉价学派提出了相互需求论，约翰·穆勒承上启下，对李嘉图的比较优势贸易理论进行了重要补充，提出了相互需求的理论，用以解释国际间商品交换发生率。他使用了比较利益的概念，解释贸易双方在利益分配中各占多少的问题。英国经济学家马歇尔在穆勒理论的基础上，提出了供应条件（或提供条件）曲线，用几何方法来证明供给和需求如何决定国际交易比率。穆勒和马歇尔的理论共同构成了相互需求理论，论述了贸

易条件，即国际贸易中两国产品交换形成的国际交换比率是如何决定和达到均衡的。

2. 相互需求理论的要点

（1）国际贸易条件，即用本国出口商品数量表示的进口商品的相对价格，其水平高低取决于两方面因素："其一，外国对本国商品需求的数量及其增长同本国对外国商品需求的数量及其增长之间的相对关系；其二，本国可以从服务于本国消费需求的国内商品生产中节省下来的资本数量"。因而，"在国际贸易中享有最为有利的贸易条件的国家正是那些外国对它们的商品有着最大需求，而它们自己对外国商品的需求最小的国家"。

（2）一个国家向其他国家出口商品的意愿取决于它因此能从外国获得的进口商品的数量，即一国的出口规模随其国际贸易条件而变化。基于国际贸易条件由两国间的相互需求决定，在某一特定贸易条件下，一国愿意提供的出口商品的数量正好等于其贸易伙伴国在同一贸易条件下所愿意购买的进口商品的数量，或一国的出口总额恰为它愿意支付的进口总额。也就是说，某一特定的贸易条件为贸易双方共同遵守。在这样的贸易条件下，两国的进口需求与出口供给两两对等，国际贸易处于均衡状态。

（3）在双边贸易中，对对方出口商品的需求，以及贸易双方共同遵守的国际贸易条件，随着由各国消费者的消费偏好等因素决定的对对方出口商品的需求强度的相对变动而发生变化。倘若外国对本国出口商品的需求甚于本国对外国出口商品的需求，外国的相对需求强度较大，本国的相对需求强度较小，则外国在同本国的竞争中就不得不作出某些让步，本国就可以享有比较有利的国际贸易条件。

具体说来，对对方出口商品的相对需求强度较小的国家，在贸易双方的相互竞争中占有较为有利的位置，最终决定的国际贸易条件比较靠近外国的国内交换比率，因而本国可以获得相对较大的贸易利益。简言之，贸易双方之间的相对需求强度决定着国际贸易条件的最终水平，进而决定了国际贸易总利益在交易双方间的分割。

3. 对相互需求理论的评价

1）科学性

（1）提出了国际贸易为双方带来利益的范围。

（2）用相互需求强度说明贸易双方利益分配。

2）局限性

（1）一方面，以贸易收支平衡为前提来论证贸易条件即国际交换比例，而国际交换比例又由相互需求所决定。另一方面，相互需求数量又由国际交换比例决定。这明显陷入了某种循环论证。

（2）以贸易收支平衡为前提来论证贸易条件，而前者又恰恰是受后者影响和制约的，这也有循环推论之嫌。

（3）只能运用于经济规模相当、双方需求都能对市场价格产生显著影响的国家。

（4）以物物交换为例，在一次活动中可求得平衡，但所有活动国际收支平衡是不可能的。

20 世纪 80 年代以来，一些西方经济学家在规模经济和不完全竞争的基础上提出了一种新的战略性贸易理论，引起了理论界和发达国家政府的高度重视。

1.2.2 新国际贸易理论

一、要素禀赋理论

1. 要素禀赋理论的提出背景

"二战"之后，国际贸易迅猛发展，国际贸易理论流派也层出不穷。理论与实践互相促进，贸易实践在理论的指导下向前发展，同时也使贸易理论得到相应的增加。

要素禀赋理论是国际贸易理论流派中的一个重要理论，该理论的代表人物是赫克歇尔和俄林。要理解要素禀赋理论，首先要明白这里所说的要素是指生产要素。经典的生产要素包括三项，即土地、资本和劳动力，也就是说，企业首先要有一块地，然后要有钱，同时需要有人去做。要素禀赋则主要是指每一个国家在参与国际贸易过程中，国家凭借其所拥有的要素，参与国际分工。其次禀赋是指拥有生产要素的多寡。生产因素的丰裕和稀缺是相对的，要素丰裕意味着这种要素供应量大，价格比较便宜，密集使用这种要素才能做到产品成本低廉，才能在国际贸易中获利；要素稀缺意味着此要素供应量少，价格比较高，需要进口。

2. 要素禀赋理论的主要内容

根据要素禀赋理论，一国的比较优势产品是应出口的产品，是它需在生产上密集使用该国相对充裕而便宜的生产要素生产的产品，而进口的产品是它需在生产上密集使用该国相对稀缺而昂贵的生产要素生产的产品。简言之，劳动力丰富的国家出口劳动密集型商品，而进口资本密集型商品；相反，资本丰富的国家出口资本密集型商品，而进口劳动密集型商品。

3. 要素禀赋理论的理论分析

俄林认为，同种商品在不同国家的相对价格差异是国际贸易的直接基础，而价格差异则是由各国生产要素禀赋不同，从而要素相对价格不同决定的，所以要素禀赋不同是国际贸易产生的根本原因。俄林在分析、阐述要素禀赋理论时一环扣一环，层层深入，在逻辑上比较严谨。

（1）国家间的商品相对价格差异是国际贸易产生的主要原因。在没有运输费用的假设前提下，从价格较低的国家输出商品到价格较高的国家是有利的。

（2）国家间的生产要素相对价格的差异决定商品相对价格的差异。在各国生产技术相同，因而生产函数相同的假设条件下，各国要素相对价格的差异决定了各国商品相对价格存在差异。

（3）国家间的要素相对供给不同决定要素相对价格的差异。俄林认为，在要素的供求决定要素价格的关系中，要素供给是主要的。在各国要素需求一定的情况下，各国不同的要素禀赋对要素相对价格产生不同的影响：相对供给较充裕的要素的相对价格较低，而相对供给较稀缺的要素的相对价格较高。因此，国家间要素相对价格差异是由要素相对供给或供给比例不同决定的。

通过严密的分析，俄林得出了结论：一个国家生产和出口那些大量使用本国供给丰富的生产要素的产品，价格就低，因而有比较优势；相反，生产那些需大量使用本国稀缺的生产要素的产品，价格便贵，出口就不利。各国应尽可能利用供给丰富、价格便宜的生产要素，生产廉价产品输出，以交换别国价廉物美的商品。

4. 要素价格均等化理论

要素价格均等化定理是俄林研究国际贸易对要素价格的影响而得出的著名结论。俄林认为，在开放经济中，国际间因生产要素自然禀赋不同而引起的生产要素价格差异将通过两条途径逐步缩小，即要素价格将趋于均等。第一条途径是生产要素的国际移动，它导致要素价格的直接均等化；第二条途径是商品的国际移动，它导致要素价格的间接均等化。

国际贸易最终会使所有生产要素在所有地区都趋于相等。同时，俄林认为生产要素价格完全相同几乎是不可能的，这只是一种趋势。

5. 要素禀赋理论简评

赫克歇尔、俄林、萨缪尔森的要素禀赋理论和要素价格均等化理论是在比较优势贸易理论的基础上的一大进步，有其合理的成分和可借鉴的意义。大卫·李嘉图及穆勒和马歇尔都假设两国交换是物物交换，国际贸易起因于劳动生产率的差异；而赫克歇尔、俄林是用等量产品不同货币价格（成本）比较两国不同的商品价格比例，两国的交换是货币交换，两国的劳动生产率是相同的，用生产要素禀赋的差异寻求解释国际贸易产生的原因和国际贸易商品结构以及国际贸易对要素价格的影响，研究更深入、更全面，认识到了生产要素及其组合在各国进出口贸易中居于重要地位。他们研究所得出的结论有一定实用价值，例如，关于国家间商品相对价格的差异是国际贸易的直接原因；一国某种生产要素丰富，要素价格低廉，出口该要素密集型产品具有比较优势，某种生产要素稀缺，要素价格昂贵，进口这种要素密集型产品对本国有利，出口这种要素密集型产品则没有比较优势。这些观点或结论既有理论意义，也有政策意义。

但是，赫克歇尔、俄林、萨缪尔森的理论有明显的局限性。要素禀赋理论和要素价格均等化理论所依据的一系列假设条件都是静态的，忽略了国际国内经济因素的动态变化，使理论难免存在缺陷。就技术而言，现实是技术不断进步，而进步能使老产品的成本降低，也能产生新产品，因而会改变一国的比较利益格局，使比较优势产品升级换代，扩大贸易的基础。再拿生产要素来说，远非同质，新旧机器总归有别，熟练工人与非熟练工人也不能相提并论。再看同种要素在不同国家的价格，全然不是要素价格均等化理论所指出的那样会随着商品价格均等而渐趋均等，发达国家与发展中国家工人工资的悬殊、利率的差距，足以说明现实世界中要素价格无法均等。

二、里昂惕夫之谜

1. 理论的提出

美国经济学家里昂惕夫1953年用投入—产出模型对美国40年代和50年代的对外贸易情况进行分析，考察了美国出口产品的资本与劳动比和美国进口替代产品中的资本与劳动比，发现美国参加国际分工是建立在劳动密集型专业分工基础之上的（即出口产品中的资本与劳动比低于进口替代产品的资本与劳动比）。这一结果恰与俄林的要素禀赋理论相悖，引起了经济学界和国际贸易界的巨大争议。

里昂惕夫之谜是西方国际贸易理论发展史上的一个重要转折点，它推动了"二战"后国际贸易理论的迅速发展。

2. 对里昂惕夫之谜的解释

对里昂惕夫之谜的解释很多，代表性的主要有以下几个。

（1）熟练劳动说（人类技能说）。这一学说由里昂惕夫提出，后由美国经济学家基辛加以发展。里昂惕夫认为，美国工人的劳动生产率是其他国家工人的3倍，因此在劳动以效率单位衡量的条件下，美国就成为劳动要素相对丰富，资本要素相对稀缺的国家。

基辛的研究结论为：资本较丰富的国家倾向于出口熟练劳动密集型商品，资本较缺乏的国家倾向于出口非熟练劳动密集型的商品。

这种解释违背了赫－俄理论中劳动同一性假定，也夸大了美国工人的劳动效率（有人已证明最多为 1.2～1.25 倍）

（2）人力资本说。这一学说由美国经济学者凯南等人提出。他们认为，劳动是不同质的，表现为劳动效率的差异，高劳动效率和熟练劳动归根结底是一种投资的结果，是资本支出的产物。国际贸易商品生产所需的资本应包括有形资本和无形资本，即人力资本。如果把熟练技术劳动的收入高出简单劳动的部分算作资本并同有形资本相加，经过这样处理之后，美国仍然是出口资本密集型产品。

用对人力投资的差异来解释美国对外贸易商品结构是符合赫－俄原理的，但困难在于难以具体衡量人力资本的真正价值。

（3）技术差距说（技术间隔说）。这一学说由美国经济学家波斯纳提出，格鲁伯、弗农等人进一步论证。他们认为，技术领先的国家，具有较强开发新产品和新工艺的能力，这样形成或扩大了国际间的技术差距，从而有可能暂时享有生产和出口某类高技术产品的比较优势。

人力资本是过去对教育和培训进行投资的结果，而技术是过去对研究与发展进行投资的结果，因此技术可以作为一种资本或独立的生产要素。这样各国技术上的差距就使得技术资源相对丰裕的或者在技术发展中处于领先的国家，有可能享有生产和出口技术密集型产品的比较优势。

（4）需求偏好相似说（Theory of Demand Preference Similarity）。这一学说是由瑞典经济学家林德尔于1961年的《贸易的转变》一书中提出的，该学说主要解释的是发达国家之间的贸易如何产生的问题。

这一学说是用国家之间需求结构相似来解释工业制成品贸易发展的理论。它认为赫－俄原理只适用于工业制成品和初级产品之间的贸易，而不适用于工业制成品的贸易。这是因为前者的贸易发展主要是由供给方面决定的，而后者的贸易发展主要是由需求方面决定的。

三、产业内贸易理论

1. 产业内贸易理论的提出

美国经济学家格鲁贝尔等人研究共同市场成员国之间贸易量的增长时，发现发达国家之间的贸易并不是按赫－俄原理进行，即工业制成品和初级产品之间的贸易，是产业内同类产品的相互交换。因而对产业内贸易进行研究，提出了产业内同类产品贸易增长特点和原因的理论

2. 产业内贸易理论的特点

一般说来，产业内贸易具有以下几个特点。

（1）它与产业间贸易在贸易内容上有所不同。它是产业内同类产品的相互交换，而不是产业间非同类产品的交换。

（2）产业内贸易的产品流向具有双向性。即同一产业内的产品，可以在两国之间相互进出口。

（3）产业内贸易的产品具有多样化。这些产品中既有资本密集型，也有劳动密集型；既有高技术，也有标准技术。

（4）产业内贸易的商品必须具备两个条件：一是在消费上能够相互替代；二是在生产中需要相近或相似的生产要素投入。

3. 产业内贸易形成的原因

产业内贸易形成的原因比较复杂，大体上有以下几点。

（1）同类产品的异质性是产业内贸易的重要基础。他们认为，从实物形态上，同类产品可以由于商标、牌号、款式、包装、规格等方面的差异而被视为异质产品，即使实物形态相同，也可以由于信贷条件、交货时间、售后服务和广告宣传等方面的差异而被视为异质产品。这种同类的异质性产品可以满足不同消费心理、消费欲望和消费层次的消费需要，从而导致不同国家之间产业内贸易的发生与发展。

（2）规模经济收益递增是产业内贸易的重要成因。他们认为，生产要素比例相近或相似国家之间能够进行有效的国际分工和获得贸易利益，其主要原因是其企业规模经济的差别。一国的企业可通过大规模专业化生产，取得规模节约的经济效果，其成本随着产量的增长而递减，使生产成本具有比较优势，打破各生产企业之间原有的比较优势均衡状态，使自己的产品处于相对的竞争优势，在国际市场上具有更强竞争力，扩大产品出口。这样，产业内部的分工和贸易也就形成了。例如，"二战"后日本汽车、彩电进入美欧市场，就是有力的见证。

（3）经济发展水平是产业内贸易的重要制约因素。他们认为，经济发展水平越高，产业部门内异质性产品的生产规模也就越大，产业部门内部分工就越发达，从而形成异质性产品的供给市场。同时，经济发展水平越高，人均收入水平也越高，较高人均收入层上的消费者的需求会变得更加复杂、更加多样化，呈现出对异质性产品的强烈需求，从而形成异质性产品的需求市场，当两国之间人均收入水平趋于相等时，其需求结构也趋于接近，产业内贸易发展倾向就越强。

4. 产业内贸易理论简评

（1）产业内贸易理论更符合实际。首先，它的假设前提更符合现代和当代实际；其次，如果产业内贸易的利益能够长期存在，那么，其他的厂商就不能自由进入这一行业，这就说明了自由竞争的市场是不存在的；再次，产业内贸易的利益来源于规模经济，这种分析比较符合实际。

（2）产业内贸易理论从供给和需求两个方面分析了造成产业内贸易现象出现的原因。在供给方面，由于参与国际贸易的厂商通常是处在垄断竞争而非完全竞争的条件下，因此，产生了同类产品的差异化；在需求方面，消费者的偏好具有多样性，而且各国之间的消费需求常常存在着互相重叠的现象。

（3）产业内贸易理论是对传统贸易理论的批判，是对比较利益理论的补充，它指出了李嘉图的比较优势贸易理论和传统的赫－俄模型用于解释初级产品和标准化产品的合理性，但是这种理论依然是用一种静态的观点进行分析，这也是它的不足之处。

（4）产业内贸易理论虽然以发达国家的贸易为研究对象，但对已经实现工业化的发展中国家提升国际贸易竞争力，具有深刻的启发作用。一方面，发展中国家要在国际贸易中提高地位，仅仅依靠资源丰富，甚至资本和技术，是远远不够的，必须从规模经济入手提高国际贸易竞争力；另一方面，对于发展规模效益显著的幼稚产业，政府在产业政策、贸易政策等方面加强干预是十分必要的。

四、国家竞争优势理论

1. 国家竞争优势理论的提出背景

国家竞争优势理论的产生是以美国国际经济地位的变化为背景的。在"二战"后的20年里，美国经济实力强盛，遥遥领先于世界各地。但此后，由于其他西方国家经济的快速增长，美国各项经济指标在世界经济中的比重不断下降。20世纪70年代以来，欧洲共同市场的形成和势力壮大、日本的崛起，都对美国在国际经贸中的地位构成严重挑战。美国在国际市场上的竞争优势严重削弱，就连新兴工业化国家都在夺取美国在世界市场上的份额。到了80年代，世界经济贸易领域的竞争进一步加剧，美国对外贸易逆差和国际收支赤字有不断增大之势。美国正像一个弱者一样，不断乞求于贸易保护主义。在这种情况下，怎样才能保持昔日的竞争优势，必然成为美国朝野都关注的问题，波特的理论正是适应这一客观要求应运而生的。

2. 国家竞争优势理论的决定因素

（1）生产要素。生产要素是指一个国家在特定产业竞争中有关生产方面的表现，包括可耕土地、自然资源、人力资源、资本资源、知识资源和基础设施等。这些资源可进一步分为基本要素（Basic Factors）和高级要素（Advanced Factors）两类。在过去，基本要素在许多行业对企业的竞争优势具有决定性的影响，但现在，其重要性日趋减弱，取而代之的则是高级要素。高级要素的优势是企业国际竞争力在未来持续而可靠发挥的源泉。

（2）需求状况。需求状况是指本国市场对该项产业提供产品或服务的需求情况。波特认为，国内需求状况的不同会导致各国竞争优势的差异。国内需求对竞争优势最重要的影响是通过国内买主的结构和买主的性质体现的。不同的国内需求使厂商对买方需求产生不同的看法和理解，并作出不同的反应。

（3）相关产业和支持产业的表现。相关产业和支持产业的表现是指相关产业和上游产业是否具有国际竞争力。一个国家的产业要想获得持久的竞争优势，就必须在国内具有在国际上有竞争力的供应商和相关产业。支持性产业以下列几种方式为下游产业创造竞争优势：以最有效的方式及早地、迅速地为国内公司提供最低成本的投入品；不断地与下游产业合作，促进下游产业的创新。相关产业是指因共用某些技术、共享同样的营销渠道或服务而联系在一起的产业或具有互补性的产业。一个国家如果有许多相互联系的有竞争力的产业，该国便很容易产生新的有竞争力的产业。因此，有竞争力的几种相关产业往往同时在一国产生。

（4）企业战略、结构和竞争对手。它是指企业在一个国家里的基础、组织和管理形态，以及国内市场竞争的表现，包括公司建立、组织和管理的环境以及国内竞争的性质。不同国家的公司在目标、战略和组织方式上都大不相同。国家优势来自于对它们的选择和搭配，国家竞争优势的获得还取决于国内的竞争程度，激烈的国内竞争是创造和保持竞争优势最有力的刺激因素。

（5）机遇。机遇包括重要的新发明、重大技术变化、投入成本的剧变（如石油危机时）、外汇汇率的重要变化、突然出现的世界或地区需求、外国政府的政治决定和战争等。机遇对于竞争优势也是非常重要的，其重要性在于它可能打断事物的发展进程，改变一个国家在一个产业中的国际竞争地位，使原来处于领先地位的公司的竞争优势无效，使落后国家的公司能顺应局势的变化，抓住新机会获得竞争优势。

（6）政府。对国家竞争优势的作用主要在于对 4 种决定因素的影响，政府可以通过补贴、对资本市场加以干预或制定教育政策等影响要素条件，通过确定地方产品标准、制定规则等影响买方需求（政府本身也是某些产品或服务的大买主）。政府也能以各种方式决定相关产业和支持产业的环境，影响企业的竞争战略、结构和竞争状况等，因此，政府的作用十分重要。

上述 6 种因素中，前 4 种因素是国家竞争优势的决定因素，它们的情况如何直接导致国家竞争地位的变化；后两种因素则对国家的竞争优势产生影响。

3. 国家竞争优势理论简评

迈克尔·波特的国家竞争优势理论是当代国际经济学理论的重大发展，不仅对国际经济贸易理论的发展作出了重要的贡献，而且富有特色。

（1）该理论弥补了其他国际贸易理论的不足，较圆满地回答了理论界长期未能解答的一些问题。波特认为，一国在生产要素方面的比较优势有利于它建立国际竞争优势，而一国国际竞争优势的建立才能获得持久的比较优势。这种国际竞争优势才应该是国际贸易理论的核心。

（2）该理论发展了传统贸易理论对于在要素基础上形成的优势的静态观点，突破了就单项因素或其简单组合为出发点来展开理论分析的不足。

第一，该理论深化了对要素竞争优势的认识。如在要素基础上形成的竞争优势是动态变化的，要素上的劣势也能够产生国家竞争优势，要素创造比要素禀赋对于一国的竞争优势重要得多。

第二，该理论用贸易和对外投资综合在一起的思路，来解释一国何以能成为在一个特定产业中成功并维持竞争优势的国际竞争者的"母国基地"。

第三，该理论充分反映了竞争的丰富内涵。波特的竞争优势由两大因素决定：成本优势（Cost Advantage）和歧异性优势（Difference Advantage），其分析包括细分市场、差异化产品、技术差异和规模经济、质量、特色、新产品创新和成本优势等，而大多数贸易只注意到成本，对质量和差异化产品等方面未足够重视。

第四，该理论强调国内因素对于竞争优势的重要性，并在此基础上强调国家在决定国际竞争力方面的重要作用。

总之，国家竞争优势理论不仅对当今世界经济和贸易格局进行了理论上的归纳总结，而且对国家未来贸易地位的变化提供了具有一定前瞻性的预测。

1.2.3 保护贸易理论

一、保护关税理论

1. 保护关税理论产生的背景

汉密尔顿是美国的开国元勋，政治家和金融家，美国第一任财政部长。1776 年，美国宣告独立，虽然在政治上取得了独立，但经济却遭受了严重破坏，殖民地经济形态，国内产业结构仍然以农业为主，工业方面仅限于农副产品加工和手工业的制造，处于十分落后的水平。汉密尔顿于 1791 年向国会递交了一份题为《关于制造业的报告》。在报告中，他明确提出了征收保护性关税的重要性。美国工业起步晚，基础薄弱，技术落后，生产成本高，根本无法与英国、法国等国的廉价商品竞争。因此，美国应该采取关税政策对国内产业进行保护。征收关税的目的不是为了获得财政收入，而是保护本国的工业，因为处在成长过程中的产业或企业难以与其他国家已经成熟的产业相竞争。

2. 保护关税理论的主要内容

自由贸易不适合美国的现实，美国作为一个刚刚起步的国家，自由贸易的结果也可能使得美国继续充当欧洲的原材料供应基地和工业品的销售市场，国内的制造业却难以得到发展。

（1）为了保护和发展制造业，汉密尔顿指出，政府应加强干预，实行保护关税制度。第一，向私营工业发放贷款，扶植私营工业发展；第二，实行保护关税制度。

（2）一个国家要在消费廉价产品的"近期利益"和本国产业发展的"长远利益"之间进行选择。一国不能只追求近期利益而牺牲长远利益。

（3）保护贸易不是全面性的，不是对全部产业的保护，而是对本国正处于成长过程中的产业予以保护，并且这个保护还有时间限制。

在这一理论的指导下，1816年，美国首次以保护关税的名目提高了制造品的关税，美国的贸易保护政策主要表现在为实现较高的进口关税水平，鼓励原材料的进口，限制原材料的出口，以便为本国制造业的发展提供比较廉价的原材料。同时鼓励工业技术的发展，提高制成品质量，以增强产品的市场竞争力。

3. 保护关税理论评价

汉密尔顿的保护关税理论是从美国经济发展的实际情况出发所得出的结论，反映了美国建国初期急需发展本国的工业，走工业化道路，追赶欧洲工业先进国的强烈要求。这一观点的提出，为落后国家进行经济自卫和与先进国家相抗衡提供了理论依据，同时也标志着从重商主义分离出来的西方国际贸易理论两大流派已基本形成。

二、幼稚工业保护理论

1. 幼稚工业保护理论产生的背景

19世纪初，德国还是一个政治上分裂、经济上落后的农业国。在经济上，其发展水平落后于英国、美国和荷兰，工业上仍以工场手工业和分散的小手工业为主；在对外贸易方面，它主要出口原料和食品，进口半制成品和制成品。对外依赖严重且容易受到外来经济力量的巨大冲击。为了发展德国经济，国内围绕对外贸易政策的选择展开了激烈的论战。一派主张实行自由贸易政策，另一派主张实行保护关税制度。李斯特从民族利益出发，发展了汉密尔顿的保护关税理论，提出了自己的以生产力理论为基础，以经济发展阶段论为依据，以保护关税为核心，为经济落后国家服务的国际贸易学说。

2. 幼稚工业保护的理论依据

（1）生产力理论。李斯特认为，一个得自自由贸易的财富尽管是重要的，但是它有耗尽的时候，而财富的生产力才更加重要。因此，与其实行自由贸易而获得财富，还不如通过保护本国工业，以获得财富的生产力。他还把生产力与财富的关系比喻为果树与果实的关系。生产力犹如结果实的果树，生产力是创造财富的源泉，而财富则是果树结出的果实，财富是生产力的结，他以为一个国家开展对外贸易，也应着眼于提高生产力，而不能着眼于财富存量的多少。

（2）经济发展阶段理论。李斯特将社会经济发展划分成不同的周期，认为一个国家的经济发展必须经过如下5个发展阶段，即原始未开化时期、畜牧时期、农业时期、农工业时期、农工商业时期。对处于不同经济发展阶段的国家，应实行不同的贸易政策，反对不加区别的自由贸易，主张一定条件下的保护政策。

3. 幼稚工业保护理论的主要论点

（1）选择保护对象的原则：① 农业不需要保护；② 一国工业虽然幼稚，但在没有强有力的竞争对手时也不需要保护；③ 只有刚刚开始发展且有强有力的外国竞争者的幼稚工业才需要保护。

李斯特提出，保护的时间以 30 年为最高期限。在此期限内，被保护的工业还扶植不起来，则不予以保护，任它自行灭亡。

李斯特承认，实行保护关税政策，会使国内工业品价提高，本国在某些方面会有些损失。但他认为这种损失是暂时的，是发展本国工业所必须付出的代价，牺牲的只是眼前利益，而得到的则是生产力的提高。

（2）主张保护贸易政策应通过国家干预经济来实行。李斯特把国家比喻为国民生活中慈父般的有力引导者，他认为，国家应该在培育民族工业上有所作为，在必要时应限制一部分国民经济活动，以此来促进国民经济的发展。他以风力和人力在森林成长中的不同作用来比喻国家在经济发展中的重要作用。

（3）一个小国难以实行贸易保护政策。在李斯特看来，小国即使实行贸易保护政策也难以与大国抗衡，反而会将自己的内部市场封闭起来，从而难以满足其工业发展所需求的足够大的市场。

4. 幼稚工业保护理论简评

1）理论意义

李斯特将一国参加国际贸易的经济利益进行了动态化的分析，强调了一国动态的比较优势在国际贸易中的重要意义是对传统国际贸易理论的发展和创新。

传统贸易理论的结论是建立在短期的贸易利益基础上，并没有考虑到单个国家，特别是后起的国家。当一国经济发展尚处在工业发展过程中时，妨碍其经济走向工业化。这一理论的提出，确立了保护贸易理论在国际贸易理论体系中的地位，同时也标志着从重商主义分离出来的西方国际贸易理论两大学派——自由贸易学派和保护贸易学派的完全形成。

李斯特的幼稚工业保护理论许多观点代表了后起国家的经济利益，因此对落后国家制定对外贸易政策，并以此来促进经济发展具有重要的借鉴意义和指导意义。

2）局限性

（1）保护对象的选择问题。"保护幼稚工业在短期内虽有代价，但长远来看是有利和必要的"，这一论点在理论上是成立的，但实际操作中却不一定实现。因为这要受以下 3 个条件制约：① 被保护的幼稚工业要具备发展壮大的潜力，以发挥比较优势；② 保护期限只能是短暂的，为此付出的代价是短期而且是有限的；③ 被保护的幼稚工业为社会带来的收益必须大于为保护其而付出的代价。由此可见，现实中要做到正确选择存在很大的困难。

（2）保护手段的选择问题。一般有以下两种选择：一是产业鼓励政策；二是关税限制政策。产业鼓励政策是指政府采用政策倾斜、补贴、税收优惠等方式对国内的产业进行扶持，这种方法对国内产业起到较好的保护与促进作用，但政府要支付一定的成本。而关税限制政策只需要海关对进口的国外产品征收较高的关税，增加其在国内的竞争成本，从而保护国内的相关产业，但容易造成对国内产业的过度保护，不利于产业的发展。相对于产业鼓励政策而言，关税限制政策具有操作简单而且政府不需要支付过多的成本的特点。所以不少国家的政府出于利益方面的考虑，在保护手段的选择上会倾向于关税限制政策，以致保护的效果不理想。

三、超保护贸易理论

1. 超保护贸易理论提出的背景

19世纪末至20世纪初，资本主义自由竞争逐步发展到垄断，国际经济制度发生了巨大变化，其矛盾进一步加剧。1929—1933年的大危机促使许多资本主义国家提高关税，限制进口；国家积极干预外贸，超保护贸易政策盛行。凯恩斯的学说是在上述背景下，为适应垄断资产阶级的需要而产生的。凯恩斯对重商主义的一些政策进行了重新评价，并以"三个心理规律"为核心，以国家干预为政策重点，创立了保护国内就业的学说。凯恩斯本人对国际贸易的论点不多，但其追随者有关国际贸易的观点很有影响。

2. 超保护贸易理论的依据

（1）凯恩斯对古典自由贸易理论的评价。古典自由贸易理论的主张是进出口贸易能自动平衡。凯恩斯反对此观点，原因如下：① 自由贸易理论的"充分就业"前提发展到19世纪30年代已不存在；②"国际收支自动调节说"存在欠缺。凯恩斯认为，贸易的顺差与逆差分别对"国民收入"和"就业"产生不同的影响。

（2）投资乘数理论。投资乘数理论是指投资增长和国民收入扩大之间的依存关系，即投资的增加会对国民收入的增加产生倍数的增加效应。凯恩斯认为，由于国民经济各部门是相互联系的，某一部门的一笔投资会在其他各部门之间引起连锁反应，最终使国民收入整体为原来投资的若干倍。

（3）对外贸易乘数理论。为了证明增加新投资对就业和国民收入的好处，凯恩斯提出了"乘数理论"。它的意思是新增加的投资引起对生产资料需求的增加，从而引起从事生产资料生产的人们的收入增加，而收入的增加又引起他们对消费品需求的增加，从而又引起从事消费品生产的人们的收入增加。如此推演下去，结果由此增加的国民收入总量会等于原增加投资量的若干倍。乘数的大小取决于人们增加的收入中有多大比例用于消费，有多大比例用于储蓄。

3. 超保护贸易理论简评

（1）先进性：① 外贸乘数理论提示了外贸与国民经济发展之间的一些运行规律，有一定的科学性；② 将贸易问题纳入到宏观分析的范围，是贸易理论研究方法上的一种突破。

（2）局限性：① 将贸易顺差与国内投资对国民收入产生的效应混为一谈，实际上两者的作用不能等同。凯恩斯主义认为，贸易顺差 = 国内投资 = "注入"效应。② 理论在实践中会受多种因素的影响，外贸顺差不一定引起国民收入的增加。③ 理论忽视了乘数作用的发挥条件要视世界进口总值是否增长而定。

四、战略性贸易政策

战略性贸易政策认为，工业品的国际市场竞争是不完全的，工业品的生产存在规模经济，故一国政府可通过贸易保护和补贴、信贷优惠、国内税收优惠等国内政策保护和扶持那些承担巨大风险，需大规模生产以获取规模经济，并能产生外部经济的高新技术产业和对本国未来发展至关重要的行业，以创造本国在这些产业上的比较优势，获取大量的外部经济利益，为本国未来发展增强后劲。

1. 战略性贸易政策的基本论点

战略性贸易政策有两个基本论点:其一,由于市场的不完全竞争和规模经济的存在,某些行业的企业可以获得长期利润,这些利润超出企业主的一般利润,而政府的资助可能促进某些行业战胜外国对手取得成功;其二,由于市场对一些企业的外部经济效应缺乏足够的反映,由政府干预来克服这种反映的不足,可建立一种环境,使某些企业的行为给其他企业带来好处,从而推动其他产业的发展。

2. 战略性贸易政策的政策主张

1)不完全竞争市场(主要是寡头市场)方面的战略性政策干预

不完全竞争市场方面的战略性政策干预主要包括给予本国企业生产补贴、对外国竞争产品进口征收关税和对本国消费者予以补贴等措施。这些政策干预有可能通过影响本国企业及其外国竞争者的决策行为而转移一部分纯经济利润(超过正常利润部分),并产生一定的反托拉斯效果,从而提高本国福利水平。

2)外部经济效应方面的战略性政策干预

产业不断获取动态递增的规模效益,并在国际竞争中获胜,结果企业所得到的利润会大大超过政府所支付的补贴。而且,该产业的发展还能通过技术创新的溢出推动其他产业的发展。

3. 战略性贸易政策的意义

1)可以增强一国的谈判能力

在克鲁格曼看来,当别国实施战略性贸易政策时,本国企业将会面临着挤出市场的威胁。因此,要使外国放弃干预或支持该国企业的战略贸易政策,实行"公平贸易",必须是本国也采取战略性贸易政策,以便在势均力敌的基础上开展谈判,否则这种谈判难有积极的结果。

2)实施战略性贸易政策可以获得"以邻为壑"的效果

由于当今规模经济、经验优势越来越重要,一些产业部门存在着比其他产业部门更高的回报,某些产业具有巨大的外部经济性,因而存在着战略部门。尽管对战略性贸易政策现在仍然存在着很多争议,但其学术价值和实践价值得到了广泛的赞赏。

(1)战略性贸易政策扩充了国际贸易理论比较优势的范围。

(2)战略性贸易政策理论修正了贸易理论的内涵。

(3)对贸易政策的政治经济学和相关产业政策产生了长久的影响。

想想议议1-2

从中国的对外贸易商品结构和地理方向来看,劳动密集型产品在较长期以来一直作为我国出口贸易增长的主要力量之一,而我国的外贸出口市场又相对集中于美、日、欧等发达国家。试分析原因。

课堂讨论

完成本任务后,请进行自我测试:你是否已明确国际贸易概念及国际贸易理论的深刻内涵？

◉ 阅读与思考 1 – 1

中国为什么要实施"走出去"战略

随着经济的不断发展，我国正积极参与国际经济竞争，并努力掌握主动权，不失时机地实施"走出去"战略，把"引进来"和"走出去"紧密结合起来，更好地利用两种资源和开拓两个市场；鼓励国内企业开展跨国经营，加快培养我国自己的跨国公司，努力促使我国经济参与国际经济合作与竞争。

◉ 任务小结

通过本任务的学习，同学们可以了解一些国际贸易概念以及国际贸易理论的相关基础知识，理解国际贸易的内涵，掌握基本的国际贸易理论，并能运用它理解现实生活中的一些国际贸易现象。

第 3 部分　任务实训

⊃ 案例分析

中国国际贸易的未来困境

2010 年中国经济总量已经居于世界第二位，人均收入水平也已达到 4 000 美元以上。然而，2011 年中国却凸显低成本优势丧失问题。依据比较优势的分工理论，中国在劳动密集型产品的生产上具有优势。但随着中国经济继续增长，国民收入的增加使得劳动力成本不断增加，人民币币值不断升值（目前一美元对 6. 398 5 元人民币），中国在劳动密集型产品上的优势地位难以维持。如果中国一味依据自己的资源和成本优势来确定国际贸易结构，中国将陷入"比较优势陷阱"。

思考题：

（1）国际贸易比较优势的含义是什么？

（2）中国为什么可能会陷入"比较优势陷阱"？

◉ 模拟实训

【实训目的】制订出口参展计划。

【实训内容】试考察一家牛仔服产品企业，在深入了解其公司发展背景和出口计划的基础上，制订一份出国参展方案。

【实训组织】将学生分组，各成员分工，分别负责经营计划不同部分的调查与分析。

【操作提示】参展计划主要内容提示：

（1）目标。

（2）机会与挑战。

（3）参展策略：① 参展前的准备；② 参展步骤；③ 现场管理；④ 与客户的沟通。

（4）参展效果预计。

【成果与检测】完成活动项目任务，由组长汇总成一份完整的参展方案。各组分别展示，学生讨论，教师评价其可行性。

任务2　探究国际贸易政策、措施、工具与约束

任务提示

本任务将引领你明确国际贸易政策、措施、工具及其约束的基本内容。

任务先行

什么是国际贸易政策及国际贸易工具？为什么要实施国际贸易措施与约束？它研究什么？要了解这些问题，请往下看。

第1部分　案例导入与解析

案例导入

欧盟的反倾销

2003年9月13日，欧盟委员会分别向温州东方打火机厂有限公司和温州烟具行业协会发布官方正式公报，正式终止对中国打火机反倾销的调查，这标志着以温州烟具协会为主的"应战方"打赢了我国加入世界贸易组织后的第一场"洋官司"。这个案例也被誉为"民营企业应诉反倾销第一胜案"。

那么，什么是反倾销？欧盟为什么对我国打火机发起反倾销？中国加入世界贸易组织后如何打"洋官司"？下面将从国际贸易政策、措施、工具和约束学起。

案情介绍

中国七调"出口退税率"

为了鼓励出口，中国从1985年4月开始实施出口退税制，自1994年税制改革以来，中国出口退税政策历经7次大幅调整，特别是2008年下半年，面对出口贸易下滑的趋势，中国政府两次调整出口退税率。2008年8月1日，第六次出口退税政策调整后，部分纺织品、服装的出口退税率由11%提高到13%；部分竹制品的出口退税率提高到11%。

2008年11月1日，第七次实施上调出口退税率政策，此次调整涉及3 486项商品，约占海关税制中全部商品总数的25.8%。其主要包括两个方面的内容，一是适当提高纺织品、服装、玩具等劳动密集型商品出口退税率；二是提高抗艾滋病药物等高技术含量、高附加值商品的出口退税率。中国的"出口退税率"分为5%、9%、11%、13%、14%和17%六档。

⊃ **案例解析**

出口退税的本质是为了促进国际市场上的公平竞争，是一项中性政策，也正因为出口退税的这个性质，出口退税率在一段时期内应该是稳定的，而不应该因为外部需求的下降提高出口退税率从而稳定出口。出口退税政策本质上是一项中性政策，不应成为一项宏观调控政策。目前，中国政府将出口退税作为宏观调控的手段来运用，虽有利于扩大出口，但应对经济下滑最重要的是着眼于改变现有的支出结构，即扩大内需，只有这样，才能恢复出口退税的应有之意。

第 2 部分　任务学习引导

2.1　制定国际贸易政策

重要知识

国际贸易政策的含义

一国的对外贸易政策是该国在一定时期内对进口贸易和出口贸易所实行的政策，其主要内容包括各国对外贸易总政策、进出口商品政策和国别政策。

2.1.1　国际贸易政策的内容与类型

各国的对外贸易政策因各自的经济体制、经济发展水平及其产品在国际市场上的竞争能力而有所不同，并且随其经济实力的变化而不断变换，但就其制定对外贸易政策的目的而言，大体上是一致的：一是保护本国的市场，二是扩大本国产品的出口市场，三是促进本国产业结构的改善，四是积累资金，五是为本国的对外政策服务。

一、国际贸易政策的主要内容

1. 各国对外贸易总政策

各国对外贸易总政策是指各国从整个国民经济出发，根据本国国民经济的整体状况及发展战略，结合本国在世界经济格局中所处的地位而制定的、在较长时期内实行的政策。它是各国发展对外经济关系的基本政策，是整个对外贸易政策的立足点。

2. 进出口商品政策

进出口商品政策是指各国在本国对外贸易总政策的基础上，根据经济结构和国内外市场的供求状况而制定的政策。其基本原则是对不同的进出口商品实行不同的待遇，主要体现在关税的税率、计税价格和课税手续等方面的差异。例如，对某类进口商品，有时采用较高税率和数量限制手段来阻挡其进口；有时则对其实施较宽松的做法，允许较多的进口。

3. 国别政策

国别政策是指各国根据对外贸易总政策，依据对外政治经济关系的需要而制定的国别和地区政策。它在不违反国际规范的前提下，对不同国家采取不同的外贸策略和措施。对不同国家规定差别关税率和差别优惠待遇是各国国别政策的基本做法。

从一国对外贸易政策的具体内容来看，一般而言，它主要包括一国的关税制度和政策、非关税壁垒的种类和做法、鼓励出口的体制和手段、管制出口的政策和手段等。这些范围内的有关体制、政策和基本做法都反映着上述三方面的含义，因而构成了国际贸易政策的基本内容。

二、国际贸易政策的演变

从国际贸易政策的历史演变来看，其主要经历了如下 7 个阶段。

1. 重商主义的贸易政策

最早的国际贸易政策应属重商主义贸易政策，它产生于 15 世纪，时值资本主义经济的原始积累时期。重商主义认为，贵金属或货币就是财富，人们获取财富的来源是金银矿的采掘和商品的交换，其中商品的交换更具持续性。从一个国家的角度看，要想使这种商品交换能够增加一国的财富总量，就必须开展对外贸易，因为一国范围内的商品交换只能使贵金属或财富实现在不同居民手中的转移，而不能增加该国的财富总量，只有对外贸易才能够增加该国贵金属的总量（假定本国不生产贵金属）。因此，重商主义贸易政策的理论是，国际贸易是一种"零和游戏"，一方得益必定使另一方受损，要增加一国的财富总量就必须在国际贸易中多出口、少进口，实现贸易收支的顺差，形成外国对本国的贵金属支付。为此，国家需要采取的政策措施是奖励出口、限制进口，使贵金属或财富在本国积累起来，从而增加本国的财富总量。

2. 自由竞争时期的贸易政策

18 世纪末到 19 世纪中叶，欧洲各国和美国相继完成了产业革命，建立了机器大工业，改善了交通运输和通信工具，消灭了古老的民族工业，资本主义生产方式得以完全确立并占统治地位，世界经济进入商品资本国际化阶段，产生了适应工业资产阶级利益的国际贸易政策。在这个时期，由于各国的经济发展水平不同，在世界市场上的竞争地位不同，因而也就采取了不同的对外贸易政策。英国推行自由贸易政策，美国、德国等国家实行贸易保护政策。

3. 垄断资本主义时期超保护贸易政策的兴起

超保护贸易政策是一种侵略性的保护贸易政策，与自由竞争时期的保护贸易政策相比有着明显的区别：它不是防御性地保护国内幼稚工业，以增强其自由竞争能力，而是保护国内高度发达或出现衰落的垄断工业，以巩固对国内外市场的垄断；保护的对象不是一般的工业资产阶级，而是垄断资产阶级；保护的手法也趋于多样化，不仅仅是高关税，还有其他各种奖出限入的措施。

4. 第二次世界大战后贸易自由化的发展

在两次世界大战期间，各国政府对贸易实行了严格的管制，以保证外汇用于购买食物和战争物资。许多国家将这种管制延续到战后，以便将稀缺的外汇用于重建家园。美国作为世界政治和经济的新领袖，第二次世界大战后积极倡导贸易自由化。贸易自由化发展具体表现为：一是建立促进自由贸易的国际组织——关税与贸易总协定。二是欧洲经济共同体的一体化发展。欧洲经济共同体对内取消关税，对外通过谈判达成关税减让的协议，导致了关税的大幅度下降。三是普遍优惠制度的实施。第二次世界大战后发展中国家为了改善贸易条件，增加外汇收入，要求发达国家对其出口商品给予关税优惠待遇。经过长期的斗争，终于在1968年第二届联合国贸易与发展会议上通过了普惠制决议。自1971年7月1日起，发达国家对于来自发展中国家或地区的制成品和半制成品给予普遍的、非歧视的和非互惠的关税优惠。四是放宽或逐步取消了进口限额、外汇管制等非关税壁垒措施。

5. 20世纪70年代中期以来的新贸易保护主义浪潮

进入20世纪70年代中期以后，在欧共体和日本等国经济崛起的同时，新兴工业化国家和地区的世界市场份额不断上升，而两次石油危机又使发达国家从经济的高速增长转向滞胀时期，失业问题深深困扰着各国，贸易保护主义的压力强烈地上升。此外，由于工业国家发展不平衡，美国的贸易逆差迅速上升，其主要工业产品如钢铁、汽车、电器等不仅受到日本、西欧等国家的激烈竞争，甚至面临一些新兴工业化国家及其他出口国的竞争威胁。在这种情况下，美国一方面迫使拥有巨额贸易顺差的国家开放市场，另一方面则加强对进口的限制。因此美国成为新贸易保护主义的重要策源地。美国率先采取贸易保护主义措施，引起了各国贸易政策的连锁反应，各国纷纷效尤，致使新贸易保护主义得以蔓延和扩张。

6. 新自由主义贸易政策

新自由主义强调"竞争性秩序"，强调市场的完美性，认为政府干预是市场失灵的原因，使得市场机制不能顺畅自由地运行，所以要重新加强市场机制的作用。这种思潮在20世纪60年代也渗入到国际贸易领域，在贸易理论和政策如对保护成本、贸易扭曲、中性贸易体制、贸易与经济增长、开放以及贸易自由化等方面的研究有了长足的进展，形成了一套以新自由主义为基础的贸易政策理论。在这一领域有重要影响的新自由主义代表人物有贝拉·巴拉萨、杰格·迪什巴格瓦蒂等。与20世纪50年代强调的"有选择的贸易自由化"所不同的是，新自由主义贸易政策理论将市场的完美性推广到国际贸易，强调没有干预的自由贸易才能在世界范围内实现资源的最有效配置，才能最大限度地增进各国的福利。相反，贸易保护会减少财富。这些理论立足于正统的新古典经济学，但新自由主义者不满于新古典的静态分析和对保护主义的容忍，从而开始了以开放经济研究为核心的"新古典主义复兴"。与传统的新古典主义相比，他们的主张通常带有更加浓厚的经济自由主义色彩。

对市场完美性的推崇没能帮助新自由主义击败新贸易保护主义，但这种思潮在后来拉美、东亚等地区的市场化改革中起到了一定的作用，并且也体现在GATT/WTO的管理中。

7. 基于新贸易理论的战略性贸易政策

就在新自由主义者还在与新贸易保护主义者纠缠不休之际，一种基于新贸易理论的战略性贸易政策脱颖而出，对自由贸易主义的现实意义提出质疑。战略性贸易政策理论家们引入新贸易理论强调的不完全竞争，认为市场的不完全竞争性决定了政府在对外贸易政策上要根据市场结构的不同采取不同的贸易政策。这种战略性贸易政策就是，政府借助不同的政策行为改变或支持本国企业的战略行为，并影响外国不完全竞争企业的战略行为，使对外贸易朝着有利于本国获得最大限度利润的方向转变。

2.1.2 保护贸易政策的理论依据

大多数贸易理论支持自由贸易政策，但现实中从未有过纯而又纯的自由贸易政策。自由贸易虽会给世界带来经济利益，但也会引起经济利益在不同国家以及不同利益集团间的重新分配。一国政府出于某种目的，可以并且必须采取某种手段来干预这种经济利益的分配过程，这正是保护贸易理论的出发点。在一国的不同发展阶段，其保护贸易政策的依据是不同的。

一、主要流行于欠发达国家的保护贸易理论

1. 保护幼稚工业论

在欠发达国家，贸易保护最重要、最流行的依据是保护幼稚工业论。保护幼稚工业论的主要观点是：后起国家的新兴工业起步时如同幼儿一样没有自立能力，在自由贸易环境下，必然会被国外有竞争力的同类工业所摧毁而永无长大的可能，因此在欠发达国家中，政府必须通过征收关税限制国外同类产品的进口，以保护本国的幼稚工业。

2. 改善国际收支论

贸易虽然有进有出，但不一定平衡。如果出口额多于进口额，称为贸易出超或贸易顺差；反之，则是贸易入超或贸易逆差。贸易的出超和入超对一国的国际收支和外汇储备有很大影响，出超是给国家带来外汇净收入，外汇储备增加；入超则是外汇净支出，外汇储备减少。改善国际收支论认为，实行贸易保护可以减少进口，从而减少外汇支出，增加外汇储备。

该观点从理论上说没有问题，但实施起来有如下两个问题必须考虑到。

第一，别国的对策以及这种对策对本国出口的影响。贸易是双方的，一国实行保护，别的国家也会跟进，不管是有意报复还是进口能力下降，都会反过来影响本国的出口，其结果是，虽然少买了东西省了钱，但也少出口少赚了钱。国际收支也许没改善多少，本国消费者和出口行业都要为之付出很大的代价。

第二，要平衡收支，不仅要"节流"，更要注重"开源"。少进口省外汇只是一种消极的、代价昂贵的平衡方法，而提高出口产业的劳动生产率，挖掘更多的出口潜力去多赚外汇，才是积极的、代价较小的改善国际收支的办法。

以国际收支方面的理由作为贸易保护的依据，在发展中国家很普遍。从 1979 年东京回合到 80 年代末，发展中国家在向关贸总协定通报进口限制时，85% 以上都以平衡国际收支为理由，这主要与发展中国家普遍出口能力低、外债严重有关。

3. 改善贸易条件论

改善贸易条件论认为，用增加关税等贸易保护的手段限制进口减少需求可以降低进口商品的价格。由于贸易条件是出口商品的国际价格与进口商品的国际价格的比率，进口商品的国际价格降低可以使贸易条件得到改善，即同样数量的出口商品可以换回更多的进口商品，从而使整个国家获利。

以改善贸易条件为依据进行贸易保护的最终目的是想从中获利，而获利的手段则是迫使别国降价，这种做法等于把别人的财富占为己有。从经济学角度来说，不管是个人、企业还是国家，都把追求利益最大化作为自身经济行为的目标。

4. 增加政府收入论

通过关税来增加政府收入，与其说是一种政策理论，不如说是一种利益行为。不管消费者和整个社会所付出的代价如何，作为政府，征收的关税则是实实在在的收入，这也是政府要实行贸易保护的动力之一。对于一些私有化较彻底的欠发达国家来说，政府既没有什么自己拥有的企业，又由于本国工业生产能力有限，国内人民生活水平低而没有多少收入税可征，关税就成了政府收入的重要来源。另外，征收关税比增加国内的各种税收要容易得多。国内的各种税收，无论收入税、销售税还是生产税，国内的消费者或生产者都能直接看到，

征税的阻力自然就大，而关税则在外国商品进入本国市场前就征收了，由此产生的商品价格上涨似乎并不是政府的原因。虽然最终还是消费者支付了一定的关税，但消费者对这种间接的支付感觉并不灵敏，反对的声浪也不大。这一点，对政府来说，尤其是对那些要靠选民投票的政治家们来说是很重要的。而且，发展程度越低的国家，关税在政府收入中的比重越高。

5. 民族自尊论

进口商品并不仅仅是一种与国内产品无差别的消费品，进口商品的品种、质量常常反映了别国的文化和经济发展水平，而且进口的商品上都带有"某某国制造"的标签，以示与国内商品的区别。一般来说，进口货总是比国产的要"物美"一些，比同质产品又"价廉"一些（否则也不会进口），尤其是欠发达国家所进口的先进工业商品，许多是本国不能制造的。在消费者"崇洋赞洋"的时候，政府往往会觉得有损民族自尊心和自信心，为了增加民族自豪感，政府一方面从政治上把使用国货作为爱国主义来宣传，另一方面企图通过贸易保护政策来减少外来冲击，发展本国工业。当然，这种保护也应有战略眼光。韩国鼓励购买国产车的主张在过去的半个世纪里还算是成功的。

二、主要流行于发达国家的保护贸易理论

1. 保护就业论

保护就业论虽不像保护幼稚工业论那样具有悠久历史，但流行范围却同样广泛，而且主要流行于西方发达国家。每当经济不景气，失业率上升时，西方国家的一些政治家和工会领袖就归罪于来自外国的尤其是发展中国家的竞争，纷纷主张以限制进口来保障本国工业的生产和就业。20世纪80—90年代的西方贸易保护主义加强的一个重要理论依据，就是保护国内的生产和就业。

保护就业论可以从微观和宏观两方面来解释。从微观上说，某个行业得到了保护，生产增加，工人就业也就增加；从宏观上说，保护就业论是建立在凯恩斯主义经济学说基础之上的。

2. 保护公平竞争论

保护公平竞争论是许多国家特别是西方发达国家用来进行贸易保护的另一依据。这一理论最初是用来对付国际贸易中因为政府参与而出现的不公平竞争行为的，后来又被广泛用来要求对等开放市场。保护公平竞争论是以一种受害者的姿态出现来进行贸易保护的，这种保护似乎是迫不得已的，保护的目的也似乎是为了更好地保证国际上的公平竞争，以推动真正的自由贸易。

但是，对国际贸易中的不公平竞争的界定在各国很不一样。一般来说，凡是由政府通过某些政策直接或间接地帮助企业在国外市场上竞争，并造成对国外同类企业的伤害的，即被看成是不公平竞争。具体来说，出口补贴、低价倾销等都算不公平竞争。将监狱中犯人或其他奴工制作的产品，或使用童工生产的产品出口到国外，也是不公平贸易行为。因为犯人、童工的工资被强迫性压低，生产成本当然就低，正常企业无法与之竞争。通过不同的汇率制度人为地降低出口成本，对外国知识产权不加保护等也包括在不公平贸易的范围之内。

近年来，不公平竞争的定义扩大到不对等开放市场。许多西方国家指责发展中国家的市场开放不够，指责中央计划经济没有按市场经济的原则实行自由竞争。美国还用这一论点来针对欧洲、日本等别的发达国家，指责他们对美国产品的进入设置重重障碍。一些国家甚至

把自己的贸易逆差归罪于对方市场开放上的不平等。

用保护公平竞争为理由进行贸易保护的主要手段包括反补贴税、反倾销税或其他惩罚性关税、进口限额、贸易制裁等。这些政策在理论上说可能有助于限制不公平竞争，促进自由贸易，但在实施中不一定能达到预期效果。首先，"反不公平竞争"可能被国内厂商用来作为反对进口的借口，一些国家的某些行业劳动生产率低下，面对国际竞争不求改进，反怪罪于外国商品。其次，像其他所有贸易保护一样，以公平竞争为由实行保护也同样可能遭到对方的反指控、反报复，尤其在国际交往中各国都有国家尊严，有时明知反报复行为会使本国损失更大，但为了在某种程度上维护国家的独立性和为了特定的政治利益，仍然会采取反报复政策。

3. 保护夕阳产业论

一国的某个产业丧失了国际竞争力，进入衰退阶段以后，会引起结构性的摩擦，使国际收支状况恶化，结构性失业加剧，因此，必须对现已失去比较优势的产业采用贸易壁垒措施加以保护。

保护夕阳产业在短期内能成功地获得工资和增加就业机会，但从长远来看保护夕阳产业阻碍了创新，使原来趋向衰落的企业对国际竞争的反应更为迟钝。对纺织、钢铁行业的保护并不必然改善国内机会，同时通常也使其他产业丧失了更多的机会。例如，由于美国对钢铁产业进行保护使其钢材涨价比国外高得多，结果损害了只得购买本国钢材的美国企业，导致了钢材消费产业工人的失业。在发达国家，夕阳产业的利益集团常常通过院外活动而谋求保护，使消费者承担高价格的损失。这种寻租活动导致国民收入的转移，降低了资源的使用效率。

4. 社会公平论

这里的社会公平主要是指社会各阶层或各种生产要素在收入上的相对平衡。不少国家利用贸易保护来调节国内各阶层的收入水平，以减少社会矛盾和冲突，其中最典型的例子是发达国家对农产品的保护。发达国家在工业化的进程中，资本的加速积累和土地的相对稀缺，使工业产品的生产成本下降，农产品的生产成本相对上升。发达国家逐渐失去了用相对成本来衡量的农产品的比较优势，如果仍然坚持自由贸易的话，农民势必竞争不过其他生产成本较低的国家，农民收入即使不下降，也跟不上其他行业收入的增加。为了保证农民和地主的收入能跟上社会发展的平均水平，或者说为了缩小农民与社会其他阶层收入的差距，不少国家（主要是发达国家和新兴工业化地区）就通过限制进口、价格支持、出口补贴等各种保护手段将社会其他行业的一部分收入转移到农民和地主手中，以达到一定的社会公平。

5. 国家安全论

贸易保护主义有时还以国家安全为依据，主张限制进口，以保持经济的独立自主。国家安全论认为，自由贸易会增强本国对外国的经济依赖性，这种情况可能会危害到国家安全，一旦战争爆发或国家之间关系紧张，贸易停止，供应中断，过于依赖对外贸易的经济会出现危机，在战争中可能会不战自败。

以国家安全为理由限制贸易的思想由来已久，可以追溯到17世纪英国的重商主义，当时的贸易保护主义就以国家安全为依据，主张限制使用外国海运服务和购买外国商船。20世纪以来战争连续不断，第二次世界大战后又经历了长期的东西方"冷战"，国家安全论也就经久不衰。国家安全论认为，有关国家安全的重要战略物资必须以自己生产为主，不能依靠进口。在这些行业面临国际市场竞争时，政府应加以保护。这些重要商品包括粮食、石油等重要原料、燃料。对某些不友好国家的出口也要控制，任何有可能加强敌方实力、威胁自身安全的商品都应严加控制。

为什么贸易各国都要出台国际贸易政策？

2.2 实施国际贸易措施

重要知识

关税的含义

关税是一国海关对通过本国关境的进出口商品向进出口商人课征的一种税收。进口货物的收货人、出口货物的发货人是关税的纳税义务人。

2.2.1 关税壁垒

一、关税的特点与作用

1. 关税的特点

关税作为国家税收的一种，一方面具有和其他税负相同的特点，即强制性、无偿性和固定性等；另一方面关税又有其自身的特点。第一，关税是以进出境货物和物品为征收范围；第二，关税具有涉外性，是国家对外贸易政策的重要手段；第三，关税的征收范围是以关境为界，海关是关税征收的管理机关。海关是设立在关境上的对进出口金银、行李、邮件和运输工具等进行监督管理、征收关税、查禁走私、临时保管通关货物和编制进出口统计等的政府职能部门。海关执行其职能的领域叫关境。一般情况下，关境和国境是一致的，但也有不一致的情况，如有些国家在国境内没有自由贸易区、出口加工区或保税仓库，此时，关境小于国境；另一种情况是几个国家结成关税同盟，成员方内部取消关税，而对外实行统一的关税，这些成员方的关境就大于国境。

2. 关税的作用

关税的作用主要表现在以下三个方面。

（1）征收关税可以增加本国的财政收入。这种作用称为关税的财政作用，以此目的征收的关税为财政关税。财政关税在资本主义发展初期发挥着重要的作用。因为当时社会经济不够发达，税源较少，财政关税就成为国家增加财政收入的一个重要组成部分。随着社会经济的不断发展，其他税源增加，财政关税的意义已不重要，关税收入在财政收入中的比重相对下降。特别是第二次世界大战后，经过关贸总协定的 8 次谈判，世界范围内关税水平大幅下降，关税的财政作用也在逐渐减弱。然而，关税的财政作用在发达国家和发展中国家的表现是不一样的。目前，发达国家的关税收入仅占其财政收入的 2% ～ 3%，而发展中国家关税收入一般约占其财政收入的 13.2%，我国约为 7%。财政关税的征收对象一般是针对国内有大量消费，进口数量大的商品，而且税率要适中，如果税率过高，会阻碍进口，达不到增加财政收入的目的。随着全球贸易自由化进程的不断加快，关税被认为是贸易自由化的障碍，因此，其财政作用必然呈下降的趋势。

（2）关税的保护作用。即各国广泛利用高关税限制外国商品进口，保护国内生产和国内市场。保护关税的税率越高，保护作用越强，这是因为进口关税率提高可以提高进口商品的成本，从而削弱其竞争力，使其进口数量减少，以达到保护国内工农业生产的目的。保护关税的另一个目的是可以通过调整关税税率的高低来控制进出口商品的数量，以此调节国内的价格，保证国内市场供求平衡。例如，资本主义生产方式建立初期，德国等资本主义国家为了保护本国的幼稚工业，采用保护关税作为保护的手段。到了帝国主义时期，帝国主义的垄断资本为了垄断国内市场，通过征收超保护关税，对高度发展的垄断工业或处于衰退阶段的工业部门进行保护。第二次世界大战后，关贸总协定成立，推动了贸易的自由化，经过关贸总协定的 8 次谈判，成员国关税水平大幅下降。例如，发达国家进口工业品的平均关税已由"二战"时的 40% 下降到约 3.7%，发展中国家进口工业品的平均关税也下降到 11%，关税税率的大幅下降，使进口关税的保护作用大大减弱。但是，这并不代表保护关税已不存在，各个国家仍然在某些商品领域维持较高的进口关税，有时还使用惩罚关税、报复关税和附加关税等手段保护国内某些产业。

（3）关税还具有涉外性，即一国对外经济关系和外交关系。国别贸易政策可以通过关税税率的高低反映出来。各国可以利用关税税率的高低和不同的减免手段来对待来自不同国家的商品，以此开展其对外经贸关系，通过提供优惠政策改善国际关系，利用提高关税限制某些国家商品的进口甚至实施报复等。因此，关税与一国的对外关系有密切联系。

总之，关税的基本属性决定了关税的重要作用。虽然在不同国家的不同时期，关税的作用并不完全一致，但它的基本作用都是国家主权的体现，是为了维护国家主权，促进国家经济发展，实现国民财富的增加。

二、关税的种类

1. 进口税

进口税（Import Duty）是指一国海关以进入本国关境或从自由港、出口加工区及保税仓库进入本国市场的货物和物品为征税对象所征收的关税，又称为正常关税或进口正税。在国际贸易中，通常所说的关税壁垒即是指进口关税。

一般进口税率可分为普通税率、最惠国税率和普惠制税率三种。

（1）普通税率。如果进口国未与该进口商品的来源国签订任何关税互惠贸易条约，则对该进口商品按普通税率征收。普通税率是一国税率中的最高税率，一般比优惠税率高 1～5 倍，少数商品甚至高达 10 倍、20 倍。目前，仅有个别国家对极少数（一般是未建交）国家的出口商品实行这种税率，大多数国家只是将其作为优惠税率减税的基础。因此，普通税率并不是普遍实施的税率。

（2）最惠国税率。是一种优惠税率，往往和双边或多边最惠国待遇相关。所谓最惠国待遇（Most-Favoured Nation Treatment，MFNT），是指缔约国各方实行互惠，凡缔约国一方现在和将来给予任何第三方的一切特权、优惠和豁免，也同样给予对方。值得一提的是，最惠国税率并非是最低税率。在最惠国待遇中往往规定有例外条款，如在缔结关税同盟、自由贸易区或有特殊关系的国家之间规定更优惠的关税待遇时，最惠国待遇并不适用。

特惠税（Preferential Duties）又称优惠税，是对来自特定国家或地区的进口商品给予特别优惠的低关税或免税待遇。使用特惠税的目的是为了增进与受惠国之间的友好贸易往来。特惠税有的是互惠的，有的是非互惠的，税率一般低于最惠国税率和协定税率。

（3）普惠制税率。普惠制是普遍优惠制（Generalized System of Preferences，GSP）的简称，是发达国家给予发展中国家出口的制成品和半制成品（包括某些初级产品）普遍的、非歧视的且非互惠的一种关税优惠制度。它是在最惠国税率的基础上进行减税和免税，按最惠国税率的一定百分比征收。

普遍性、非歧视性和非互惠性是普惠制税率的三项基本原则。普遍性是指发达国家对所有发展中国家出口的制成品和半制成品给予普遍的关税优惠待遇；非歧视性是指应使所有发展中国家都无歧视、无例外地享受普惠制待遇；非互惠性即非对等性，是指发达国家应单方面给予发展中国家特殊的关税减让而不要求发展中国家对发达国家给予对等待遇。普惠制税率的目的是通过给惠国对受惠国的受惠商品给予减、免关税的优惠待遇，使发展中的受惠国增加出口收益，促进其工业化水平提高，加速其国民经济增长。

2. 出口税

出口税（Export Duty）是指出口国家的海关在本国产品输往国外时，对出口商所征收的关税。目前大多数国家对绝大部分出口商品都不征收出口税。因为征收出口税会抬高出口商品的成本和国外售价，削弱其在国外市场的竞争力，不利于扩大出口。但目前世界上仍有少数国家（特别是经济落后的发展中国家）征收出口税。

征收出口税的目的主要如下：① 对本国资源丰富、出口量大的商品征收出口税，以增加财政收入。② 为了保证本国的生产，对出口的原料征税，以保障国内生产的需要和增加国外商品的生产成本，从而加强本国产品的竞争能力。例如，瑞典、挪威对于木材出口征税，以保护其纸浆及造纸工业。③ 为保障本国市场的供应，除了对某些出口原料征税外，还对某些本国生产不足而又需求较大的生活必需品征税，以抑制价格上涨。④ 控制和调节某些商品的出口流量，防止盲目出口，以保持在国外市场上的有利价格。⑤ 为了防止跨国公司利用"转移定价"逃避或减少在所在国的纳税，向跨国公司出口产品征收高额出口税，维护本国的经济利益。

我国历来采用鼓励出口的政策，但为了控制一些商品的出口流量，采用了对极少数商品征收出口税的办法。被征收出口税的商品主要有生丝、有色金属、铁合金和绸缎等。

3. 过境税

过境税（Transit Duties）又称通过税或转口税，是指一国海关对通过其关境再转运至第三国的外国货物所征收的关税。征收过境税的目的主要是增加国家财政收入。过境税在重商主义时期盛行于欧洲各国。随着资本主义的发展，交通运输事业的发达，各国在货运方面的竞争日趋激烈，同时，过境货物对本国生产和市场没有影响，于是，到19世纪后半期，各国相继废除了过境税。"二战"后，关贸总协定规定了"自由过境"的原则。目前，大多数国家对过境货物只征收少量的签证费、印花费、登记费和统计费等。

4. 进口附加税

进口附加税（Import Surtaxes）是指进口国海关对进口的外国商品在征收进口正税之外，出于某种特定的目的而额外加征的关税。进口附加税不同于进口税，在一国《海关税则》中并不能找到，也不像进口税那样受到关贸总协定的严格约束而只能降不能升，其税率的高低往往视征收的具体目的而定。

进口附加税也是限制商品进口的重要手段，在特定时期有较大的作用。一般而言，对所有进口商品征收进口附加税的情况较少，大多数情况是针对个别国家和个别商品征收进口附加税。进口附加税主要有反倾销税、反补贴税、紧急关税、惩罚关税和报复关税5种。

三、关税的征收

关税的征收方法又称征收标准，一般来说，关税的征收方法有从量税、从价税和混合税3种。

1. 从量税

从量税（Specific Duty）是指以进口货物的重量、数量、长度、容量和面积等计量单位为标准计征的关税。计算公式为：进口关税税额＝商品进口数量×从量关税税额。其中，重量单位是最常用的从量税计量单位。例如，美国对薄荷脑的进口征收从量税，普通税率为每磅50美分，最惠国税率为每磅17美分。

2. 从价税

从价税（Advalorem Tax）是指以进口货物完税价格作为计税依据而征收的税。从价税的税率表现为货物价格的百分值。例如，美国规定对羽毛制品的进口，普通税率为60%，最惠国税率为4.7%。计算公式为：进口关税税额＝进口商品总额×从价税税率。例如，到2006年中国的汽车关税税率为25%，如果进口一辆价值2万美元的汽车，则关税税额为5 000美元。

征收从价税有以下特点：① 税负合理。同类商品质高价高，税额也高；质次价低，税额也低。加工程度高的商品和奢侈品价高，税额较高，相应的保护作用较大。② 物价上涨时，税款相应增加，财政收入和保护作用均不受影响；但在商品价格下跌或者别国蓄意对进口国进行低价倾销时，财政收入就会减少，保护作用也会明显减弱。③ 各种商品均可适用。④ 从价税税率按百分数表示，便于与别国进行比较。⑤ 完税价格不易掌握，征税手续复杂，大大增加了海关的工作负荷。

由于从量税和从价税都存在一定的缺点，因此关税的征收方法在采用从量税或从价税的基础上，又产生了混合税，以弥补从量税、从价税的不足。目前单一使用从价税的国家并不太多，主要有阿尔及利亚、埃及、巴西和墨西哥等发展中国家。

3. 混合税

混合税（Mixed Duties）是指在税则的同一税目中定有从量税和从价税两种税率，征税时混合使用两种税率计征。混合税又可分为复合税和选择税两种。

（1）复合税（Compound Duties）。复合税是指征税时同时使用从量、从价两种税率计征，以两种税额之和作为该种商品的关税税额。复合税按从量、从价的主次不同又可分为两种情况：一种是以从量税为主加征从价税，即在对每单位进口商品征税的基础上，再按其价格加征一定比例的从价税。例如，美国进口小提琴每把征税1.25美元，另加征35%的从价税。另一种是以从价税为主加征从量税，即在按进口商品的价格征税的基础上，再按其数量单位加征一定数额的从量税。我国进口征税以从价税为主，1999年起对部分商品征收复合税。例如，对于完税价格低于或等于2 000美元/台的录像机执行单一的从价税，普通税率是130%，优惠税率是45%（2002年降到36%）；但对完税价格高于2 000美元/台的录像机征收复合税，普通税率是每台20 600元人民币的从量税，再加征6%的从价税，优惠税率是每台 7 000 元（2002 年降到 5 480 元）人民币的从量税，再加征 3% 的从价税。

（2）选择税（Alternative Duties）。选择税是指对某种商品同时制定从量和从价两种税率，征税时由海关选择其中一种征税，作为该种商品的应征关税额。一般是选择税额较高的一种税率征收，在物价上涨时使用从价税，物价下跌时使用从量税。有时，为了鼓励某种商品的进口，或给某出口国以优惠待遇，也选择税额较低的一种税率征收关税。

由于混合税结合使用了从量税和从价税，扬长避短，哪一种方法更有利，就使用哪一种方法或以其为主征收关税，因而无论进口商品价格高低，都可起到一定的保护作用。目前，世界上大多数国家征税时都使用混合税，如主要发达国家美国、加拿大、澳大利亚和日本等，以及一些发展中国家如印度、巴拿马等。

2.2.2 非关税壁垒

一、非关税壁垒的特点

非关税壁垒（Nontariff Barriers，NTB）是指除关税以外的各种限制进口的措施。非关税壁垒可以分为直接和间接两大类。直接的非关税壁垒措施也称直接的数量限制，是由进口国直接对进口商品的数量或金额加以限制，或迫使出口国直接限制商品的出口。这类措施有进口配额制、进口许可证制和"自动"出口限制等。间接的非关税壁垒措施是对进口商品制定严格的条例或规定，间接地限制商品进口，如苛刻复杂的技术标准、进口最低限价、卫生安全检验和严格的社会标准等。

非关税壁垒相对于关税壁垒而言具有多方面的特点，表现在以下几个方面。

（1）作为世界贸易组织成员，各国政府变动关税税率（主要是提高税率）必须和贸易伙伴国协商，否则会因违背世界贸易组织规则而受到制裁，所以具有相对的稳定性。另外，在需要紧急限制进口时又往往难以及时调节。非关税壁垒措施的制定通常采取行政手段，能随时对某种商品采取相应的措施，较快地达到限制进口的目的。因而非关税壁垒比关税壁垒具有更大的灵活性。

（2）按照 WTO 关于关税透明性原则的要求，关税的税率必须公开透明，便于查阅，任何国家的出口商都可以了解，但一些非关税壁垒措施往往并不公开，而且经常变化，使外国出口商难以对付和适应。因而非关税壁垒比关税壁垒更具有隐蔽性。

（3）关税的最惠国待遇原则是 WTO 的主要原则之一，歧视性的国别关税不仅不符合世界贸易组织的基本原则，而且容易导致别国报复。而非关税壁垒措施通过设定限制特定商品和制定特殊技术标准，往往能更有针对性地向某些国家实施，比关税壁垒更具有歧视性。例如，2001 年日本限制香菇和大葱等商品的进口，表面上看起来是对所有国家一视同仁，但是日本这些进口商品的主要出口地是中国，所以其针对性与歧视性不言而喻。

二、非关税壁垒的主要种类

1. 传统的非关税壁垒措施

非关税堡垒措施名目繁多，层出不穷，下面主要介绍几种传统的非关税壁垒措施。

1）进口配额制

进口配额（Import Quotas System）又称进口限额，是一国政府在一定时期内对某种商品的进口数量或金额加以直接地限制。在规定的期限内，限额以内的商品可以进口，超过限额则不准进口，或征收较高的关税或罚款。

进口配额主要有两种,分别是绝对配额和关税配额。

(1)绝对配额(Absolute Quotas)。绝对配额是指在一定的时期内,对某种商品的进口数量或金额规定一个最高额,达到这个数额后,不准进口。

(2)关税配额(Tariff Quotas)。关税配额即对进口商品的绝对数量和金额不加限制,在规定的时期内,对关税配额以内的进口商品,给予低税或减免税待遇,超过配额的进口商品则征收较高的关税、附加税或罚款。

2)"自愿"出口配额制

"自愿"出口配额制(Voluntary Restriction of Export)是指出口国在进口国的要求或压力下,"自愿"规定在某一时期内某种商品对该国的出口配额,在限定的配额内自行控制出口,超过配额即禁止出口。"自愿"出口限制往往是出口国在面临进口国采取报复性贸易措施的威胁时被迫作出的一种选择。它是在 20 世纪 60 年代出现的一种非关税壁垒措施,实际上是进口配额制的变种,所不同的是,出口配额是由出口国控制的,出口商可以利用出口配额提高出口价格,使由于配额产生的租金流入出口商手中。

3)进口许可证制

进口许可证制度(Import License System)是指一国规定某些商品的进口必须申领许可证,没有许可证海关不予进口的制度。进口许可证制度是国际贸易中一项应用较为广泛的非关税措施。

从进口许可证与进口配额的关系上看,进口许可证可以分为两种:一种是有定额的进口许可证,即进口国管理机构预先规定一定的配额,然后根据进口商的申请发放。另一种是无定额的进口许可证,即进口许可证的发放不与配额结合,进口国在个别考虑的基础上,决定对某种商品的进口发给许可证。由于这种个别考虑没有公开的标准,所以能起到更大的限制进口的作用。

从进口商品的许可程度上看,进口许可证可分为一般许可证和特种许可证两种。一般许可证又称公开一般许可证,凡是列明属于公开一般许可证的商品,进口商只要填写了许可证,有关当局应立即批准和发给进口许可证,不包括对进口的任何限制,而只是一种申报程序。各国政府通过一般许可证管理,可以不用很多人力、财力就能得到进口统计数字和其他必要的信息。特种许可证又称特种进口许可证,由政府有关机构对进口商品进行严格的监督和控制,只对允许进口的商品数量发给许可证。在 GATT 乌拉圭回合谈判中,以上两种许可证又被称为自动许可证和非自动许可证。

4)外汇管制

外汇管制(Foreign Exchange Control)是一国政府通过法令对外汇的收支、结算、买卖和使用所采取的限制措施。其目的是控制外汇的使用,限制外汇资本流动,稳定货币汇率,改善或平衡国际收支。

在外汇管制下,进口商必须向外汇管制机构(如我国的外汇管理局)指定的银行购买外汇;本国货币出入国境的携带也受到严格的限制等。政府通过控制外汇的供应数量来掌握进口商品的种类、数量和来源国别,从而起到限制进口的作用。

外汇管制一般可分为以下三种。

(1)数量性外汇管制。数量性外汇管制是指国家外汇管理机构对外汇买卖的数量直接进行限制和分配。一些国家实行数量性外汇管制时,往往与进口许可证相结合。

（2）成本性外汇管制。成本性外汇管制是指国家外汇管理机构对外汇买卖实行复汇率制，利用外汇买卖成本的差异，间接影响不同商品的出口。实行外汇管制的国家对于国内需要而又供应不足或不生产的重要原料、机器设备和生活必需品，用较为优惠的汇率；对于国内可大量供应和非重要的原料和机器设备用一般的汇率；对于奢侈品和非必需品使用最不利的汇率。

（3）混合性外汇管制。混合性外汇管制是指同时使用数量性和成本性外汇管制，对外汇实行更为严格的控制，以控制商品的进出口。

5）最低进口限价

最低进口限价（Minimum Import Price）是指一国政府规定某种进口商品的最低价格，若进口商品低于最低价，则禁止进口或征收进口附加税。例如，1985 年智利对绸坯布进口规定每公斤的最低限价为 52 美元，低于此限价，将征收进口附加税。20 世纪 70 年代，美国曾实行所谓的"启动价格制"来限制欧洲国家和日本的低价钢材和钢制品的进口，启动价格是以当时世界上效率最高的钢材生产者的生产成本为基础计算出来的最低限价，当进口价格低于这一限价时，便自动引发对该商品征收进口附加税或罚金。

6）国内税

国内税（Internal Taxes）是指在一国境内，对生产、销售、使用或消费的商品所应支付的捐税。一些国家往往采用国内税制度直接或间接地限制某些商品的进口。对进口产品征收高于国内产品的税费，则构成对进口产品的不公平限制，与 WTO 的国民待遇相违背。但是由于国内税的制定和执行通常不受贸易条约和多边协定的限制，而且有些国家地方政府亦有设税的权限，所以更能起到限制进口的目的。例如，美国和日本进口酒精饮料的消费税都高于本国同类产品。

7）进口押金制

进口押金制（Advance Deposit）又称进口存款制。进口商若要进口商品，要预先按照进口金额的一定比率，在规定时间内到指定银行无息存入一笔现金，以增加进口商的资金负担，达到限制进口的目的。例如，第二次世界大战后，意大利政府曾规定某些商品不管从任何国家进口，必须先向中央银行交纳相当于进口值半数的现款押金，并无息冻结 6 个月。据估计，这项措施相当于征收 5% 以上的进口附加税。芬兰、新西兰和巴西等国也实行这种措施。

8）专断的海关估价

海关估价是指海关按照规定对申报进口的商品价格进行审核，以确定或估计其完税价格。专断的海关估价（Arbitrary Measures for Customs Valuation）措施是指有些国家根据国内某些特殊规定，违背《海关估价协议》，提高某些进口货物的海关估价，增加进口货物的关税负担，以阻碍商品的进口。

9）通关环节壁垒

通关环节壁垒是指进口国有关当局在进口商办理通关手续时，要求提供非常复杂或难以获得的资料，甚至商业秘密资料，从而增加进口产品的成本，影响其顺利进入进口国市场；或者通关程序耗时冗长，使得应季的进口产品（如应季服装、农产品等）失去贸易机会；或者对进口产品征收不合理的海关税费等。

10）进口禁令

进口禁令（Import Prohibition）是指超出 WTO 规则相关例外条款（如 GATT 第 20 条规定的一般例外、第 21 条规定的安全例外等）规定而实施的限制或禁止进口的措施。美国《1962 年贸易拓展法》授权总统在某些产品对美国出口达到一定数量，或在特定情况下可能威胁到国家安全时，采取必要的措施限制该种产品的进口。此外，该法还规定，美国产业可以出于国家安全需要向有关部门申请禁止同类产品的进口，而且该类产品进口禁令可以无限期使用；美国产业根据该条件提出申请时，不需要提供本产业受损害的证据。虽然该法对确定某种产品的进口是否对国家安全造成威胁时应考虑的因素作出了规定，但由于标准不明确，以致总统和商务部等行政部门在实际操作中享有很大的自由裁量权。

11）歧视性政府采购政策

歧视性政府采购政策（Discriminatory Government Procurement Policy）是指 WTO 成员方政府在采购公共物品时违反最惠国待遇，对不同国家的产品采取差别待遇，从而构成对特定国家产品的歧视。

歧视性政府采购政策是对外国商品的歧视，起到了限制进口的作用。

目前，一些国家歧视性政府采购政策限定的货物主要有军火、办公设备、电子计算机和汽车等。

12）直接生产补贴

直接生产补贴（Subsidies）是指政府对进口竞争部门给以补贴，使之能与同类进口产品的相同价格在国内市场销售，以达到排挤或减少此类产品进口的目的。WTO 的《补贴与反补贴措施协议》对成员方使用补贴确立了比较严格的标准，将补贴分为禁止的补贴、可申诉的补贴和不可申诉的补贴。其中，禁止的补贴包括进口替代补贴。

直接生产补贴有两种形式：一是对受保护的产品直接提供补贴；二是对该产品的一种或几种投入提供补贴。

2. 新型非关税壁垒措施

乌拉圭回合谈判的结果是关税壁垒进一步削弱，传统的非关税壁垒也受到众多诸边协议的约束。各国在保护环境、维持生物多样性和本国人民生命安全的名义下，实施或加强了一系列新的非关税壁垒措施，其中主要包括技术性贸易壁垒和反倾销措施等。

1）技术性贸易壁垒

技术性贸易壁垒是指进口国对外国进口商品，制定强制性和非强制性的苛刻烦琐的技术法规、标准以及检验商品的合格评定程序，从而提高产品进口的要求，增加进口难度，最终达到限制进口的目的。

根据《TBT 协议》，技术性贸易措施可分为 3 类，即技术法规、标准和合格评定程序，并把符合《TBT 协议》原则的技术法规、标准和合格评定程序视为合理的、允许的，不构成贸易壁垒，而把不符合《TBT 协议》原则的技术法规、标准作为贸易壁垒，要求消除。

各国技术性贸易壁垒主要有以下几种。

（1）严格、繁杂的技术法规和技术标准。技术法规所包含的内容主要涉及劳动安全、环境保护、卫生与健康和节约能源与材料等。

（2）复杂的合格评定程序。许多国家规定对影响人身安全和健康的产品实行强制性认证。这些产品未经政府授权的机构进行认证，未佩戴特定的认证标志，不准在市场上销售。

（3）商品标签的规定。标签是商品上必要的文字、图形和符号。许多国家为了保护消费者的利益，要求尽量向消费者提供产品质量和使用方法的信息，因而，对进口商品，特别是对消费品标签作了严格的规定。

（4）绿色壁垒。绿色壁垒是指以保护环境、保护生态平衡和节约能源等为由的限制或阻碍国际贸易的技术性措施。绿色壁垒所涉及的内容非常广泛，从对环境产生影响的角度出发，其内容可以从商品的生产、加工方法、包装材料、销售方式、消费方式甚至商品废弃后的处理方式等诸多方面加以限制。

2）反倾销措施

反倾销是指对外国商品在本国市场上的倾销所采取的抵制措施。一般是对倾销的外国商品除征收一般进口税外，再增收附加税，使其不能廉价出售，此种附加税称为"反倾销税"。

反倾销措施具有如下特点。

（1）反倾销是得到 WTO 协议认可的。WTO《多边货物贸易协定》中的《反倾销措施协议》使反倾销制度在 WTO 框架下取得了合法地位，相应地，维护公平竞争就成为实行贸易保护的一个有力借口。

（2）实施反倾销行动所要求的利益损害（指倾销行为对进口国国内产业造成的损害或损害威胁）认定，要比采取 GATT 1994 第 19 条项下的保障措施所要求的利益损害（指进口激增对进口国国内产业造成的损害或损害威胁）认定更为简单。采取保障措施的前提是认定进口对国内产业造成严重损害，而对反倾销措施来说，损害认定标准较低，有造成实际损害的举证就足够了。

（3）反倾销可以针对个别国家。WTO 并不要求反倾销行动必须对所有出口国同时进行。

（4）反倾销和自动出口限制具有互补效应。反倾销的威胁会使出口国更容易接受自愿出口限制。

（5）反倾销限制进口的效果显著且迅速。无论案件结果如何，单是反倾销调查本身就具有限制进口的作用。出口商将承受应诉和管理成本，同时还面临不确定性的风险。

3）环境贸易壁垒

20 世纪 90 年代以来，贸易壁垒方面的一个重要变化是，以保护资源、环境和人类健康为名，制定一系列苛刻的标准，限制国外产品和服务的进口，这被称作环境贸易壁垒。

环境贸易壁垒具体包括以下内容。

（1）环境技术标准。发达国家的科技水平较高，处于技术垄断地位，它们在保护环境的名义下，通过立法手段，制定严格的强制性技术标准，限制国外商品进口。这些标准均根据发达国家生产和技术水平制定，对于发达国家来说，可以达到，但对于发展中国家来说，则很难达到。

（2）多边环境协议。目前，国际上已签订的多边环境协议有 150 多个，其中近 20 个含有贸易条款。特别是保护臭氧层的有关国际公约，将禁止受控物质及相关产品的国际贸易。这些受控物质大部分是基础化工原料，如制冷剂、烷烯炔化工产品，用途广泛，因此影响面非常大。随着多边环境协议执行力度的增强，其对贸易的影响也将越来越大。

（3）环境标志。环境标志是一种印刷或粘贴在产品或其包装上的图形标志。它表明该产品不但质量符合标准，而且在生产、使用、消费及处理过程中符合环保要求，对生态环境和人类健康均无损害。

（4）环境管理体系标准。ISO 14000 是国际标准化组织在汲取发达国家多年环境管理经验的基础上，制定并颁布的环境管理体系标准，得到世界各国政府、企业界的普遍重视和积极响应。现在，国际上采购商在要求有 ISO 9000 质量证书的同时，还要看有无 ISO 14000 环保证书，对于产品质量不相上下的企业，通常是优先挑选那些两证齐全者，因为这表明产品符合国际环保要求，有利于达成国际贸易订单。不言而喻，没有通过 ISO 14000 认证企业的产品将在市场竞争中处于劣势。

（5）绿色补贴。为了保护环境和资源，有必要将环境和资源费用计在成本之内，使环境和资源成本内在化。发达国家将严重污染环境的产业转移到发展中国家，以降低环境成本，而发展中国家的环境成本却因此提高。更为严重的是，发展中国家绝大部分企业本身无力承担治理环境污染的费用，政府有时给予一定的环境补贴。

4）国际服务贸易壁垒

国际服务贸易壁垒是指一国政府对国外生产的服务销售所设置的有阻碍作用的政策措施。该定义中的国际服务贸易壁垒仅仅增加国外的服务生产者的负担，并且"壁垒"指国际贸易政策中贸易保护主义措施体现的形式。

5）社会责任标准

社会责任标准是全球首个道德规范国际标准，包括遵守商业道德、保护劳工权利和保护环境等。其宗旨是确保供应商所供应的产品都符合社会责任标准的要求。它适用于世界各地，任何行业，不同规模的公司。其依据与 ISO 9000 质量管理体系及 ISO 14000 环境管理体系一样，皆为一套可被第三方认证机构审核之国际标准。

想想议议2-2

如果一国不征收任何进口税，该国消费者不就能够更多地享受到更廉价的进口货吗？

2.3 创建国际贸易工具

各国除了利用关税和非关税措施限制进口外，还采取各种鼓励出口的措施扩大商品的出口。限制进口和鼓励扩大出口是国际贸易政策相辅相成的两个方面。无论是采用自由贸易政策还是采用保护贸易政策的国家，都无例外地会采用这种奖出限入的政策。

2.3.1 促进出口的工具

一、出口信贷

1. 出口信贷的定义

出口信贷（Export Credit）是指一个国家为了鼓励商品出口，增强商品的竞争能力，通过银行对本国出口商品所提供的一种信贷资助。它是一国的出口商利用本国银行的贷款扩大商品出口，特别是金额较大、期限较长，如成套设备、船舶等出口的一种重要手段。对银行而言，这就是出口信贷业务，用于促进和扩大出口。

2. 出口信贷的分类

1）按时间长短划分

出口信贷按时间长短可分为短期信贷、中期信贷和长期信贷。

（1）短期信贷（Short-term Credit）。短期信贷通常是指 180 天以内的信贷。有的国家规定信贷期限为一年，适用于原料、消费品及小型机器设备的出口。

（2）中期信贷（Medium-term Credit）。中期信贷通常是指为期 1～5 年的信贷。用于中型机器设备的出口。

（3）长期信贷（Long-term Credit）。长期信贷通常是指 5～10 年的信贷，甚至更长时期的信贷。用于重型机器、成套设备的出口等。

2）按借贷关系分

出口信贷按借贷关系可分为卖方信贷和买方信贷。

（1）卖方信贷（Supplier's Credit）。卖方信贷是指出口方银行向本国出口厂商即卖方提供的贷款。这种贷款协议由出口厂商与银行之间签订。卖方信贷通常用于机器设备、船舶等的出口。由于这些商品出口所需的资金较大、时间较长，进口厂商一般都要求采用延期付款的办法。出口厂商为了加速资金周转，往往需要取得银行的贷款。出口厂商付给银行的利息、费用有的包括在货价内，有的在货价外另加，并转嫁给进口厂商负担。因此，卖方信贷是银行直接资助本国出口厂商向外国进口厂商提供延期付款，以促进商品出口的一种方式。

在采用卖方信贷的情况下，通常在签订买卖合同后，进口厂商先支付贷款 5%～15% 的订金，作为履约的一种保证金，在分批交货、验收和保证期满时，再分期支付 10%～15% 的货款，其余的货款在全部交货后若干年内分期支付，并付给延期付款期间的利息。出口厂商把所得的款项与利息按贷款协议的规定偿还给本国的贷款银行。所以，卖方信贷实际上是出口厂商从贷款银行取得贷款后，再向进口厂商提供延期付款的一种商业信用。

（2）买方信贷（Buyer's Credit）。买方信贷是指出口方银行直接向外国的进口厂商（即买方）或进口方的银行提供的贷款。其附带条件是贷款必须用于购买债权国的商品，因而起到促进商品出口的作用，这就是所谓的约束性贷款。

在采用买方信贷的条件下，当出口方供款银行直接贷款给外国进口商时，进口厂商先用本身的资金，以即期付款方式向出口厂商交纳买卖合同金额 15%～20% 的订金，其余货款以即期付款的方式将银行提供的贷款付给出口厂商，然后按贷款协议所规定的条件，向供款银行还本付息。当出口方供款银行贷款给进口方银行时，进口方银行也以即期付款的方式代进口厂商支付应付的货款，并按贷款协议规定的条件向供款银行归还贷款和利息等。至于进口厂商与本国银行的债务关系，则按双方商定的办法在国内结算。买方信贷不仅使出口厂商可以较快地得到货款和减少风险，而且使进口厂商对货价以外的费用比较清楚，便于与出口厂商讨价还价。因此，这种方式在目前较为流行。

二、出口信贷国家担保制

一些国家的出口商，为了多做买卖，有时不是卖货后立即要求付款，而是允许外国买方内销商品，在一定时期以后，再付款。外国买方到期不付款，出口商便要受到损失。出口信贷国家担保制（Export Credit Guarantee System）是国家为了扩大出口，对本国出口商或商业银行向国外进口商或银行提供的信贷，由国家设立的专门机构出面担保。当国外债务人拒绝付款时，这个国家机构（如英国的出口担保局、美国的进出口银行、日本的输出入银行及法国的对外贸易银行等）即按照承保的数额给予补偿。我国的中国进出口银行，除办理出口信贷业务外，也办理出口信用保险和信贷担保业务。

出口信贷国家担保制有如下特点：① 担保金额大，有时达信用额的 70% ～ 80%，甚至达到100%；② 范围不断扩大，除一般商业性风险外，还包括政治风险、其他经济风险；③ 整个出口贸易中，国家信贷担保额比重不断增加；④ 国家出口信贷担保基金也不断扩大。出口信贷国家担保是国家替出口商承担风险，是扩大出口和争夺国外市场的一个重要手段。

三、出口补贴

1. 出口补贴的定义

出口补贴（Export Subsides）又称出口津贴，是指政府在商品出口时给予出口厂商的现金补贴或财政上的优惠，目的在于降低出口商品的价格，加强其在国外市场上的竞争力。

2. 出口补贴的分类

（1）直接补贴（Direct Subsides）。直接补贴即出口某种商品时，直接付给出口商的现金补贴。直接补贴的办法包括价格补贴和收入补贴。另外，政府设立保证价格，保证支付出口产品国际市场和国内市场的差价也是一种价格补贴。美国和欧盟的农产品出口补贴就是一个很好的说明。

收入补贴则包括对企业的出口亏损进行补偿等。

（2）间接补贴（Indirect Subsides）。间接补贴即政府对某些商品的出口给予财政上的照顾。例如，给予某些商品的出口商减免出口税和国内损失税的优待，对加工出口商品而进口的原料、半成品实行暂时免税或退税，对于出口商品减低运费等，这些方法都是为了减少出口成本，扩大销路。

出口补贴的具体形式很多，有的很明显，容易招致报复；有的则较为隐蔽，不易察觉。GATT规定，把出口补贴视作"不公平竞争"，它允许进口国在本国同类产业遭到受补贴产品的进口冲击，造成重大损失时，征收反补贴税。

3. 出口退税

出口退税是指国家为帮助出口企业降低成本，增强出口产品在国际市场上的竞争力，鼓励出口创汇而实行的由国内税务机关退回出口商品国内环节增值税的措施。有些国家还把出口退税应用到消费者，各个国家的国际机场内都有免税商店，拿了出国机票就可以到免税商店购买商品，条件是必须把免税商品带到国外消费。这种不征不退的做法与先征后退的作用是一样的。

允许免征或退还出口产品的间接税是世界贸易组织允许的一项政策，但如果退税额度超过已征的间接税额或者退了并没有实际征收的税负，则在实际上构成了出口补贴。

四、商品倾销

商品倾销（Dumping of Goods）是资本主义国家的垄断组织在控制国内市场的条件下，以低于国内市场的价格，甚至低于商品生产成本的价格在国外市场上大量销售商品的行为。这种倾销通常与政府的支持是分不开的。政府或限制有关商品进口，使企业在国内市场取得垄断利润以贴补出口，或给予某种贴补以弥补其亏损，或以其他方式直接、间接给予支持。措施一经核实，且有证据证明已对进口国同类工业造成实质性损害，二者之间有因果关系，则允许进口国报复，征收反倾销税。

商品倾销按照倾销的具体目的和时间的不同，可以分为偶然性倾销、掠夺性倾销、长期性倾销和隐蔽性倾销等。

五、外汇倾销

外汇倾销（Exchange Dumping）是垄断企业利用本国货币对外贬值，以争夺国外市场的一种特殊手段。当一国货币贬值后，出口商品以外国货币表示的价格降低，从而提高了竞争力，有利于扩大出口。一个国家的货币贬值后，进口商品的价格就会上涨，从而又起到限制进口的作用。但是，倾销要达到扩大出口的目的，必须具备两个条件：一是货币贬值的程度要大于国内物价上涨的程度；二是其他国家不同时实行同等程度的货币贬值或采取其他报复性措施。

2.3.2　出口管制的工具

一、出口管制的含义与对象

1. 出口管制的含义

出口管制是指一国从其本身的政治、经济利益出发，对某些商品，特别是战略物资和先进技术的出口实行限制和禁止的措施。

2. 出口管制的对象

（1）战略物资及有关的尖端技术和先进技术资料。如军事设备、武器、军舰、飞机、先进的电子计算机和通信设备等。

（2）国内的紧缺物资。即国内生产紧迫需要的原材料和半制成品，以及国内供应明显不足的商品。例如，西方各国往往对石油、煤炭等能源实行出口管制。

（3）历史文物和艺术珍品。各国出于保护本国文化艺术遗产和弘扬民族精神的需要，一般都要禁止该类商品输出，即使可以输出的，也会实行较严格的管理。

（4）需要"自动"限制出口的商品。

（5）本国在国际市场上占主导地位的重要商品和出口额大的商品。对发展中国家来讲，这类商品实行出口管制尤为重要。

（6）跨国公司的某些产品。

二、出口管制形式

出口管制有以下两种形式。

（1）单方面出口管制。一国根据本国的出口管制法案，设立专门机构对本国某些商品进出口进行审批和颁发出口许可证，实行出口管制。

（2）多边出口管制。几个国家政府，通过一定的方式建立国际性的多边出口管制机构，商讨和编制多边出口管制货单和出口管制国别，规定出口管制的办法等，以协调彼此的出口管制政策和措施，达到共同的政治和经济目的。

三、出口管制的程序与手续

（1）制定出口管制货单和输往国别分组管制表。

（2）申请出口许可证。

① 一般许可证；

② 有效许可证；

③ 贸易管理局审批和颁发出口许可证。

目前出口信贷的哪一种方式较为流行？为什么？

2.4 洞悉国际贸易约束

2.4.1 贸易条约与协定

一、贸易条约与协定概述

经济的全球化，带来了贸易的全球化，各国通常利用贸易条约与协定来协调相互之间的经济贸易关系。贸易条约与协定已成为国际贸易制度的重要内容。

贸易条约与协定（Commercial Treaties and Agreement）是两个或两个以上的主权国家为确定彼此经济贸易关系，规定贸易双方应履行的基本权利与义务，而缔结的书面协议。

贸易条约与协定是贸易双方共同遵守的，是为了维护贸易双方的共同利益而缔结的协议。在国际经济关系中，由于各国的社会经济发展和政策势力对比关系的差异，它们之间所缔结的贸易条约与协定的内容和作用也有所不同，但其具有共同的特点。

（1）贸易条约与协定是贸易双方或多方共同遵守的协议。例如，《纺织品与服装协定》第1条规定："所有成员在纺织品与服装领域内，在关贸总协定一体化的过渡期内，应遵守本协定的规定，并应同意给予供应方在市场准入方面有实质性的增长，给新的参加方提供更大的具有商业价值的贸易机会。"

（2）受缔约双方国家的经济制度的影响。缔约国各方在不同的经济运行制度下所表现出来的贸易方式也是不同的。例如，发达国家的开放程度较高，主张贸易自由化；而部分发展中国家主张开放的渐进性，在局部商品范围内贸易自由化，而且在贸易自由化范围内的商品，为保护民族产业而增加了有关的壁垒。所以，缔约各方所表现出的贸易条约与协定的内容与方式各异。

二、贸易条约与协定的种类

贸易条约与协定按照缔约国的多少，可分为双边贸易条约与协定以及多边贸易条约与协定，前者是两个主权国家之间所缔结的贸易条约与协定；后者是两个以上主权国家共同缔结的贸易条约与协定。常见的贸易条约与协定如通商航海条约（Treaty of Commerce and Navigation）、贸易协定（Trade Agreement）、贸易议定书（Trade Protocol）、支付协定（Payment Agreement）等。按照实物形式进行分类，贸易条约与协定可分为货物贸易协定，包括《1994年关贸总协定》马拉喀什议定书，装运前检验协定，技术性壁垒，关于实施动植物卫生检疫措施的协定等14项有关内容，服务贸易协定，与贸易有关的知识产权协定。

三、贸易条约与协定的法律原则

1. 最惠国待遇原则

1）最惠国待遇原则的含义

最惠国待遇（Most-Favored-Nation Treatment）是指缔约国的一方现在或将来给予第三方的优惠或豁免，另一方同样享受。其目的一般在于消除缔约国在通商、航海等方面的歧视。

最惠国待遇可分为无条件最惠国待遇和有条件最惠国待遇两种，无条件最惠国待遇是指缔约国现在和将来给予任何第三国的优惠和豁免应立即自动地、无条件地给予对方。有条件最惠国待遇是指如果缔约国一方给予第三国的优惠和豁免是有条件的，则缔约国的另一方必须提供同等条件才能享受这种优惠和豁免。目前，较为常用的为无条件最惠国待遇。

2）最惠国待遇原则的适用范围

最惠国待遇是关贸总协定的核心条款，是货物贸易制度乃至世界贸易组织多边贸易制度中最重要的基本原则和基本制度。它是关贸总协定奉行的非歧视原则的最重要体现，禁止成员方政府以关税、数量限制等手段对来自不同成员方的进口货物产品实行歧视，而是使他们在成员方市场上得到平等的待遇。

3）最惠国待遇原则的适用例外

尽管有无条件的多边最惠国待遇，但是在特定的条件下允许成员方背离最惠国待遇原则，常见的比较重要的例外有区域关税安排和普遍优惠制，如《关贸总协定》将第2、3、4款规定了关于一般最惠国的例外和实行例外的条件。

2. 国民待遇原则

1）国民待遇的含义

国民待遇（National Treatment）是指缔约国的一方公民、企业和船舶在缔约国的另一方领土上享有同该国本国公民、企业和船舶同等的待遇。国民待遇通过国内立法和国际条约加以规定，依照规定赋予外国产品以国民待遇，主要是阻止进口成员方政府在关税和其他边境管理措施以外采取对外国产品的歧视措施，也可避免外国产品获得不合理的特权。

国民待遇原则与最惠国待遇原则都是建立在非歧视原则基础上的。最惠国待遇的非歧视体现于要使来自不同成员方的进口产品，在一个成员方的市场上处于同等的竞争地位。国民待遇的非歧视则体现于不得在国内产品和进口产品之间实施歧视待遇，使进口产品在一个成员方的国内市场上，与其国内产品处于同等的竞争地位，得到平等的待遇。

2）国民待遇原则的适用范围

国民待遇原则只限于对货物贸易进口产品的两个方面：

（1）国内税收和国内收费；

（2）政府对进口产品在国内销售、运输、分销或使用方面的法律、规章等行政管理措施。

3）国民待遇原则的例外条款

《关贸总协定》第3条第8款和第10款规定的例外条款，以及第21条规定的例外条款。

3. 透明度原则（关税保护原则）

1）透明度原则的含义

贸易透明度原则是指成员方必须公布正式实施的有关进出口贸易的政策、法律及规章，以及成员方政府或政府机构与另一成员方政府或政府机构签订的影响国际贸易政策的现行协定的义务。

透明度原则主要规定成员方必须明确地将已实施的制度、法律和规定，及时地通知给对方，使其免受损失。

透明度原则的核心条文是《关贸总协定》第10条"贸易条例的公布和实施"。

2）透明度原则的适用范围

1994 年关贸总协定明确要求透明度是互惠的，各成员方要公开有关法律和规章；乌拉圭回合新议题中将这一原则适用于世界贸易组织管理的所有贸易领域。

3）透明度原则的适用例外

《关贸总协定》第 10 条第 1 款规定："总协定并不要求成员方公开那些会妨碍法规贯彻执行、违反公共利益或者损害公司企业正常商业利益的机密资料。"

我国 1986 年申请加入关贸总协定以来，先后对国际贸易中透明度的范围进行了规定。例如，对有关或者影响货物贸易、服务贸易、知识产权保护和外汇管制的一切政府措施。

2.4.2　贸易条约与协定的种类

一、通商航海条约

通商航海条约（Treaty of Commerce and Navigation）是全面规定两国间经济和贸易关系的条约，对其所涉及的双边或多边国际经济问题作出了新规定，其所涉及的内容比较广泛。

二、贸易协定和贸易议定书

贸易协定（Trade Agreement）是指两个或两个以上国家之间调整它们相互贸易关系的一种书面协议。如国际货物贸易协定、国际服务贸易总协定等。贸易条约和贸易议定书与贸易协定相比，有涉及面窄、内容具体、手续简单、有效期短及无须法律程序审批等特点。一般只需经签字国的行政首脑或其指定的代表签署即可生效。

贸易议定书（Trade Protocol）是指缔约国就发展贸易关系中某项具体问题所达成的书面协议。它是对贸易协定的有效补充。在签订长期合同时，关于年度贸易的具体事项，往往要通过议定书的方式加以确定，签署时往往比贸易协定简单，一般由签字国有关行政部门的代表签署后即可生效。例如，《1994 年关贸总协定》马拉喀什议定书，该议定书主要是规定关税减让表的某些规则和事宜，排除关税壁垒的某些问题作出承诺规定，如农产品和工业品关税优惠、非关税措施以及削减农产品国内支持和出口补贴的承诺等。

三、支付协定

支付协定（Payment Agreement）是两国关于贸易和其他方面债权、债务结算方法的书面协议。支付协定是国家外汇管制的产物。例如，一种货币不能自由兑换成另一种货币，对一国所拥有的债权不能用来抵偿对第三国的债务，结算只有在双边基础上进行。

因此，要解决国际的收支问题，必须通过建立交付协定的方式来解决国家间的债权、债务问题。例如，国际交付协定中规定：在贸易过程中，交易支付币种的规定，是采用贸易双方中的某一国家的货币，还是采用第三方国家的货币等。

四、国际商品协定与国际商品综合方案

国际商品协定将在 2.4.3 节做详细论述，这里不再赘述。

国际商品综合方案（Integrate Program for Commodities）是发展中国家于 1964 年 4 月第六届特别联合大会上第一次提出的，1976 年 5 月联合国第四届贸易和发展会上正式通过商品综合方案的决议。它是发展中国家为了打破国际经济贸易秩序，建立新的国际经济贸易秩序所采取的一个重要步骤。其主要内容有：建立多种商品的国际储存；建立国际储存的共同基金；扩大和改进商品贸易的补偿性资金供应；扩展初级产品的加工和出口多样化；为了稳定供应，参加方案的各国政府承诺在特定时间内各自出口和进口某种商品的数量。

五、关税与贸易总协定

关税与贸易总协定（General Agreement on Tariff and Trade，GATT），简称总协定。它是在美国推动下由 23 国组成的，于 1947 年 10 月 3 日在日内瓦签订并于 1948 年 1 月 1 日正式生效的相互权利、义务的国际多边协定。GATT 由成立时的 23 个成员方，现已发展到 144 个成员方，这些国家的贸易总额约占世界贸易额的 90% 左右，它是解决国际贸易争端的最为重要的协定。

1. 总协定（GATT）的宗旨

GATT 指出，协定是以促进贸易自由化，发展商品生产交换，扩大世界资源和提高缔约国人民生活为宗旨，并要求各成员方大幅度削减关税和其他贸易壁垒以实现贸易自由化。

2. 总协定的主要原则

1）无歧视原则

贸易进行必须建立在非歧视的基础上，缔约所有各方在运用和管理进口税和出口税、收费等方面必须互相给予优惠的待遇，因此没有一个国家有特别有利的贸易待遇，或者受到更多的歧视。大家都在平等的基础上，享受到降低贸易壁垒带来的好处。

2）最惠国待遇原则与国民待遇原则（前面已有论述）

（1）关税的削减和约束。总协定允许使用关税保护国内产业，并不是说可以由成员方不受任何约束地自由确定关税，根据互惠原则，通过谈判削减关税或者达到零关税，并且约束通过谈判达成的关税税率承诺。

（2）关税减让，首先根据互惠原则在缔约方之间进行双边谈判，按出口成员方产品占进口成员方市场份额的大小来确定主要供应者，并邀请主要供应者就某些产品逐项对等地进行关税减让谈判。关税减让的形式约束有 4 种：削减关税，并将削减后的关税水平加以约束；约束现有的关税税率；上限约束，即将关税约束在高于现行税率的某一特定水平，并承诺不超过这一水平；对免关税待遇加以约束，即承诺税率保持在零。

3）消除数量限制原则

对缔约国的任何一种进出口商品，除关税、国内税以及其他规定的费用外，一律不得以配额、进出口许可证或其他措施限制其数量。

4）切磋调解原则

贸易双方为了体现和保障其基本权益，在发生纠纷时，要根据"总协定争端解决程序"解决贸易纠纷。

5）禁止倾销和限制出口补贴的原则

总协定规定禁止缔约国在出口方面实行倾销，并授权缔约国在其某项工业由于倾销造成重大损失或构成重大威胁时，可征收反倾销税。这一原则的有关规则主要通过世界多边贸易体系的"反倾销原则"与"反补贴协议"来实施。例如，反倾销协定（《关于实施 1994 年关贸总协定第六条的协定》）对于倾销的基本鉴定作出明确的说明，并对成员方国内行政当局采取反倾销行政措施提供了基本规则，并对倾销的产生、申诉、立案、调查、裁决和司法审查等进行相应的规定。

2.4.3　国际商品协定

一、国际商品协定概述

国际商品协定（International Commodity Agreement）是指在某项初级产品的主要出口国

和进口国之间，就双方有关该项产品贸易方面的权利与义务等问题，经过谈判达成的多边协议的总称。

国际商品协定的概念有狭义与广义之分。狭义的国际商品协定的签订者包括出口国和进口国双方，是双方各国的政府代表，如国际小麦协定、国际咖啡协定和国际天然橡胶协定等。广义的国际商品协定所包括的范围除狭义概念外，还包括大量的原料生产国与输出国组织各自所签订的协定。这样的组织包括政府间组织和有关国家的企业之间建立的民间组织两类。政府间组织如石油输出国组织、可可生产者联盟和国际铝土协会等；民间组织如钨生产者协会、国际水银生产者协会等。另外，纺织品和服装虽然属于工业制成品，但它占许多发展中国家出口收入的比重很大，对发展中国家的经济发展有重大意义。

国际商品协定的商品主要是发展中国家的初级产品。从国际商品协定执行情况来看，这些协定对于稳定商品价格和生产国的出口收益、适当满足消费国的需要起到一定的作用。但是，由于少数发达资本主义国家的干扰，多数协定不能发挥应有的作用。国际商品协定是进口国和出口国双方矛盾斗争暂时妥协的产物，如果发生经济危机等问题，这种协定往往不能起作用。在这种情况下，发展中国家提出建立综合方案，要求用一种综合的办法来解决商品贸易问题，即前文所述的国际商品综合方案。

二、国际商品协定的内容结构

无论是广义的国际商品协定还是狭义的国际商品协定，一般都由序言、宗旨、定义、经济条款、行政条款和最后条款等几部分组成，并有一定的格式，通常还有若干附件。

（1）序言部分标明谈判各方签订协定的目的。通常，各协定都申明签订该协定的宗旨是提高该项初级产品贸易的水平，特别是增加发展中出口国的出口收入；增加该产品的生产和消费；推动市场组织和政策协调；促进该产品的供求平衡，防止价格波动；促进有关的国际合作；等等。

（2）定义部分规定协定中所使用的各种概念，如"成员"、"限额年度"、"特别表决"，以及货币单位、重量单位和关于该产品的专业用语等。

（3）经济条款部分是协定的主要内容之一。规定了各成员方在经济方面的权利和义务，主要是各成员方共同采取一定措施，干预该产品市场，以达到稳定其价格的目的。这样的措施通常有 3 种。

一是缓冲储存（Buffer Stock）。协定执行机构运用各成员方提供的实物和资金，并规定最高限价和最低限价以干预市场，稳定价格。当市价降到最低限价时，则利用缓冲储存的现金在市场上收购，从而把价格稳定在一个合理的水平上。这类协定一般都规定有缓冲储存的规模、筹资办法及其经营管理等。国际可可协定、国际天然橡胶协定等有此类条款。

二是出口配额（Export Quota）。这种条款通常规定一个基本的出口配额，每年再根据市场需求情况，按基本配额作一定比例的增减，确定当年的出口配额，以达到控制供应量从而稳定价格的目的。国际咖啡协定、国际糖协定、多种纤维协定以及石油输出国组织的协议等都有此类条款。

三是多边合同（Multilateral Contracts）。这种条款要求进口国保证，在协定规定的价格幅度内向出口国购买一定数量的该项产品；同时要求出口国保证，在规定的价格幅度内向进口国出售一定数量的该项产品。国际小麦协定有此条款。

（4）行政条款部分也是国际商品协定的一项主要内容，其中最重要的是权力机构和表决票的分配。通常协定规定其组织机构包括理事会、秘书处、执行委员会及专门委员会或小组等。其中，理事会是最高权力机构。权力机构达成协议时，除用协商一致的方法外，一般要通过表决决定。表决方式可根据情况需要，采用简单多数、简单分配多数、2/3 分配多数和特别表决等方式。由于通过的决议直接关系到各成员方的切身利益，所以表决票的分配是非常重要的。协定大多规定进口方与出口方两类成员拥有相等的表决权，各类成员的表决票按进出口比例等因素在各成员之间分配，或是先不论大小，各给予一定的基本票，再按有关因素分配。并且协定通常规定任何成员的表决票都不能超过一个最高限额。表决票的多少反映了各成员权利与义务的大小。组织机构的行政费用通常也是按表决票的比例进行分摊的。

（5）最后条款部分通常规定了协定签字、生效、暂时生效的期限和条件，适用、临时适用的范围和条件，加入、推出的程序，有效期限以及延长和终止的条件，有效文本等。

（6）附件部分所列的通常是经济条款或行政条款中所提到的已明确规定了的出口限额表、表决票分配表及其他有关数据等。

应该指出，这一内容结构并不是绝对的。具体到某项协定，可能有些内容很少，甚至没有，也可能规定了其他相关内容。从近几期的协定看，较普遍的变化是，有关经济条款的内容在减少甚至取消，而有关信息资料的管理和交流、有关国际组织的合作等内容有所增加，这也反映了国际商品协定在国际商品市场上作用的变化。

想想议议2-4

关贸总协定与世界贸易组织有何区别？

📖 课堂讨论

完成本任务后，请进行自我测试：你是否已明确国际贸易政策、措施、工具与约束的深刻内涵？

◉ 阅读与思考 2-1

为什么"空中客车"能成为国际综合性产品的典型

欧洲几个国家联合研制的大型民用飞机"空中客车"（Airbus）是国际综合性产品的典型。为研究开发A—320型飞机的发动机，美国联合技术公司的怀特尼分公司、英国的罗伯尔—罗伊斯公司、意大利的菲亚特公司、法国的MTV公司以及3家日本公司共同组建了三七公司财团，联合为此项目集资。参加"空中客车"系列干线飞机生产的公司有法国航空航天工业公司、德国空中客车有限公司、英国航空航天公司、西班牙的卡萨公司——西班牙飞机制造公司、荷兰的福克公司、比利时的空中客车公司和意大利的阿莱尼亚公司。由上述各国公司生产的零部件集中在图卢兹法国航天航空工业公司进行总组装。法国生产的元件占A—320型飞机元件份额的40%。

◉ 任务小结

通过本任务的学习，同学们可以掌握国际贸易政策、措施、工具与约束的相关内容，并能够对当代国际贸易政策与现象进行分析与评价。

第3部分　任务实训

⊃ 案例分析

因商品品质引发的纠纷

我国某出口公司向英国出口一批大豆，合同规定："水分最高为14%，杂质不超过2.5%。"在成交前，该出口公司曾向买方寄过样品，订约后该出口公司又电告买方成交货物与样品相似，当货物运至英国后买方提出货物与样品不符，并出示了当地检验机构的检验证书，证明货物的品质比样品低7%，但未提出品质不符合合同的品质规定。买方以此要求该出口公司赔偿其15 000英镑的损失。

思考题：

（1）该出口公司是否应该赔偿？

（2）本案例给我们哪些启示？

● 模拟实训

国际贸易政策、措施、工具与约束的作用

【实训目的】通过网上查找资料，尝试对国际贸易政策、措施、工具与约束有一个初步的了解。

【实训方式】查找资料，撰写调研报告。

【实训对象】本地区。

【实训内容】本地区外贸企业利用国际贸易政策、措施、工具与约束方面的调研。

【实训步骤】实训步骤如下：

（1）学生分组；

（2）分组进行前期调研，收集和整理相关资料，了解本地区一些国际贸易政策、措施、工具与约束方面的信息；

（3）分组完成调研报告；

（4）全班集体讨论；

（5）教师点评。

项目1 小结

本项目围绕国际贸易原理设计了各环节的基本知识，设置了重要知识、课堂讨论等栏目，体现了对一些重要理论知识的重组。

本项目进程以任务先行开始，以项目小结结束，希望读者在完成项目任务之后，能够及时进行自我的过程性评价。

本项目技能目标：完成本项目后，读者应该能够把握国际贸易以及国际贸易政策、措施、工具和约束的丰富内涵，以现代国际贸易的观念指导日常国际贸易活动。完成本项目将为完成后面各项目奠定良好的基础。

开心一刻

有一天，一位爱尔兰的发明家发明了一种成本极低的炼钢方法，但是生产过程极为神秘，而且发明家坚持保密。奇怪的是，发明家不需要多投入任何工人或者铁矿，唯一需要的是本国的小麦。

发明家被誉为天才。因为钢铁在爱尔兰的应用非常广泛，所以这项发明降低了许多物品的成本，并使爱尔兰的民众生活水平大大提高。当钢铁厂关门以后，一些原先的工人蒙受了痛苦。但最终，通过各种方法他们找到了新的工作。一些人成了农民，种植发明家需要的小麦；另一些人则进入由于生活水平提高而出现的新行业。每一个人似乎都能理解，这些工人被代替是进步不可避免的一部分。

几年后，一位多事的报社记者决定调查这个神秘的炼钢过程。她偷偷潜入发明家的工厂，终于发现发明家原来是一个大骗子。发明家根本没有炼钢，他只是违法把小麦运送到其他国家然后进口钢铁。发明家所做的唯一的事情就是从国际贸易中获取私利。

当真相被披露后，政府停止了发明家的经营。钢铁价格上升了，工人回到了原先的钢铁厂工作。爱尔兰民众的生活水平退回到以前。发明家被投入狱中并遭到大家的嘲笑。

毕竟他不是发明家，他仅仅是一个经济学家！

项目 2

掌握国际贸易核心技能

⦿ **知识目标**

通过完成本项目，你应该能够：

1. 了解一些国际贸易的术语及条款；
2. 理解国际贸易各项实务的含义；
3. 掌握国际贸易实务的各项操作程序。

⦿ **技能目标**

1. 把握国际贸易业务的基本流程与方法；
2. 创造性地分析和解决国际贸易实务中的实际问题。

- ◆ 项目解析
- ◆ 案例导入
- ◆ 案例解析
- ◆ 课堂讨论
- ◆ 任务小结
- ◆ 阅读与思考
- ◆ 案例分析
- ◆ 实训操作

▶▶ **项目解析**

尊敬的读者：前面我们已经学习了一些国际贸易的基本概念及理论，从本项目开始将学习国际贸易实务，共包括7个任务。从国际贸易术语出发，重点分析国际贸易磋商与谈判、进出口贸易主要条款、贸易方式的选择及贸易结算，把握国际贸易业务的基本流程和方法。

为了更好地把握国际贸易实务，为完成以后各项任务打下坚实基础，请尝试完成本项目：掌握国际贸易核心技能。

为了方便你掌握国际贸易实务技能，我们又将本项目分为7个任务：

任务3：探究国际贸易术语；

任务4：探究国际贸易磋商与谈判；

任务5：探究进出口贸易主要条款；

任务6：探究国际贸易结算；

任务7：探究国际贸易运输与保险；

任务8：解析商检、索赔、不可抗力与仲裁；

任务9：探究国际贸易方式。

你可以对照知识目标及技能目标，反复演练，有的放矢地依次完成各项任务，直至完成本项目，为早日掌握国际贸易技能做好准备。

任务3　探究国际贸易术语

⤵ 任务提示

本任务将引领你明确常用的6种贸易术语并且能运用之进行报价。

⤵ 任务先行

什么是国际贸易术语？国际贸易惯例又是什么？它研究什么？要了解这些问题，请往下看。

第1部分　案例导入与解析

◐ 案例导入

美商为何撤销合同

中国圣达礼品公司与美商以 FOB 条件出口圣诞礼物，合同签订后接到对方来电，称租船困难，委托圣达礼品公司代为租船，有关费用由买方负担。为了方便合同履行，圣达礼品公司接受了对方的请求，但时至装运期，圣达礼品公司在规定的装运港没有办法租到合适的船，且买方又不同意改变装运港。因此，到装运期满时货物还未装运，买方应受销售季节即将结束，便来函以圣达礼品公司未按期履行交货为由撤销合同。

那么，圣达礼品公司该如何处理？如果圣达礼品公司按期租到船，但货物在仓库保管期间发生火灾，则风险由谁承担？什么是 FOB 条件？要回答这些问题，我们先从国际贸易术语学起。

◐ 案情介绍

国外某公司（简称买方）与我国一公司（简称卖方）签订一笔食品出口合同，交易条件为 FOB 大连，付款方式为不可撤销即期信用证。随后，卖方收到了买方银行开来的信用证，即备妥货物，办好出口手续，按期将货物装上买方指派的船只，并向买方发出了装船通知。装船于凌晨 2 时结束，半小时后载货船舱出现火情，船长立即组织救火，先启用二氧化碳系统灭火，但发现该系统失灵，只好使用消防水系统灭火，才将火扑灭。

经商检部门鉴定，该批货物因火灾和严重泡湿而完全丧失商业价值。卖方立即通知买方，征求处理意见。买方来电称，卖方应负责卸下毁坏的货物，重新备货装船，并声称将指示银行撤销已开出的信用证。卖方则认为，货物已装船，合同义务已履行，没有义务卸下损坏的货物和重新备货装船，并认为买方应该支付已装船货物的货款。船方则因货物已毁损而拒绝签发提单，并以火灾免责为由拒绝承担赔偿责任。

➲ 案例解析

本案例的复杂之处在于，货物刚上船后不久即发生了火灾，当事人三方均陷入了麻烦之中。卖方欲去银行支取货款但却没有船方签发的提单；买方已开出信用证，一旦卖方议付货款则钱货两空；船方则因货物已毁，无法开出提单。因此，三方均想推卸责任，为己辩护。

第 2 部分　任务学习引导

重要知识

国际贸易术语的含义

贸易术语（Trade Term），又称"价格术语"或"价格条件"，它是以简明的外贸语言、或缩写的字母、或国际代号，来概括说明买卖双方在交易中交货的地点，货物交接的责任、费用，以及风险的划分和表明价格构成等诸方面的特殊用语。

3.1 初识国际贸易术语及国际惯例

3.1.1 国际贸易术语概述

一、国际贸易术语的内涵

国际贸易术语的内涵包括三个方面：

（1）交货地点及交货方式；

（2）买卖双方在货物交接过程中各自承担的责任、费用和风险的划分；

（3）价格的构成。

一般而言，卖方承担的责任广，支付的费用多，负担的风险大，则商品出售的价格就高；反之，则出售的价格就低。

二、国际贸易术语的作用

（1）节省了交易磋商的时间和费用；

（2）简化了交易磋商和买卖合同的内容；

（3）有利于交易的达成和纠纷的解决。

3.1.2 国际贸易惯例

一、国际贸易惯例的性质

国际贸易业务中反复实践的习惯做法与行为规范，只有经国际组织加以编纂与解释，才形成国际贸易惯例。

国际贸易惯例的适用是以当事人的意思自治为基础的，因为，惯例本身不是法律，它对贸易双方不具有强制性，故买卖双方有权在合同中作出与某项惯例不符的规定。但是，国际贸易惯例对贸易实践仍具有重要的指导作用。这体现在，一方面，如果双方都同意采用某种惯例来约束该项交易，并在合同中作出明确规定，那么这项约定的惯例就具有了强制性；另一方面，如果双方对某一问题没有作出明确规定，也未注明该合同适用某项惯例，在合同执行中发生争议时，受理该争议案的司法和仲裁机构也往往会引用某一国际贸易惯例进行判决或裁决。所以，国际贸易惯例虽然不具有强制性，但它对国际贸易实践的指导作用却不容忽视。

二、有关贸易术语的国际贸易惯例

有关贸易术语的国际贸易惯例主要有以下 3 种。

1. 1932 年华沙 – 牛津规则

这一规则对于 CIF 合同的性质、买卖双方所承担的风险、责任和费用的划分以及所有权转移的方式等问题都作了比较详细的解释。

2. 美国对外贸易定义（1941 年修订本）

《美国对外贸易定义》中所解释的贸易术语共有 6 种，分别为 Ex Point of Origin、FOB、FAS、C&F、CIF 和 Ex Dock。

3. 国际贸易术语解释通则

《国际贸易术语解释通则》（International Rules for the Interpretation of Trade Terms，INCOTERMS）。它是国际商会为了统一对各种贸易术语的解释而制定的。现行的《2000 年通则》是国际商会根据 20 世纪 80 年代以来科学技术和运输方式等方面的发展变化修订产生的，于 2000 年 1 月 1 日生效。

《2000 年通则》将全部 13 种贸易术语按不同类别分为 E、F、C、D 4 个组，如表 3 – 1 所示。

表 3 – 1 2000 年通则对贸易术语的分类

E 组 启运	EXW：Ex Works	工厂交货
F 组 主运费未付	FCA：Free Carrier FAS：Free Alongside Ship FOB：Free On Board	货交承运人 装运港船边交货 装运港船上交货
C 组 主运费已付	CFR：Cost and Freight CIF：Cost Insurance and Freight CPT：Carriage Paid To CIP：Carriage and Insurance Paid To	成本加运费 成本、保险费加运费 运费付至 运费、保险费付至

	DAF：Delivered At Frontier	边境交货
D组 到达	DES：Delivered Ex Ship	目的港船上交货
	DEQ：Delivered Ex Quay	目的港码头交货
	DDU：Delivered Duty Unpaid	未完税交货
	DDP：Delivered Duty Paid	完税后交货

此外，《2000 年通则》中采取相互对应的标准化的规定方法，将每一种贸易术语买卖双方各自承担的义务分别用 10 个项目列出。

总之，在有关贸易术语的国际贸易惯例中，INCOTERMS 是包括内容最多、使用范围最广和影响最大的一种。

想想议议3-1

有关贸易术语的国际贸易惯例有哪些？它们分别解释了哪些术语？

3.2　认知各种贸易术语

3.2.1　E 组贸易术语

E 组只包括一种贸易术语，即 EXW，英文全文是 Ex Works，即工厂交货。采用 EXW 条件成交时，卖方承担的风险、责任以及费用都是最小的。适用于任何运输方式。

1. 买卖双方的义务

1）卖方义务

（1）在合同规定的时间、地点，将合同要求的货物置于买方的处置之下。

（2）承担将货物交给买方处置之前的一切费用和风险。

（3）提交商业发票或具有同等作用的电子信息。

2）买方义务

（1）在合同规定的时间、地点，受领卖方提交的货物，并按合同规定支付货款。

（2）承担受领货物之后的一切费用和风险。

（3）自负费用和风险，取得出口和进口许可证或其他官方批准证件，并办理货物出口和进口的一切海关手续。

2. 使用 E 组贸易术语应注意的问题

（1）关于货物交接问题。

（2）关于货物的包装和装运问题。

（3）关于办理出口手续的问题。

3.2.2 F组贸易术语

一、FCA 术语

1. FCA 术语的含义

（1）全文为 Free Carrier，即货交承运人。

（2）适用于各种运输方式。

（3）风险转移界限为货交承运人。

（4）交货地点为出口国内地、港口。

2. 买卖双方的义务

1）卖方义务

（1）在合同规定的时间、地点，将合同规定的货物置于买方指定的承运人控制下，并及时通知买方。

（2）承担将货物交给承运人控制之前的一切费用和风险。

（3）自负风险和费用，取得出口许可证或其他官方批准证件，并办理货物出口所需的一切海关手续。

（4）提交商业发票或具有同等作用的电子信息，并自费提供通常的交货凭证。

2）买方义务

（1）签订从指定地点承运货物的合同，支付有关的运费，并将承运人名称及有关情况及时通知卖方。

（2）根据买卖合同的规定受领货物并支付货款。

（3）承担受领货物之后所发生的一切费用和风险。

（4）自负风险和费用，取得进口许可证或其他官方证件，并且办理货物进口所需的海关手续。

3. 使用 FCA 术语应注意的问题

（1）关于承运人和交货地点。《2000 年通则》中有新规定：交货地点的选择直接影响到装卸货物的责任划分问题。如果双方约定的交货地点是在卖方所在地，卖方负责把货物装上买方安排的承运人所提供的运输工具即可；如果交货地点是在其他地方，卖方就要将货物运交给承运人，在自己所提供的运输工具上完成交货义务，而无须负责卸货。

（2）FCA 条件下风险转移的问题。以货交承运人为界。

（3）有关责任和费用的划分问题。无论在何处交货，卖方都要自负风险和费用办理出口手续。

二、FAS 术语

1. FAS 术语的含义

（1）FAS 的全文是 Free Alongside Ship，即装运港船边交货。

（2）适用于水上运输。

（3）风险转移界限为货物交到船边后。

（4）交货地点为装运港口。

2. 买卖双方的义务

1）卖方义务

（1）在合同规定的时间和装运港口，将合同规定的货物交到买方所派船只的旁边，并及时通知买方。

（2）承担货物交至装运港船边的一切费用和风险。

（3）自负费用和风险，取得出口许可证或其他官方批准证件，并且办理货物出口的一切海关手续。

（4）提交商业发票或具有同等作用的电子信息，并且自负费用提供通常的交货凭证。

2）买方义务

（1）订立从指定装运港口运输货物的合同，支付运费，并将船名、装货地点和要求交货的时间及时通知卖方。

（2）在合同规定的时间、地点，受领卖方提交的货物，并按合同规定支付货款。

（3）承担受领货物之后所发生的一切费用和风险。

（4）自负费用和风险，取得进口许可证或其他官方批准证件，并且办理货物进口的一切海关手续。

3. 使用 FAS 术语应注意的问题

（1）对 FAS 的不同解释。与美国对外贸易定义修订本中的 FAS 相比，两者的运输方式不同。

（2）办理出口手续的问题。《1990 年通则》中规定由买方办理，《2000 年通则》中则规定由卖方办理。

（3）注意船货衔接问题。买方办理运输合同，卖方备好货物。

三、FOB 术语

1. FOB 术语的含义

（1）FOB 的全文是 Free On Board，即船上交货，习惯称为装运港船上交货。

（2）风险转移界限为装运港船舷。

（3）适用于水上运输。

（4）交货地点为装运港口。

2. 买卖双方的义务

1）卖方义务

（1）在合同规定的时间和装运港口，将合同规定的货物交到买方指派的船上，并及时通知买方。

（2）承担货物交至装运港船上之前的一切费用和风险。

（3）自负风险和费用，取得出口许可证或其他官方批准证件，并且办理货物出口所需的一切海关手续。

（4）提交商业发票和自费提供证明卖方已按规定交货的清洁单据，或具有同等作用的电子信息。

2）买方义务

（1）订立从指定装运港口运输货物的合同，支付运费，并将船名、装货地点和要求交货的时间及时通知卖方。

（2）根据买卖合同的规定受领货物并支付货款。

（3）承担受领货物之后所发生的一切费用和风险。

（4）自负风险和费用，取得进口许可证或其他官方证件，并办理货物进口所需的海关手续。

3. 使用 FOB 术语应注意的问题

（1）风险界限划分问题。由于国际贸易中对"装船"概念缺乏统一明确的解释，因此风险划分的界限也就有不同的解释。一般解释为在装运港将货物从岸上起吊并越过船舷就应当认为已装船，《通则》也认为当货物在装运港超越船舷时，卖方即履行了交货义务，即风险的划分以船舷为界；有的解释为将货物装到船的甲板上才算装船，即风险的划分以甲板为界；有的解释为将货物装到舱底才算装船，即风险的划分以舱底为界；还有的解释为将货物运至受载船只吊钩所及之处就算装船。虽然从实际的装船作业来看，货物从岸上起吊，越过船舷到装入船舱是一个连续的过程，很难截然分开，但从法律后果来看，上述概念是不尽相同的。关于装船的概念问题不仅涉及买卖双方风险划分的界限，同时也涉及买卖双方的费用负担。为此，在洽商交易时应对装船的概念予以明确，并应在合同中注明风险划分的界限。

（2）装船费用负担问题。由于国际上对装船的概念解释不一，因而产生买卖双方对装船有关费用，主要是理舱费和平舱费由谁来负担的问题。

（3）对 FOB 的不同解释。《2000 年通则》与美国对外贸易修订本中对 FOB 的解释不同：一是办理出口手续不同。根据《2000 年通则》的解释，应由卖方负责申请出口许可证，办理出口手续并负担费用。但按照《美国对外贸易定义》的规定，"卖方根据买方要求，并在其负担费用的前提下，协助买方取得为出口所需要的出口国证件。"这一规定显然与《2000 年通则》的解释大相径庭。因此，在采用 FOB 贸易术语时，应明确规定由卖方或买方负责办理出口手续并负担费用的问题。二是风险转移界限不同。三是适用的运输方式不同。

（4）租船与订舱问题。在采用 FOB 价格术语时，卖方可接受买方的委托，代为租船或订舱和投保。但这纯属代办性质，运费和保险费仍由买方承担。如果卖方尽力后仍租不到船或订不到舱时，卖方概不负责，买方无权撤销合同或向卖方索赔。

（5）个别国家对 FOB 价格术语的不同解释问题。美国、加拿大和一些拉美国家较多采用《美国对外贸易定义》的解释，该定义将 FOB 分为 6 种类型，其中仅第 5 种"FOB VESSEL...NAMED PORT OF SHIPMENT"装运港船上交货（指定装运港）与《2000 年通则》中对 FOB 的解释基本相似。而其他 5 种，前 4 种属于出口国内陆交货条件，最后一种则属于进口国内地交货条件，与《2000 年通则》中的解释完全不同。前已讲到第 5 种"指定装运港船上交货"与《2000 年通则》的解释基本相似，即不完全一致。在使用这一贸易术语时，必须注意在 FOB 与装运港之间加上"VESSEL"（船舶）字样，否则卖方仅负责在出口国内陆的运输工具上交货，而不是在装运港船上交货。

3.2.3　C 组贸易术语

一、CFR 术语

1. CFR 术语的含义

（1）CFR 的全文是 Cost and Freight，即成本加运费。

（2）适用于水上运输。

（3）风险转移在装运港越过船舷时。

（4）交货地点为装运港口。

2. 买卖双方的义务

1）卖方义务

（1）签订从指定装运港将货物运往约定目的港的合同；在买卖合同规定的时间和港口，将合同要求的货物装上船并支付至目的港的运费；装船后及时通知买方。

（2）承担货物在装运港越过船舷之前的一切费用和风险。

（3）自负风险和费用，取得出口许可证或其他官方证件，且办理货物出口所需的一切海关手续。

（4）提交商业发票；自费向买方提供为买方在目的港提货所用的通常的运输单据，或具有同等作用的电子信息。

2）买方义务

（1）接受卖方提供的有关单据，受领货物，并按合同规定支付货款。

（2）承担货物在装运港越过船舷以后的一切风险。

（3）自负风险和费用，取得进口许可证或其他官方证件，并且办理货物进口所需的海关手续，支付关税及其他有关费用。

3. 使用 CFR 术语应注意的问题

CFR 条件下，根据国际贸易惯例的解释和有些国家的法律规定，卖方在货物装船后必须及时向买方发出装船通知，以便买方及时办理保险手续，防止漏保。对此，买卖双方往往还要在合同中作出明确规定，如果卖方不及时发出装船通知，致使买方未能投保，卖方要承担货物在运输途中的风险。英国《1893 年货物买卖法》（1979 年修订本）中规定："如果卖方未向买方发出装船通知，以便买方对货物办理保险，那么，货物在海运途中的风险被视为由卖方负担"。就是说，如果货物在运输途中遭到损坏或灭失，由于卖方未发出装船通知使买方漏保，那么卖方就不能以风险在船舷转移为由免除责任。

二、CIF 术语

1. CIF 术语的含义

（1）CIF 的全文是 Cost Insurance and Freight，即成本、保险费加运费。

（2）适用于水上运输方式。

（3）风险转移界限为装运港货物越过船舷时。

（4）交货地点为装运港口。

2. 买卖双方的义务

1）卖方义务

（1）签订从指定装运港承运货物的合同；在合同规定的时间和港口，将合同要求的货物装上船并支付至目的港的运费；装船后须及时通知买方。

（2）承担货物在装运港越过船舷之前的一切费用和风险。

（3）按照买卖合同的约定，自负费用办理水上运输保险。

（4）自负风险和费用，取得出口许可证或其他官方批准证件，并办理货物出口所需的一切海关手续。

（5）提交商业发票和在目的港提货所用的通常的运输单据或具有同等作用的电子信息，

并且自费向买方提供保险单据。

2）买方义务

（1）接受卖方提供的有关单据，受领货物，并按合同规定支付货款。

（2）承担货物在装运港越过船舷之后的一切风险。

（3）自负风险和费用，取得进口许可证或其他官方证件，并且办理货物进口所需的海关手续。

3. 使用 CIF 术语应注意的问题

（1）保险险别问题。在 CIF 条件下，保险应由卖方负责办理，但对应投保的具体险别，各国的惯例解释不一。因此，买卖双方应根据商品的特点和需要，在合同中具体订明。一是如果合同中未作具体规定，则应按有关惯例来处理。按照《2000 年通则》对 CIF 的解释，卖方只需投保最低的险别。二是如果买方要求投保战争险，一般都应由买方自费投保，卖方代为投保时，费用仍由买方负担。三是卖方实质上是为买方利益办理的投保手续，因此投保何种险别，双方应尽量商量确定。

（2）租船与订舱问题。卖方应按通常的条件及习惯行驶的航线，租用通常类型的船舶。因此，除非买卖双方另有约定，对于买方提出的关于限制载运要求，卖方均有权拒绝接受。但在外贸实践中，为发展出口业务，考虑到某些国家的规定，如买方有要求，在能办到而又不增加额外费用的情况下，也可考虑接受。

（3）卸货费用问题。对此各国港口有不同的惯例，有的港口规定由船方负担，有的港口规定由收货人负担，等等。一般来讲，如果使用班轮运输，班轮管装管卸，卸货费已包括在运费之内。大宗货物的运输要租用不定期轮船，故买卖双方应明确卸货费用由何方负担并在合同中订明，以免日后发生纠纷。

（4）象征性交货问题。象征性交货（Symbolic Delivery）是针对实际交货（Physical Delivery）而言的。象征性交货是指卖方只要按期在约定地点完成装运，并向买方提交合同规定的包括物权凭证在内的有关单证，就算完成了交货义务，无须保证到货。实际交货是指卖方要在规定的时间和地点，将符合合同规定的货物提交给买方或其指定人，而不能以交单代替交货。

常见价格术语的主要异同点如表 3－2 所示。

表 3－2　三种常见价格术语的异同点

价格术语	交货地点	风险划分	出口报关	进口报关	租船订舱	运费支付	保险办理	运输方式
FOB	装运港口	装运港船舷	卖方	买方	买方	买方	买方	水上运输
CIF	装运港口	装运港船舷	卖方	买方	卖方	卖方	卖方	水上运输
CFR	装运港口	装运港船舷	卖方	买方	卖方	卖方	买方	水上运输

三、CPT 术语

1. CPT 术语的含义

（1）CPT 的全文是 Carriage Paid To，即运费付至。

（2）适用于包括多式联运在内的各种运输方式。

（3）风险转移界限为货物交到承运人。

（4）交货地点为出口国内地、港口。

2. 买卖双方的义务

1）卖方义务

（1）订立将货物运往指定目的地的运输合同，并支付有关运费。

（2）在合同规定的时间、地点，将合同规定的货物置于承运人控制之下，并及时通知买方。

（3）承担将货物交给承运人控制之前的风险。

（4）自负风险和费用，取得出口许可证或其他官方批准证件，并办理货物出口所需的一切海关手续，支付关税及其他有关费用。

（5）提交商业发票和自费向买方提供在约定目的地提货所需的通常的运输单据，或具有同等作用的电子信息。

2）买方义务

（1）接受卖方提供的有关单据，受领货物，并按合同规定支付货款。

（2）承担自货物在约定交货地点交给承运人控制之后的风险。

（3）自负风险和费用，取得进口许可证或其他官方证件，并办理货物进口所需的海关手续，支付关税及其他有关费用。

3. 使用 CPT 术语应注意的问题

（1）风险划分的界限问题。以货交（第一）承运人为界。

（2）责任和费用的划分问题。正常运费以外的费用由买方承担。

CPT 与 CFR 的异同点如表 3 - 3 所示。

表 3 - 3　CPT 与 CFR 的异同点

相同点	不同点
都属于装运合同（风险转移在前）	适用的运输方式不同
卖方承担的风险都是在交货地点随着交货义务的完成而转移，卖方都要负责安排自交货地点至目的地的运输事项，并承担其费用	交货地点和风险划分界限也不相同
	卖方承担的责任、费用以及需提交的单据等方面也有区别

四、CIP 术语

1. CIP 术语的含义

（1）CIP 的全文为 Carriage and Insurance Paid To，即运费、保险费付至。

（2）适用于任何运输方式。

（3）风险转移界限为货物交到承运人。

（4）交货地点为出口国内地、港口。

2. 买卖双方的义务

1）卖方义务

（1）订立将货物运往指定目的地的运输合同，并支付有关运费。

（2）在合同规定的时间、地点，将合同规定的货物置于承运人的控制之下，并及时通知买方。

（3）承担将货物交给承运人控制之前的风险。

（4）按照买卖合同的约定，自负费用投保货物运输险。

（5）自负风险和费用，取得出口许可证或其他官方批准证件，并办理货物出口所需的一切海关手续，支付关税及其他有关费用。

（6）提交商业发票和在约定目的地提货所需的通常的运输单据或具有同等作用的电子信息，并且自费向买方提供保险单据。

2）买方义务

（1）接受卖方提供的有关单据，受领货物，并按合同规定支付货款。

（2）承担自货物在约定地点交给承运人控制之后的风险。

（3）自负风险和费用，取得进口许可证或其他官方证件，并且办理货物进口所需的海关手续，支付关税及其他有关费用。

3. 使用 CIP 术语应注意的问题

（1）正确理解风险和保险问题。

（2）合理确定价格。

CIP 与 CIF 的异同点如表 3 - 4 所示。

表 3 - 4 CIP 与 CIF 的异同点

相同点	不同点
价格构成中都包括了通常的运费和约定的保险费	交货地点、风险划分界限以及卖方承担的责任和费用不同
装运合同	运输方式不同

3.2.4 D 组贸易术语

一、DAF 术语

1. DAF 术语的含义

（1）DAF 的全文是 Delivered At Frontier，即边境交货。

（2）适用于任何运输方式。

（3）风险转移界限为买方处置货物后。

（4）交货地点为两国边境指定地点。

2. 买卖双方义务

1）卖方义务

（1）订立将货物运往边境约定交货地点的运输合同，并支付有关运费。

（2）在合同规定的时间，在边境约定地点将货物置于买方控制之下。

（3）承担将货物在边境约定地点交给买方控制之前的风险和费用。

（4）自负风险和费用，取得出口许可证或其他官方批准证件，并办理货物出口所需的一切海关手续，支付关税及其他有关费用。

（5）提交商业发票和自费向买方提交通常的运输单证或在边境指定地点交货的其他凭证或具有同等作用的电子信息。

2）买方义务

（1）接受卖方提供的有关单据，在边境约定地点受领货物，并按合同规定支付货款。

（2）承担在边境约定地点受领货物之后的风险和费用。

（3）自负风险和费用，取得进口许可证或其他官方证件，并办理货物进口所需的海关手续，支付关税及其他有关费用。

3. 使用 DAF 术语应注意的问题

（1）关于风险转移问题。

（2）关于边境交货地点问题。

二、DES 术语

1. DES 术语的含义

（1）DES 的全文是 Delivered Ex Ship，即目的港船上交货。

（2）适用于水上运输。

（3）风险转移界限为目的港船上。

（4）交货地点为目的港口。

2. 买卖双方的义务

1）卖方义务

（1）签订将货物运往约定目的港的水上运输合同，并支付有关运费。

（2）在合同规定的时间，将货物运至约定目的港通常的卸货地点，并在船上将货物置于买方处置之下。

（3）承担在目的港船上将货物置于买方处置之前的风险和费用。

（4）自负风险和费用，取得出口许可证或其他官方批准证件，并办理货物出口所需的一切海关手续，支付关税及其他有关费用。

（5）提交商业发票和自负费用向买方提交提货单或为买方在目的港提取货物所需的通常的运输单证，或具有同等作用的电子信息。

2）买方义务

（1）接受卖方提供的有关单据，在目的港船上受领货物，并按合同规定支付货款。

（2）承担在约定目的港的船上受领货物之后的风险和费用。

（3）自负风险和费用，取得进口许可证或其他官方证件，支付卸货费用，并且办理货物进口所需的海关手续，支付关税及其他有关费用。

3. 使用 DES 术语应注意的问题

（1）共同做好货物的交接工作。

（2）要了解 DES 与 CIF 的区别。

注意：按 DES 术语成交的合同属于到达合同，按 CIF 术语成交的合同属于装运合同。

三、DEQ 术语

1. DEQ 术语的含义

（1）DEQ 的全文是 Delivered Ex Quay，即码头交货，通常称作目的港码头交货。

（2）适用于水上运输。

（3）风险转移的界限为买方在码头接受货物时。

（4）交货地点为目的港口。

2. 买卖双方的义务

1）卖方义务

（1）签订将货物运往约定目的港的水上运输合同，并支付有关运费。

（2）在合同规定的时间，将货物运至约定的目的港，承担卸货的责任和费用，并在目的港码头将货物置于买方的处置之下。

（3）承担在目的港船上将货物置于买方处置之前的风险和费用。

（4）自负风险和费用，取得出口许可证或其他官方批准证件，并办理货物出口所需的一切海关手续，支付关税及其他有关费用。

（5）提交商业发票和自负费用向买方提交提货单或为买方在目的港提取货物所需的通常的运输单证，或具有同等作用的电子信息。

2）买方义务

（1）接受卖方提供的有关单据，在目的港船上受领货物，并按合同规定支付货款。

（2）承担在约定目的港码头受领货物之后的风险和费用。

（3）自负风险和费用，取得进口许可证或其他官方证件，并且办理货物进口所需的海关手续，支付关税及其他有关费用。

3. 使用 DEQ 术语应注意的问题

（1）注意办理货物进口报关的责任、费用和风险由买方承担。

（2）仅适用于水上运输和交货地点为目的港码头的多式联运。

四、DDU 术语

1. DDU 术语的含义

（1）DDU 的全文是 Delivered Duty Unpaid，即未完税交货。

（2）适用于各种运输方式。

（3）风险转移界限为买方在指定地点收货时。

（4）交货地点为进口国内。

2. 买卖双方的义务

1）卖方义务

（1）订立将货物按照惯常路线和习惯方式运至进口国内约定目的地的运输合同，并支付有关运费。

（2）在合同规定的时间、地点，将合同规定的货物置于买方处置之下。

（3）承担在指定目的地约定地点，将货物置于买方处置下之前的风险和费用。

（4）自负风险和费用，取得出口许可证或其他官方批准证件，并办理货物出口所需的一切海关手续，支付关税及其他有关费用。

（5）提交商业发票和自负费用向买方提交提货单或为买方在目的地提取货物所需的通常的运输单证，或具有同等作用的电子信息。

2）买方义务

（1）接受卖方提供的有关单据，在进口国内地约定地点受领货物，并按合同规定支付货款。

（2）承担在目的地约定地点受领货物之后的风险和费用。

（3）自负风险和费用，取得进口许可证或其他官方批准证件，并办理货物进口所需的一切海关手续，支付关税和其他有关费用。

3. 使用 DDU 术语时卖方应注意的问题

（1）进口清关是否便利。

（2）妥善办理投保事项。

五、DDP 术语

1. DDP 术语的含义

（1）DDP 的全文是 Delivered Duty Paid，即完税后交货。

（2）适用于各种运输方式。

（3）风险转移界限为买方在指定地点收货时。

（4）交货地点为进口国内。

2. 买卖双方的义务

1）卖方义务

（1）订立将货物按照惯常路线和习惯方式运至进口国内约定目的地的运输合同，并支付有关运费。

（2）在合同规定的时间、地点，将合同规定的货物置于买方处置之下。

（3）承担在指定目的地约定地点，将货物置于买方处置下之前的风险和费用。

（4）自负风险和费用，取得出口和进口许可证及其他官方批准证件，并且办理货物出口和进口所需的海关手续，支付关税及其他有关费用。

（5）提交商业发票和自负费用向买方提交提货单或为买方在目的地提取货物所需的通常的运输单证，或具有同等作用的电子信息。

2）买方义务

（1）接受卖方提供的有关单据，在目的地约定地点受领货物，并按合同规定支付货款。

（2）承担在目的地约定地点受领货物之后的风险和费用。

（3）根据卖方的请求，并由卖方负担风险和费用的情况下，给予卖方一切协助，使其取得货物进口所需的进口许可证或其他官方批准证件。

3. 使用 DDP 术语应注意的问题

（1）妥善办理投保事项。

（2）关于运输方式问题。

（3）其他注意事项。

贸易术语的比较与选用如表 3-5 所示。

表 3-5　贸易术语的比较与选用

术语	交货地点及风险界限	运输	保险	报关	运输方式	交货性质
EXW	工厂　货交买方	买方	买方	买方	任何	实际
FCA	起运地　货交承运人	买方	买方	分别	任何	象征
FAS	装运港　船边	买方	买方	分别	水上	实际
FOB	装运港　船舷	买方	买方	分别	水上	象征
CFR	装运港　船舷	卖方	买方	分别	水上	象征
CIF	装运港　船舷	卖方	卖方	分别	水上	象征
CPT	起运地　货交承运人	卖方	买方	分别	任何	象征
CIP	起运地　货交承运人	卖方	卖方	分别	任何	象征
DAF	边境　货交买方	分别	分别	分别	任何	实际
DES	目的港船上	卖方	卖方	分别	水上	实际
DEQ	目的港码头	卖方	卖方	分别	水上	实际
DDU	目的地　货交买方	卖方	卖方	分别	任何	实际
DDP	目的地　货交买方	卖方	卖方	卖方	任何	实际

试列表比较 FOB、CIF 和 CFR 三种贸易术语的异同点。

课堂讨论

完成本任务后，请进行自我测试：你是否已明确国际贸易术语的深刻内涵？

● 阅读与思考 3-1

因贸易术语问题引起的官司

我国山东某出口公司按 CIF 条件与韩国某进口公司签订了一笔初级产品的交易合同。在合同规定的装运期内，卖方备妥了货物，安排好了从装运港到目的港的运输事项。在装船时，卖方考虑到从装运港到目的港距离较近，且风平浪静，不会发生什么意外，因此，没有办理海运货物保险。实际上，货物也安全及时抵达目的港，但卖方所提交的单据中缺少了保险单，买方因市场行情发生了对自己不利的变化，就以卖方所交的单据不全为由，拒收货物，拒付货款。

● 任务小结

通过本任务的学习，同学们可以掌握常用的国际贸易术语，了解国际贸易术语惯例的相关内容，并能够正确运用国际贸易术语。

第 3 部分　任务实训

⊃ 案例分析

甲公司出口 1 000 公吨小麦给乙商，CFR 合同。在装运港口装上船的小麦都是混装的，共 3 000 公吨，卖方准备在货物运抵目的港后，再由船公司分拨给买方。但载货船只在途中遇到高温天气，而使小麦发生变质，共计损失 1 200 公吨，其余 1 800 公吨得以安全运抵目的港。卖方在货到目的港时声明，售给买方的 1 000 公吨小麦已在运输途中全部损失，并且认为根据 CFR 合同，风险从货物越过船舷时已转移给买方，故卖方对小麦的 1 000 公吨损失不负责任。买方则要求卖方履行合同，双方争执不下。

思考题：你认为应该如何处理？请说出原因。

⊃ 模拟实训

国际贸易术语的作用

【实训目的】通过网上查找资料，尝试对国际贸易术语有一个初步的了解。
【实训方式】查找资料，撰写调研报告。
【实训对象】本地区。

【实训内容】本地区外贸企业利用国际贸易术语方面的调研。

【实训步骤】实训步骤如下：

（1）学生分组；

（2）分组进行前期调研，收集和整理相关资料，了解本地区一些国际贸易术语的信息；

（3）分组完成调研报告；

（4）全班集体讨论；

（5）教师点评。

任务4　探究国际贸易磋商与谈判

↘ 任务提示

本任务将引领你明确国际贸易磋商与谈判的理论和技巧。

↘ 任务先行

什么是国际贸易磋商？国际贸易谈判又是什么？它研究什么？要了解这些问题，请往下看。

第1部分　案例导入与解析

➲ 案例导入

无效的合同

2011年我国某外贸公司出售一批核桃给数家英国客户，采用 CIF 术语，凭"不可撤销即期信用证"付款。由于核桃的销售季节性很强，到货的迟早会直接影响货物的价格，因此，在合同中对到货时间作了以下规定："7月份自中国装运港装运，买方保证载货轮船于9月2日抵达英国目的港。如载货轮船迟于9月2日抵达目的港，在买方要求下，卖方必须同意取消合同，如货款已经收妥，则须退还买方。"合同订立后，我国该外贸公司于7月中旬将货物装船出口，凭信用证规定的装运单据（发票、提单、保险单）向银行收妥货款。不料，轮船在航运途中主要机件损坏，无法继续航行。为保证如期抵达目的港，该外贸公司以重金租用大马力拖轮拖带该轮船继续前进。但因途中又遇大风浪，致使该轮船抵达目的港的时间比合同限定的最后日期晚了数小时。适遇核桃市价下跌，除个别客户提货外，多数客户要求取消合同。我国该外贸公司最终因这笔交易遭受重大经济损失。

那么，我国该外贸公司为何遭受重大损失？什么是真正有效的合同？要回答这些问题，我们先从国际贸易磋商与谈判学起。

➲ 案情介绍

还盘而告失效

我国某出口企业于6月1日向英商发盘供应某商品，限6月7日复到有效。6月2日收到英商电传表示接受，但提出必须降价5%。我方正研究如何答复时，由于该商品的国际市场发生对英商有利的变化，英商又于6月5日来电传表示，无条件接受我方6月1日的发盘。

⊃ **案例解析**

发盘一经受益人还盘而告失效。而英商6月2日的电传是一项还盘，因此，我方6月1日的发盘已经失效。据此，如果由于市场变化，我方不愿达成交易，则可予以拒绝；如果我方愿意按原价达成交易，则可立即回电予以确认。

第 2 部分　任务学习引导

重要知识

国际贸易磋商的含义

国际贸易磋商是指买卖双方据交易的具体条件反复协商，以期达成一致并签订交易合同的前期基础性工作。

4.1　把握国际贸易磋商

4.1.1　国际贸易交易前的准备

一、国际商品市场调研概述

1. 国际商品市场调研的含义

国际商品市场调研是指为了发现一种或一组产品的销售趋势，找出取得销售成功的方法而进行的调查国际商品市场的活动。它不仅是市场状况和统计数字的罗列，而且还要对它们进行全面分析与研究，得出相应的结论，最终为企业的营销与经营管理提供科学决策。

2. 国际商品市场调研的作用

（1）可迅速了解到消费者需要什么样的商品。

（2）可以了解到特定市场的经济实力和消费水平，从而为企业提供、选择适当的商品推销的依据。

（3）可以知道特定市场的供求关系与竞争对手的情况。

（4）可以立即发现特定市场的贸易政策及方式、货币汇率、消费观念等的变化，从而为企业找到对己有利的贸易时机和贸易机会。

二、国际商品市场调研分类

1. 有关国家、地区及其市场一般信息的调研

一国的经济、政治、法律、文化、科技、自然等环境状况，不仅会影响到该国的市场需求，而且还会影响到产品渠道策略、价格策略和促销策略的决策。所以，对外国宏观环境的调研是国际商品市场调研的重要内容。具体来说包括以下内容。

1）国别（地区）调研

国别（地区）调研是对某一个国家（地区）的一般情况做广泛了解，尤其对同贸易有关的情况做重点调查研究，其目的是选择适宜的市场，并在交易磋商中更好地贯彻对外方针政策，为我国对外贸易的发展创造有利条件。国别（地区）调研一般包括以下方面。

（1）政治情况。包括政治制度、政局稳定性、对外政策、政党活动、对我国的政治态度以及政策连续性等情况。

（2）经济情况。包括财政政策、货币政策、劳动力限制、失业情况、自然资源等情况。

（3）文化情况。包括风俗习惯、商业习惯、消费习惯等情况。

（4）对外贸易情况。包括进出口商品结构、数量、金额、贸易对象、外汇管制、关税和其他进口壁垒、价格管制、商检情况以及与我国的贸易关系情况等。

2）市场供求调研

国际商品市场的供求关系是经常变化的，影响供求关系变动的因素很多，如生产周期、产品销售周期、消费习惯、消费水平、质量要求，所以，应结合我国市场对商品的供需，选择适宜的市场，获取供给信息、需求信息和价格信息。

2. 进行市场需求预测所需信息的调研

一国市场需求主要与该国人口数量及收入水平有直接关系，因此，要对该国市场需求进行预测，需调查、收集与该国人口及收入有关的信息。此外，为了预测本企业可能在该目标市场的销售量，还需要对该市场竞争态势进行调研。具体内容如下。

（1）居民收入水平调研。

（2）购买力投向及其影响因素调研。

（3）人口状况调研，如人口总规模、人口增长速度、人口分布、家庭结构等情况。

（4）经济发展水平调研。

（5）市场竞争态势调研。

3. 国际商品市场销售方案所需信息的调研

国际商品市场销售方案所需信息的调研主要包括如下内容。

（1）与产品决策有关的信息，如在产品性能、颜色、包装、服务等方面的标准或特殊要求。

（2）与分销渠道决策有关的信息，如当地在交货期、折扣、司法管辖权选择等方面的商业惯例。

（3）与价格决策有关的信息，如市场价格平均水平、竞争者的价格策略等。

（4）与促销决策有关的信息，如当地在广告方面的法律、法规等。

三、对客户的资信调查

在交易之前，对客户的资信情况要进行全面调查，分类排队，遴选出成交可能性最大的合适的客户。对客户的资信调查主要包括以下内容。

（1）支付能力。主要是了解客户的财力，其中包括注册资本的大小、营业额的大小、潜在资本、资本负债和借贷能力等。

（2）客户背景。主要是指客户的政治经济背景及其对我方的态度。凡愿意在平等互利原则的前提下同我国企业进行友好往来、贸易合作的客户，我国企业都应积极与他们交往。

（3）经营范围。主要是指企业经营的品种、经营的性质、经营业务的范围，企业是合作还是独资经营，以及是否同我国做过交易等。

（4）经营能力。主要是指客户的活动能力、购销渠道、联系网络、贸易关系和经营做法等。

（5）经营作风。主要是指企业经营的作风和客户的商业信誉、商业道德、服务态度和公共关系水平等。

应当指出的是，在选择客户时，既要注意巩固老客户，也要积极发展新客户，以便在广阔的国际市场上形成一个广泛的有基础和有活力的客户群。

四、制订进出口商品的经营方案

1. 制订出口商品经营方案

（1）货源情况；

（2）国外市场情况；

（3）出口经营情况；

（4）推销计划和措施。

此外，出口商在出口交易前，还应在国内外进行商标注册，及时做好广告宣传工作。

2. 制订进口商品经营方案

（1）确定进口产品的品种、质量、规格、数量及交货期的范围；

（2）选择采购国别（地区）；

（3）选择交易对象；

（4）确定进口的价格范围；

（5）选择贸易方式和条件。

4.1.2 交易磋商的内容和程序

国际贸易中，交易磋商是买卖双方为达成进出口交易合同就买卖商品的条件进行的磋商。交易磋商的好坏直接关系到将来买卖双方之间的权利、义务和经济利益，是买卖合同签订的基础和做好交易的关键所在。

一、交易磋商的形式

交易磋商在形式上可分为口头和书面两种。

1. 口头磋商

口头磋商主要是指在谈判桌上面对面地谈判，如参加各种交易会、洽谈会，以及贸易小组出访、邀请客户来华洽谈交易等。此外，还包括双方通过国际长途电话进行的交易磋商。口头磋商方式由于是面对面的直接交流，便于了解对方的诚意和态度、采取相应的对策，并根据进展情况及时调整策略，达到预期的目的。口头磋商比较适合谈判内容复杂、涉及问题较多的业务，如大型成套设备交易谈判。

2. 书面磋商

书面磋商是指通过信件、电报、电传等通信方式来洽谈交易。目前，多数企业使用传真进行洽谈，有的已开始使用电子邮件磋商交易。随着现代通信技术的发展，书面磋商越来越简便易行，成本费用低廉。国际贸易中，买卖双方通常采用书面方式磋商交易。

采用书面方式磋商时，写作往来函件一般需注意遵循以下 3 个原则。

（1）简明。商务函电讲究实效，无须许多客套或拐弯抹角的内容，而应以简单明了的语言直接说明要点。

（2）清晰。商务函电的目的是为了达成合同（交易），函件内容必须清晰、正确。

（3）礼貌。我们的目的是为了与客户建立长远的业务联系，采用正式而礼貌的用语是必要的，尤其是在向对方索赔或申诉时。如何掌握好分寸，既能着眼今后的业务合作，又能达到目的，是一门很大的学问。

二、交易磋商的内容

交易磋商的内容涉及拟签订的买卖合同的各项条款，包括品名、品质、数量、包装、价格、装运、支付、保险以及商品检验、索赔、仲裁和不可抗力等。其中以前 7 项为主要内容或主要交易条件。买卖双方欲达成交易、订立合同，必须至少就这 7 项交易条件进行磋商并取得一致意见（特殊情况可以例外）。至于其他交易条件，特别是检验、索赔、不可抗力和仲裁，它们虽非成立合同不可缺少的内容，但是为了提高合同质量，防止和减少争议的发生以及便于解决可能发生的争议，买卖双方在交易磋商时也不可忽视。

三、交易磋商的程序

交易磋商的程序可概括为 4 个环节，分别是询盘、发盘、还盘和接受。其中发盘和接受是必不可少的两个基本环节。

1. 询盘

询盘是指交易的一方准备购买或出售某种商品，向对方询问买卖该商品的有关交易条件。

询盘的内容可涉及价格、规格、品质、数量、包装、装运及索取样品等，而多数只是询问价格。所以，业务上常把询盘称作询价。

在国际贸易业务中，有时一方发出的询盘表达了与对方进行交易的愿望，希望对方接到询盘后及时发出有效的发盘，以便考虑接受与否。也有的询盘只是想探询一下市价，询问的对象也不限于一人，发出询盘的一方希望对方开出估价单，这种估价单不具备发盘的条件，所报出的价格也仅供参考。

2. 发盘

在国际贸易实务中，发盘也称报盘、发价、报价。法律上称之为"要约"。发盘可以是应对方询盘的要求发出，也可以是在没有询盘的情况下，直接向对方发出。发盘一般是由卖方发出的，但也可以由买方发出，业务上称其为"递盘"。

1）发盘的定义及具备的条件

《联合国国际货物销售合同公约》（后面简称《公约》）第 14 条第一款对发盘的解释为："向一个或一个以上特定的人提出的订立合同的建议，如果十分确定并且表明发盘人在得到接受时随约束的意旨，即构成发盘。一个建议如果写明货物并且明示或暗示地规定数量和价格或规定如何确定数量和价格，即为十分确定"。对于这个宣言，可以看出一个发盘的构成必须具备下列 4 个条件。

（1）向一个或一个以上的特定人提出。发盘必须指定可以表示接受的受盘人。受盘人可以是一个，也可以指定多个。不指定受盘人的发盘，仅应视为发盘的邀请，或称邀请作出发盘。

（2）表明订立合同的意思。发盘必须表明严肃的订约意思，即发盘应该表明发盘人在得到接受时，将按发盘条件承担与受盘人订立合同的法律责任。这种意思可以用"发盘"、

"递盘"等术语加以表明，也可不使用上述或类似上述术语和语句，而按照当时谈判情形，或当事人之间以往的业务交往情况或双方已经确立的习惯做法来确定。

（3）发盘内容必须十分确定。发盘内容的确定性体现在发盘中所列的条件是否是完整的、明确的和终局的。

（4）送达受盘人。发盘于送达受盘人时生效。

上述4个条件，是《公约》对发盘的基本要求，也可称为构成发盘的4个要素。

2）发盘的撤回和撤销

《公约》第15条对发盘生效时间作了明确规定："发盘在送达受盘人时生效"。那么，发盘在未被送达受盘人之前，如发盘人改变主意，或情况发生变化，就必然会产生发盘的撤回或撤销的问题。在法律上，"撤回"和"撤销"属于两个不同的概念。撤回是指在发盘尚未生效，发盘人采取行动，阻止它的生效。而撤销是指发盘已生效后，发盘人以一定方式解除发盘的效力。

《公约》第15条第2款规定："一项发盘，即使是不可撤销的，也可以撤回，如果撤回的通知在发盘到达受盘人之前或同时到达受盘人"。

根据《公约》的规定，发盘可以撤销，其条件是发盘人撤销的通知必须在受盘人发出接受通知之前传达到受盘人。但在下列情况下，发盘不能再撤销：

（1）发盘中注明了有效期，或以其他方式表示发盘是不可撤销的；

（2）受盘人有理由信赖该发盘是不可撤销的，并且已本着对该发盘的信赖行事。

关于发盘失效问题，《公约》第17条规定："一项发盘，即使是不可撤销的，在拒绝通知送达发盘人时终止。"这就是说，当受盘人不接受发盘的内容，并将拒绝的通知送到发盘人手中时，原发盘就失去效力，发盘人不再受其约束。

此外，在贸易实务中还有以下3种情况造成发盘失效：

第一，发盘人在受盘人接受之前撤销该发盘；

第二，发盘中规定的有效期届满；

第三，其他方面的问题造成发盘失效。这包括政府发布禁令或限制措施造成发盘失效，另外还包括发盘人死亡、法人破产等特殊情况。

3. 还盘

受盘人在接到发盘后，不能完全同意发盘的内容，为了进一步磋商交易，对发盘提出修改意见，用口头或书面形式表示出来，就构成还盘。

还盘的形式可有不同，有的明确使用"还盘"字样，有的则不使用，在内容中表示出对发盘的修改也构成还盘。

还盘是对发盘的拒绝。还盘一经作出，原发盘即失去效力，发盘人不再受其约束。

4. 接受

所谓接受，是指交易的一方在接到对方的发盘或还盘后，以声明或行为向对方表示同意。法律上将接受称作承诺。接受和发盘一样，既属于商业行为，也属于法律行为。对有关接受问题在《公约》中也作了较明确的规定。

根据《公约》的解释，构成有效的接受要具备以下4个条件。

（1）接受必须是由受盘人作出，其他人对发盘表示同意，不能构成接受。这一条件与发盘的第一个条件是相呼应的。发盘必须向特定的人发出，即表示发盘人愿意按发盘的条件与受盘人订立合同，但并不表示他愿意按这些条件与任何人订立合同。因此，接受也只能由受盘人作出，才具有效力。

（2）受盘人表示接受，要采取声明的方式即以口头或书面的声明向发盘人明确表示出来。另外，还可以用行为表示接受。

（3）接受的内容要与发盘的内容相符。就是说，接受应是无条件的。但在业务中，常有这种情况，受盘人在答复中使用了接受的字眼，但已对发盘的内容做了增加、限制或修改，这在法律上称为有条件的接受，属于还盘。

（4）接受的通知要在发盘的有效期内送达发盘人才能生效。

发盘中通常都规定有效期。这一期限有双重意义：① 它约束发盘人，使发盘人承担义务，在有效期内不能任意撤销或修改发盘的内容，过期则不再受其约束；② 发盘人规定有效期，也是约束受盘人，只有在有效期内作出接受，才有法律效力。

在国际贸易中，由于各种原因，导致受盘的接受通知有时晚于发盘人规定的有效期送达，这在法律上称为"迟到的接受"。对于这种迟到的接受，发盘人不受其约束，不具法律效力。但也有例外情况，如《公约》第21条规定过期的接受在下列两种情况下仍具有效力：① 如果发盘人毫不迟延地用口头或书面的形式将此种意思通知受盘人；② 如果载有逾期接受的信件或其他书面文件表明，它在传递正常的情况下是能够及时送达发盘人的，那么这项逾期接受仍具有接受的效力，除非发盘人毫不迟延地用口头或书面方式通知受盘人，他认为发盘已经失效。

4.1.3 合同的订立

一、合同成立的条件

发盘在有效期内一经接受合同即告成立，合法有效的合同必须具备下述特征：必须是当事人在自愿和真实的基础上达成的协议，采取欺诈或胁迫手段订立的合同无效；当事人必须具有订立合同的民事行为能力；必须有对价和合法的约因；合同的标的和内容必须合法；合同的形式必须符合法律要求。

二、书面合同的签订

1. 书面合同的意义

订立书面合同并非交易磋商过程中必不可少的环节，但为了保证交易的顺利进行，降低交易风险，订立书面合同具有重要的意义。

（1）是合同成立的证据；

（2）是合同履行的依据；

（3）是处理贸易争议的重要凭据；

（4）有时是合同生效的条件。

2. 书面合同的形式

（1）正式合同。是正规的详细的合同。正式合同又分为标准合同和专拟合同两种，标准合同适用于规范性较强的一般贸易，专拟合同适用于补偿贸易、技术设备引进等交易特殊性较强的交易。

（2）交易确认书。是简化的合同，由单方签字即可生效。交易确认书又分为两种，分别是销售确认书和购买确认书。销售确认书由卖方签字生效，购买确认书由买方签字生效。

（3）协议书。

3．书面合同的内容

书面合同的内容一般由约首、本文和约尾三部分构成。

（1）约首部分。约首部分一般包括合同名称、合同编号、缔约双方名称和地址、电话号码等项内容。

（2）本文部分。本文部分是合同的主体，其中包括品名、品质规格、数目或重量、包装、价格、交货条件、运输、保险、支付、检验、索赔、不可抗力和仲裁等项内容。约定合同，主要是就这些基本条款如何规定进行磋商，达成一致意见。

（3）约尾部分。约尾部分一般包括订约日期、订约地点和双方当事人签字等项内容。

为了进步履约率，在规定合同内容时应考虑周全，力求使合同中的条款明确、具体、严密和相互衔接，且与磋商的内容一致，以利于合同的履行。

4.1.4 合同的履行

合同签订后，买卖双方都应受其约束，都要本着"重合同，守信用"的原则，切实履行合同规定的各项义务，如果合同一方没有或没有完全履行他在合同中所承担的义务，致使对方的权利受到损害，受损害的一方可以采取适当的措施取得补偿。

一、出口合同的履行

履行出口合同的程序，一般包括备货、催证、审证、改证、租船、订舱、报关、报验、投保、装船、制单结汇等工作环节。在这些工作环节中，以货（备货）、证（催证、审证和改证）、船（租船、订舱）、款（制单结汇）4个环节的工作最为重要。只有做好这些环节的工作，才能防止出现"有货无证"、"有证无货"、"有货无船"、"有船无货"、"单证不符"或违反装运期等情况。我国对外贸易长期实践的经验表明，在履行出口合同时，一般应做好下列各环节的工作。

1．备货与报验

为了保证按时、按质、按量交付约定的货物，在订立合同之后，卖方必须及时落实货源，备妥应交的货物，并做好出口货物的报验工作。

1）备货

备货工作的内容，主要包括按合同和信用证的要求，向生产加工或仓储部门组织货源和催交货物，核实货物的加工、整理、包装和刷唛情况，对应交的货物进行验收和清点。在备货工作中，应注意下列事项。

（1）发运货物的时间。为了保证按时交货，应根据合同和信用证对装运期的规定，并结合船期安排，做好供货工作，使船货衔接好，以防止出现船等货的情况。

（2）货物的品质、规格。交付货物的品质、规格，必须符合约定的要求，如果不符，应进行筛选和加工，整理直至达到要求为准。

（3）货物的数量。必须按约定数量备货，而且应留有余地，以备必要时作为调换之用，如果约定可以溢短装百分之若干时，则应考虑满足溢装部分的需要。

（4）货物的包装。按约定的条件包装，核实包装是否适应长途运输和保护商品的要求，如果发现包装不良或有破损，应及时修整或调换。

（5）在包装的明显部位，应按约定的唛头式样刷制唛头，对包装上的其他各种标志是否符合要求，也应注意。

2）报验

凡按约定条件和国家规定必须法定检验的出口货物，在备妥货物后，应向中国进出口商品检验局申请检验，只有经检验出具中国进出口商品检验局签发的检验合格证书，海关才放行，凡检验不合格的货物，一律不得出口。

申请报验时，应填制出口报验申请单，向中国进出口商品检验局办理申请报验手续，该申请单的内容，一般包括品名、规格、数量或重量、包装、产地等项，在提交申请单时，应随附合同和信用证副本等有关文件，供商检局检验和发证时作参考。

当货物经检验合格，中国进出口商品检验局发给检验合格证书，外贸公司应在检验证规定的有效期内将货物装运出口，如果在规定的有效期内不能装运出口，应向中国进出口商品检验局申请展期，并由中国进出口商品检验局进行复验，复验合格后，才准予出口。

2. 催证、审证和改证

在履行凭信用证付款的出口合同时，应注意做好下列工作。

1）催证

在按信用证付款条件成交时，买方按约定时间开证是卖方履行合同的前提条件，尤其是大宗交易或按买方要求而特制的商品交易，买方及时开证更为必要；否则，卖方无法安排生产和组织货源。在实际业务中，由于种种原因买方不能按时开证的情况时有发生，因此，我们应结合备货情况做好催证工作，及时提请对方按约定时间办理开证手续，以利合同的履行。

2）审证

在实际业务中，由于种种原因，买方开来的信用证常有与合同条款不符的情况，为了维护我方利益，确保收汇安全和合同的顺利履行，我们应对国外来证，按合同进行认真的核对和审查，在审证时，应注意下列事项。

（1）政治性、政策性审查。在我国对外政策的指导下，对不同国家和不同地区的来证从政治上、政策上进行审查，如来证的国家同我国有无经济贸易往来关系，来证内容是否符合政府间的支付协定，证中有无歧视性内容等。

（2）开证行与保兑行的资信情况。为了确保安全收汇，对开证行和保兑行所在国的政治、经济状况，开证行和保兑行的资信及其经营作风等，都应注意审查，如果发现有问题，则应酌情采取适当的措施。

（3）信用证的性质和开证行对付款的责任。要注意审查信用证是否为不可撤销的信用证，信用证是否生效，在证内，对开证行的付款责任是否加了"限制性"条款或其他"保留"条件。

（4）信用证金额及其采用的货币。信用证金额应与合同金额一致，如果合同订有溢短装条款，则信用证金额还应包括溢短装部分的金额；来证采用的货币与合同规定的货币一致。

（5）有关货物的记载。来证中对有关品名、数量或重量、规格、包装和单价等项内容的记载，是否与合同的规定相符，有无附加特殊条款，如果发现信用证与合同规定不符，应酌情作出是否接受或修改的决策。

（6）有关装运期、信用证有效期和到期日的规定。按惯例，一切信用证都必须规定一个交单付款、承兑或议付的到期日，未规定到期日的信用证不能使用，通常信用证中规定的到期日是指受益人最迟向出口地银行交单议付的日期。如果信用证规定在国外交单到期日，由于邮寄单费时，且有延误的风险，一般应提请修改，否则，就必须提前交单，以防逾期。装运期必须与合同规定一致，如果来证太晚，无法按期装运，应及时申请国外买方延展装运期限。信用证有效期与装运期应有一定的合理间隔，以便在装运货物后有足够的时间办理制单结汇工作，信用证有效期与装运期规定在同一天的，称为"双到期"。应当指出，"双到期"是不合理的，受益人是否就此提出修改，应视具体情况而定。

（7）装运单据。对来证要求提供的单据种类、份数及填制方法等，要仔细审查，如果发现有不适当的规定和要求，应酌情作出适当处理。

（8）其他特殊条款。审查来证中有无与合同规定不符的其他特殊条款，如果发现有对我方不利的附加特殊条款，一般不宜接受，如果对我方无不利之处，而且也能办到，也可酌情灵活掌握。

3）改证

在审证过程中如果发现信用证内容与合同规定不符，应区别问题的性质，分别同有关部门研究，作出妥善的处理。一般地说，如果发现我方不能接受的条款，应及时提请开证人修改，在同一信用证上如果有多处需要修改的，应当一次提出。对信用证中可改可不改的，或经过适当努力可以办到而并不造成损失的，则可酌情处理，对通知行转来的修改后的通知内容，如果经审核不能接受时，应及时表示拒绝。如果一份修改通知书中包括多项内容，只能全部接受或全部拒绝，不能只接受其中一部分，而拒绝另一部分。

3. 租船、订舱

在 CIF 或 CFR 条件下，租船订舱是卖方的责任之一。如果出口货物数量较大，需要整船载运的，则要对外办理租船手续；对出口货物数量不大，不需整船装运的，则安排洽订班轮或租订部分舱位运输。关于订舱工作的基本程序大致如下。

（1）各进出口公司填写托运单（Booking Note，B/N），作为租船或订舱的依据。

（2）船公司或其代理人在接受托运人的托运单证后，即发给托运人全套装货单（Shipping Order，S/O），俗称下货纸。

（3）货物装船之后，即由船长或大副签发收货单，即大副收据（Mate's Receipt）。托运人凭收货单向船公司或其代理人交付运费并换取正式提单。

（4）货物装船并取得提单后，出口企业应根据合同向买方发出已装船通知，以便其了解装运情况和进行接货准备。

4. 报关

报关是指出口货物装船出运前，向海关申报的手续。按照我国《海关法》的规定，凡是进出国境的，必须经由设有海关的港口、车站、国际航空站进出，并由货物所有人向海关申报，经过海关放行后，货物才可提取或者装船出口。

出口企业在装船前，须填写"出口货物报关单"，连同其他必要的单证，如装货单、合同副本、信用证副本、发票、装箱单、商检证书等送交海关申报。海关查验货、证、单相符无误，并在装货单上加盖放行章放行后，货物即可装船。

5. 投保

凡是按 CIF 价格成交的出口合同，卖方在装船前，须及时向保险公司办理投保手续，填制投保单。出口商品的投保手续,一般都是逐笔办理的,投保人在投保时,应将货物名称、保额、运输路线、运输工具、开航日期、投保险别等一一列明。保险公司接受投保后,即签发保险单或保险凭证。

6. 制单、结汇

出口货物装运之后,出口企业应按信用证的规定,缮制各种单据,并在信用证规定的有效期内,送交银行办理议付结汇手续。这些单据主要是发票、汇票、提单、保险单、装箱单、商品检验证书、产地证明书等。开证行只有在审核单据与信用证规定完全相符时,才承担付款的责任,为此,各种单据的缮制是否正确完备,与安全迅速收汇有着十分重要的关系。

我国出口结汇的办法有收妥结汇、押汇和定期结汇 3 种。

(1) 收妥结汇。收妥结汇又称收妥付款,是指议付行收到外贸公司的出口单据后,经审查无误,将单据寄交国外付款行索取货款,待收到付款行将货款拨入议付行账户的贷记通知书时,即按当日外汇牌价折成人民币拨给外贸公司。

(2) 押汇。押汇又称买单结汇,是指议付行在审单无误的情况下,按信用证条款买入受益人的汇票和单据,从票面金额中扣除从议付日到估计收到票款之日的利息,将余款按议付日外汇牌价折成人民币,拨给外贸公司。

(3) 定期结汇。定期结汇是议付行根据向国外付款行索偿所需时间,预先确定一个固定的结汇期限,到期后主动将票款金额折成人民币拨交外贸公司。

对于结汇单据,要求做到"正确、完整、及时、简明、整洁"。主要单据有汇票、发票、提单、保险单、产地证明书、普惠制单据、装箱单和重量单、检验证书。

7. 理赔

在履行出口合同过程中,如果因买方未按合同规定履行义务,致使卖方遭受损失,卖方可根据不同对象、不同原因以及损失大小,实事求是地向买方提出索赔。买方对卖方提出的索赔,应当认真处理。应当指出,在履行出口合同时,往往因卖方交货与合同规定不符而引起买方索赔的情况居多。如果卖方交货的品质、数量、包装不符合合同的规定,在买方享有复验权的情况下,买方即使已经支付货款,仍可向卖方提出索赔。卖方在处理索赔时,应注意下列几点。

(1) 要认真仔细地审核国外买方提出的单证和出证机构的合法性。对其检验的标准和方法也都要一一核对,以防买方串通检验机构弄虚作假或国外的检验机构检验有误。

(2) 要认真做好调查研究,弄清事实,分清责任。

(3) 要合理确定损失程度、金额和赔付办法。

二、进口合同的履行

在我国的进口业务中,一般按 FOB 价格条件成交的情况较多,如果是采用即期信用证支付方式成交,履行这类进口合同的一般程序是:开立信用证、租船订舱、装运、办理保险、审单付款、接货报关、检验、拨交、索赔。这些环节的工作是由进出口公司、运输部门、商检部门、银行、保险公司以及用货部门等各有关方面分工负责、紧密配合而共同完成的。

1. 开立信用证

1) 开立信用证的手续

在采用信用证支付方式的进口业务中,履行合同的第一个环节就是进口商向银行申请开立信用证。

进口合同签订后，进口商按照合同规定填写开立信用证申请书向银行办理开证手续。该开证申请书是开证银行开立信用证的依据。进口商填写好开证申请书，连同进口合同一并交给银行，申请开立信用证；同时，向开证银行交付一定比率的押金，开证申请人还应按规定向开证银行支付开证手续费。

2）信用证的内容

信用证的内容，应与合同条款一致。例如，品质、规格、数量、价格、交货期、装货期、装运条件及装运单据等，应以合同为依据，并在信用证中一一作出规定。

3）信用证的开证时间

信用证的开证时间，应按合同规定办理，如果合同规定在卖方确定交货期后开证，则应在接到卖方上述通知后开证；如果合同规定在卖方领到出口许可证或支付履约保证金后开证，则应在收到对方已领到出口许可证的通知，或银行通知保证金已照收后开证。

4）信用证的修改

对方收到信用证后，如果提出修改信用证的请求，经我方同意后，即可向银行办理改证手续。最常见的修改内容有展延装运期和信用证有效期、变更装运港口等。

5）开立信用证应注意的问题

（1）信用证的内容必须符合进口合同的规定。例如，货物的名称、品质、数量、价格、装运日期、装运条件、保险险别等，均应以合同为依据，在信用证中明确加以记载。

（2）信用证的开证时间应按合同规定办理。如果买卖合同中规定有开证日期，进口商应在规定的期限内开立信用证；如果合同中只规定了装运期而未规定开证日期，进口商应在合理时间内开证，一般掌握在合同规定的装运期前 30～45 天申请开证，以便出口方收到信用证后在装运期内安排装运货物。

（3）单据条款要明确。信用证的特点之一是单据买卖，因此进口商在申请开证时，必须列明需要出口人提供的各项单据的种类、份数及签发机构，并对单据的内容提出具体要求。

（4）文字力求完整、明确。进口商要求银行在信用证上载明的事项，必须完整、明确，不能使用含糊不清的文字。尤其是信用证上的金额，必须具体明确，文字与阿拉伯数字的表示应一致，应避免使用"约"、"近似"或类似的词语。这样，一方面可使银行处理信用证时或卖方履行信用证的条款时有所遵循，另一方面可以此保护自己的权益。

2. 租船订舱

1）派船接运货物

履行 FOB 交货条件下的进口合同，应由买方负责派船到对方口岸接运货物。如果合同规定，卖方在交货前一定时间内，应将预计装运日期通知买方，则买方在接到上述通知后，应及时向运输公司办理租船订舱手续，在办妥租船订舱手续后，应按规定的期限将船名及船期及时通知对方，以便对方备货装船。同时，为了防止船货脱节和出现"船等货"的情况，应注意催促对方按时装运。对数量大或重要物资的进口，如果有必要，亦可请驻外机构就地了解、督促对方履约，或派人员前往出口地点检验监督。

进口公司对租船还是订舱的选择，应依进口货物的性质和数量而定。凡需整船装运的，则需洽租合适的船舶承运；小批量的或零星杂货，则大都采用洽订班轮舱位。

国外装船后，卖方应及时向买方发出装船通知，以便买方及时办理保险和做好接货等项工作。

2）进口公司在租船订舱时应注意的问题

（1）班轮订舱。洽商班轮舱位时，注意与信用证装船日期衔接，保证按时在装运港接运货物；应在订舱前查明班轮费率表有无附加费，有无折让回扣，其计价标准是尺码吨或重量吨；班轮运输装卸费条件有多种，应注意与进口合同中的费用负担条件相衔接；应确实了解所订班轮是否直达目的港、停靠港口多少、中途是否转船等。

（2）租用整船。应注意运输市场的行情状况；必须了解装卸港口的情况；应根据实际情况选择船型，以保证货物安全运输和尽可能节约费用；应了解各航线港口的习惯、运输契约的格式。

3. 投保

1）进口商（或收货人）办理进口运输货物保险的做法

FOB 或 CFR 交货条件下的进口合同，保险由买方办理。进口商（或收货人）在向保险公司办理进口运输货物保险时，有两种做法，一种是逐笔投保方式，另一种是预约保险方式。

（1）逐笔投保。逐笔投保是指进口商（或收货人）在接到国外出口商发来的装船通知后，直接向保险公司提出投保申请，填写"起运通知书"，并送交保险公司。保险公司承保后，即在"起运通知书"上签章，进口商（或收货人）缴付保险费后，保险公司出具保险单，保险单随即生效。

（2）预约保险。预约保险是指进口商或收货人同保险公司签订一个总的预约保险合同，按照预约保险合同的规定，所有预约保险合同项下的按 FOB 及 CFR 条件进口货物的保险，都由该保险公司承保。预约保险合同对各种货物应保险的险别作了具体规定，故投保手续比较简单。每批进口货物，在收到国外装船通知后，即直接将装船通知寄到保险公司或填制国际运输预约保险"起运通知书"，将船名、提单号、开船日期、商品名称、数量、装运港、目的港等项内容通知保险公司，即作为已办妥保险手续，保险公司则对该批货物负自动承保责任，一旦发生承保范围内的损失，由保险公司负责赔偿。

2）支付保险费的时间和方式

（1）预约保险是以"进口货物装船通知书"或其他具有保险要求的单证为依据，由保险公司每月一次性计算保险费后向进口公司收取。

（2）逐笔投保是以"进口货物国际运输预约保险起运通知书"上填明的保险金额为准，由进口公司直接付给保险公司。

4. 审单付款

1）付汇赎单

进口交易的国外卖方在货物装运后，将汇票与全套货运单据经国外银行寄交我国开证银行。开证银行收到国外寄来的汇票和单据后，根据"单证一致"和"单单一致"的原则，对照信用证的条款，核对单据的种类、份数和内容，如果相符，即由开证银行向国外付款，并通知进口商按当日外汇牌价付款赎单。

"单证不符"和"单单不符"的处理方法如下：

（1）由开证银行向国外银行提供异议，根据不同情况采取必要的处理办法；

（2）由国外银行通知卖方更正单据；

（3）由国外银行书面担保后付款；

（4）拒付。

2）审单和付汇

进口商收到开证银行通知后，在其付汇之前，首先需要审核卖方凭以议付的全套单据（包括发票、提单、装箱单、原产地证书等）。进口商买汇赎单后，凭银行出具的"付款通知书"通知进口商进行结算。

进口商同开证银行办理付汇赎单的清算手续如下。

（1）即期信用证项下的清算。清算时，开证银行先行计算汇票金额及自往来银行议付之日起到进口公司赎回单期间的垫款利息；于扣除保证押金后，向进口公司收回所垫付的外汇款项，然后将单据交给进口公司凭以提货。

（2）远期信用证项下的清算。远期信用证如果规定应以进口公司作为付款人而签发汇票的，则开证银行将要求进口公司进行承兑，然后凭信托收据领取进口单据提货。在这一期间，等于银行贷款给进口公司，所以一般开证银行会要求进口公司提供抵押物，或交纳相当数量的保证金，以保证银行的债权。

5. 报关、验收和拨交货物

1）进口商品报关

进口货物到货后，由进口公司或委托货运代理公司或报关行根据进口单据填具"进口货物报关单"向海关申报，并随附发票、提单、装箱单、保险单、进口许可证及审批文件、进口合同、产地证和所需的其他证件。如属法定检验的进口商品，还须随附商品检验证书。货、证经海关查验无误，才能放行。

（1）进口货物申报。进口货物申报是指在进口货物入境时，由进口公司（收货人或其代理人）向海关申报、交验规定的单据文件，请求办理进口手续的过程。

我国《海关法》对进口货物的申报时限作了如下规定：进口货物的收货人应当自运输工具申报进境之日起14日内向海关申报。进口货物的收货人超过14日期限未向海关申报的，由海关征收滞报金。对于超过3个月还没有向海关申报进口的，其进口货物由海关依法提取变卖处理。如果属于不宜长期保存的货物，海关可以根据实际情况提前处理。变卖后所得价款扣除运输、装卸、储存等费用和税款后，尚有余款的，自货物变卖之日起一年内，经收货人申请，予以发还；逾期无人申请的，上缴国库。

进口报关时除应提交进口货物报关单外，还应随附进口许可证和其他批准文件、提单、发票、装箱单、减税或免税证明文件，海关认为必要时，应交验买卖合同、产地证明和其他有关单证。如果为《种类表》内的商品、应受动植物检疫管制的进口货物或受其他管制的进口货物，在报关时还应交验有关部门签发的证明。

（2）进口货物查验。海关以进口货物报关单、进口许可证等为依据，对进口货物进行实际的核对和检查，一方面是为了确保货物合法进口；另一方面是通过确定货物的性质、规格、用途等，以进行海关统计，准确计征进口关税。海关查验货物时，进口货物的收货人或其代理人应当在场，并负责搬移货物、开拆和重封货物的包装。海关认为必要时，可以径行开验、复验或者提取货样。

（3）进口货物的征税。海关按照《中华人民共和国海关进出口税则》的规定，对进口货物计征进口关税。货物在进口环节由海关征收（包括代征）的税费有进口货物关税、增值税、消费税、进口调节税、海关监管手续费等。

（4）进口货物的放行。进口货物在办完向海关申报、接受查验、缴纳税款等手续以后，由海关在货运单据上签印放行。收货人或其代理人必须凭海关签印放行的货运单据才能提取进口货物。

货物的放行是海关对一般进出口货物监管的最后一个环节，放行就是结关。但是对于担保放行货物、保税货物、暂时进口货物和海关给予减免税进口的货物来说，放行不等于办结海关手续，还要在办理核销、结案或者补办进出口和纳税手续后，才能结关。

2）验收货物

进口货物运达港口卸货时，要进行卸货核对。如果发现短缺，应及时填制"短卸报告"交由船方签认，并根据短缺情况向船方提出保留索赔权的书面声明。

卸货时如果发现残损，货物应存放于海关指定仓库，待保险公司会同商检局检验后作出处理。

对于法定检验的进口货物，必须向卸货地或到达地的商检机构报验，未经检验的货物不准投产、销售和使用。如果进口货物经商检局检验发现有残损短缺，应凭商检局出具的证书对外索赔。对于合同规定的卸货港检验的货物，或已发现残损短缺有异状的货物，或合同规定的索赔期即将届满的货物等，都需要在港口进行检验。

一旦发生索赔，有关的单证，如国外发票、装箱单、重量明细单、品质证明书、使用说明书、产品图纸等技术资料、理货残损单、溢短单、商务记录等，都可以作为重要的参考依据。

3）办理拨交手续

在办完上述手续后，如果订货或用货单位在卸货港所在地，则就近转交货物；如果订货或用货单位不在卸货地区，则委托货运代理将货物转运内地并转交给订货或用货单位。关于进口关税和运往内地的费用，由货运代理向进出口公司结算后，进出口公司再向订货部门结算。

6. 进口索赔

进口商品常因品质、数量、包装等不符合合同的规定而需要向有关方面提出索赔。根据造成损失原因的不同，进口索赔的对象主要有3方面。

（1）向卖方索赔。凡属下列情况者，均可向卖方索赔：原装数量不足，货物的品质、规格与合同规定不符，包装不良致使货物受损，未按期交货或拒不交货等。

（2）向轮船公司索赔。凡属下列情况者，均可向轮船公司索赔：货物数量少于提单所载数量；提单是清洁提单，而货物有残缺情况，并且属于船方过失所致；货物所受的损失，根据租船约有关条款应由船方负责等。

（3）向保险公司索赔。凡属下列情况者，均可向保险公司索赔：由于自然灾害、意外事故或运输中其他事故的发生致使货物受损，并且属于承保"险别"范围以内的；凡轮船公司不予赔偿或赔偿金额不足抵补损失的部分，并且属于承保"险别"范围以内的。

在进口业务中，办理对外索赔时，一般应注意以下事项。

（1）索赔证据。对外提出索赔需要提供证件，首先应制备索赔清单，随附商检局签发的检验证书、发票、装箱单、提单副本。其次对不同的索赔对象还要另附有关证件。向卖方索赔时，应在索赔证件中提出确切根据和理由，如系 FOB 或 CFB 合同，须随附保险单一份；

向轮船公司索赔时，须另附由船长及港务局理货员签证的理货报告及船长签证的短卸或残损证明；向保险公司索赔时，须另附保险公司与买方的联合检验报告等。

（2）索赔金额。索赔金额，除受损商品的价格外，有关的费用也可以提出。例如，商品检验费、装卸费、银行手续费、仓租、利息等，都可以包括在索赔金额内。至于包括哪几项，应根据具体情况确定。

（3）索赔期限。对外索赔必须在合同规定的索赔有效期限内提出，过期无效。如果商检工作可能需要更长的时间，可向对方要求延长索赔期限。

（4）关于卖方的理赔责任。进口货物发生了损失，除属于轮船公司及保险公司的赔偿责任外，如果属于卖方必须直接承担的责任，应直接向卖方要求赔偿，防止卖方制造借口来推卸理赔责任。

目前，我国的进口索赔工作，属于船方和保险公司责任的一般由货运代理外贸运输公司代办；属于卖方责任的则由进出口公司直接办理。为了做好索赔工作，要求进出口公司、外贸运输公司、订货部门、商检局等各有关单位密切协作，要做到结果正确，证据属实，理由充分，赔偿责任明确，并要及时向有关责任方提出，以挽回货物所受到的损失。

想想议议4-1

1997年8月20日，一艘承载上海某贸易公司（本案进口方）一批进口钢材的外国货轮到达上海港，船在锚地进行"三检"时，发现钢材上层严重锈蚀，后据调查该船到达前曾航行于赤道附近多日，并曾遇到过大雨，该钢材买卖合同采用的是 CIF 条件，付款方式为托收，但没有索赔条款。应如何进行索赔？

4.2 实施国际贸易谈判

重要知识

国际商务谈判的含义

国际商务谈判是指在对外经济贸易活动中，买卖双方为了达成某笔交易而就交易的各项条件进行协商的过程。

4.2.1 国际商务谈判的特征及程序

一、国际商务谈判的特征

国际商务谈判除了具有一般谈判的共性外，还有其个性特点，主要表现在以下两个方面。

1. 国际商务谈判的共性

（1）以经济利益为目的。人们之所以要谈判，是因为有一定的需要要得到满足。不同的谈判，谈判者的需要即目的是不同的，商务谈判的目的是要获得经济上的利益。虽然谈判者可以调动和运用各种因素来影响谈判，其中许多可以是非经济因素，但其最终目的仍然是经济利益。

（2）讲求谈判的经济效益。谈判本身就是一项经济活动，而经济活动要讲求经济效益。商务谈判更是如此。在商务谈判中，人们时时刻刻必须注意谈判的成本和效率，考虑效益问题。事实上，经济效益是评价一场商务谈判是否成功的主要指标，不讲求经济效益的商务谈判本身就失去了价值和意义。

（3）以价格为谈判的核心。虽然商务谈判所涉及的因素不只是价格，谈判者的需要或利益也不唯一表现在价格上，但价格在几乎所有的商务谈判中都是谈判的核心内容，这是因为价格最直接地表明了谈判双方的利益。谈判双方在其他利益因素上的得与失，拥有的多与少，在很多情况下都可以折算为一定的价格，通过价格的升降而得到体现。

（4）特别注重合同条款的严密性与准确性。商务谈判的结果是由双方协商一致的协议或合同来体现的，合同条款实质上反映了各方的权利和义务，合同条款的严密性与准确性是保障谈判获得各种利益的重要前提。

2. 国际商务谈判的个性特征

（1）国际商务谈判既是一种商务交易的谈判，也是一项国际交往活动，具有较强的政策性。由于谈判双方的商务关系是两国或两个地区之间整体经济关系的一部分，因此常常涉及两国之间的政治关系和外交关系，在谈判中两国或地区的政府常常会干预和影响商务谈判，这一切都会对谈判带来影响。因此，国际商务谈判必须贯彻执行国家的有关方针政策和外交政策，同时，在国际商务谈判中还应注意国别政策，执行对外经济贸易的一系列法律和规章制度。

（2）由于国际商务谈判的结果会导致资产的跨国转移，因而要涉及国际贸易、国际结算、国际保险、国际运输等一系列问题，因此，在国际商务谈判中要以国际商法为准则，并以国际惯例为基础。所以，谈判人员要熟识各种国际惯例，熟识对方所在国的法律条款，熟识国际经济组织的各种规定和国际法。这些问题是一般国内商务谈判所无法涉及的，要引起特别重视。

（3）在国际商务谈判中，要坚持平等互利的原则，既不强加于人，也不接受不平等条件。

（4）由于国际商务谈判的谈判者代表了不同国家和地区的利益，有着不同的社会文化和经济政治背景，人们的价值观、思维方式、行为方式、语言及风俗习惯各不相同，从而使影响谈判的因素更加复杂，谈判的难度更加大。

二、国际商务谈判的程序

1. 开价阶段，营造良好的开局气氛

谈判气氛的发展变化直接影响整个谈判的前途，良好、融洽的谈判气氛是谈判成功的保证。创造好的气氛，应注意以下几方面问题。

（1）要注意环境的烘托作用。谈判环境的布置是营造良好气氛的重要环节，对方会从环境的布置中看出你对谈判的重视程度和诚意，因而留下较深的印象。

（2）把握开局之初的瞬间。开局是左右谈判气氛的关键时机，之所以如此，是因为开局阶段双方的精力最为充沛，注意力也最为集中，所有的谈判人员都在专心倾听别人的发言，注意观察对方的一举一动。谈判者应注意把握住这一关键时机。

（3）开局时避免双方实力对比。谈判双方如果实力相当，为了防止强化对方的戒备心理，应避免与其进行实力对比。

（4）谈判开局时的语言表达技巧。谈判意图的表达都是为了谋求在谈判开局中的有利地位和实现谈判的友好气氛。

2. 报价阶段，策略运用适当

商务谈判中的报价给谈判的最终结果设定了一条无法逾越的界限，所以初始报价应找到对己方最有利，同时卖方仍能看到交易中对其自身也有益的价位。

（1）出价时留有余地。卖方开出的最高可行价格应高于卖方愿意达成协议的最低售价。

（2）用肯定语气出价。初始报价应当明确、坚定、毫不犹豫，以便于对方准确地了解我方的条件并给对方留下诚实、认真的印象。

（3）讨价还价时，在具体操作中应重视这几个方面的原则：① 不做无谓的让步；② 让步恰到好处；③ 在重大问题上应争取使对方先让步，我方则在次要问题上主动寻求妥协；④ 不要好处捞尽，得寸进尺，过于贪婪；⑤ 最后时刻作出一点让步

3. 成交阶段，掌握好时机

（1）注意最后让步的时机和幅度。一般来说，如果让步过早，对方会认为这是前一阶段讨价还价的结果，而不认为这是我方为达成协议而做的终局性的最后让步。

（2）成交时机的把握。成交时机的把握在很大程度上是一种掌握火候的艺术。

4.2.2 国际商务谈判策略与技巧

一、国际商务谈判策略

谈判开局策略是谈判者谋求谈判开局有利形势和实现对谈判开局的控制而采取的行动方式或手段。营造适当的谈判气氛实质上就是为实施谈判开局策略打下基础。商务谈判开局策略一般包括以下几种。

1. 协商式开局策略

协商式开局策略是指以协商、肯定的语言进行陈述，使对方对己方产生好感，创造双方对谈判的理解充满"一致性"的感觉，从而使谈判双方在友好、愉快的气氛中展开谈判工作。

协商式开局策略较适用于谈判双方实力比较接近，双方过去没有商务往来的经历，第一次接触，都希望有一个好的开端。要多用外交礼节性语言、中性话题，使双方在平等、合作的气氛中开局。例如，谈判一方以协商的口吻来征求谈判对手的意见，然后对对方意见表示赞同或认可，双方达成共识。要表示充分尊重对方意见的态度，语言要友好礼貌，但又不刻意奉承对方。姿态上应该是不卑不亢，沉稳中不失热情，自信但不自傲，把握住适当的分寸，顺利打开局面。

2. 坦诚式开局策略

坦诚式开局策略是指以开诚布公的方式向谈判对手陈述自己的观点或意愿，尽快打开谈判局面。

坦诚式开局策略比较适合过去有过商务往来，而且关系很好，互相了解较深的谈判双方，谈判双方在陈述中可以真诚、热情地畅谈双方过去的友好合作关系，适当地称赞对方在

商务往来中的良好信誉。由于双方关系比较密切，可以省去一些礼节性的外交辞令，坦率地陈述己方的观点以及对对方的期望，使对方产生信任感。

坦诚式开局策略有时也可用于实力不如对方的谈判者。本方实力弱于对方，这是双方都了解的事实，因此没有必要遮掩。坦率地表明己方存在的弱点，使对方理智地考虑谈判目标。这种坦诚也表达出实力较弱一方不惧怕对手的压力，充满自信和实事求是的精神，这比"打肿脸充胖子"大唱高调掩饰自己的弱点要好得多。

3. 慎重式开局策略

慎重式开局策略是指以严谨、凝重的语言进行陈述，表达出对谈判的高度重视和鲜明的态度，目的在于使对方放弃某些不适当的意图，以达到把握谈判的目的。

慎重式开局策略适用于谈判双方过去有过商务往来，但对方曾有过不太令人满意的表现，己方要通过严谨、慎重的态度，引起对方对某些问题的重视。例如，可以对过去双方业务关系中对方的不妥之处表示遗憾，并希望通过本次合作能够改变这种状况。可以用一些礼貌性的提问来考察对方的态度、想法，不急于拉近关系，注意与对方保持一定的距离。这种策略也适用于己方对谈判对手的某些情况存在疑问，需要经过简短的接触摸底。当然慎重并不等于没有谈判诚意，也不等于冷漠和猜疑，这种策略正是为了寻求更有效的谈判成果而使用的。

4. 进攻式开局策略

进攻式开局策略是指通过语言或行为来表达己方强硬的姿态，从而获得谈判对手必要的尊重，并借以制造心理优势，使谈判顺利进行下去。进攻式开局策略只有在特殊情况下才使用，例如，发现谈判对手居高临下，以某种气势压人，有某种不尊重己方的倾向，如果任其发展下去，对己方是不利的，因此要变被动为主动，不能被对方的气势压倒，而应采取以攻为守的策略，捍卫己方的尊严和正当权益，使双方站在平等的地位上进行谈判。进攻式开局策略要运用得好，必须注意有理、有利、有节，不能使谈判一开始就陷入僵局。要切中问题要害，对事不对人，既表现出己方的自尊、自信和认真的态度，又不能过于咄咄逼人，使谈判气氛过于紧张，一旦问题表达清楚，对方也有所改观，就应及时调节一下气氛，使双方重新建立起一种友好、轻松的谈判气氛。

二、国际商务谈判技巧

1. 国际商务谈判中的语言技巧

1）语言在谈判中的作用

商务谈判过程中，语言的作用十分重要，叙述条理清晰、论点鲜明、论据充分的语言表述，更能让对方信服，达成双方的共识，协调彼此间的目标和利益，从而使谈判圆满成功。谈判方通过语言把己方所要表达的信息传递给对方的过程中，语气、语速、语态及词语的选用上都应该十分考究，因为这些都影响着谈判的进程与效果。

语言在这一进程中主要起到以下3种作用。

（1）完整、准确地表述谈判者意图。谈判双方在沟通的过程中，要把话说得清晰、准确、客观，且实事求是。

（2）用语言的艺术说服对方。人们常说商务谈判其实就是一场顽强的性格之战。但即使再强的对手也是有软肋的，其实商务谈判就是不间断的说服，而通过语言的表达来打动说服对方，则是与谈判对手博弈过程中取得满意效果的一种十分行之有效的手段。

（3）控制和把握谈判气氛。所有的商务谈判都是在一定的气氛中进行的，谈判气氛会影响谈判者的情绪和行为方式。

2）谈判中语言技巧的运用原则

成功的谈判都是谈判双方出色运用语言艺术的结果，把握谈判中语言技巧的运用原则，才能更好地发挥语言优势，在谈判进程中赢得主动。

（1）谈判语言要针对性强。谈判双方需要准确地表达自己的愿望和要求，因此谈判语言的针对性要强，面对不同的谈判内容、场合和谈判对手，要有针对性地使用语言，才能提高谈判的成功率。

（2）谈判中语言表达要婉转。生硬的表达方式往往让人难以接受，因此在谈判中应当尽量使用委婉的语言，多以对方能接受的方式提出己方见解，这样易于被对方接受。

2. 国际商务谈判中的非语言技巧

（1）倾听技巧。在谈判中，谈判者正确、潜心地倾听对方的陈述，尽可能多地获得更多的信息尤为重要。具体表现为：① 专心致志、集中精神倾听；② 鉴别性地倾听；③ 适当地作出反应，创造良好的谈判气氛；④ 不抢话，不急于反驳对方；⑤ 避免先入为主，主观定式地倾听；⑥ 不回避难以应付的事情。

（2）观察技巧。参加商务谈判的人员不仅要用语言，同时还要细心地观察谈判对手在谈判中的各种举动，通过"看"清对手在举手投足中表现出来的内心活动，适时改变自己的对策，促使谈判朝着有利于己方的方向发展。

想想议议4-2

在国际商务谈判中，可以使用哪些策略和技巧？

📖 **课堂讨论**

完成本任务后，请进行自我测试：你是否已明确国际贸易磋商和谈判的深刻内涵？

◉ **阅读与思考 4 –1**

如此签约

某公司按 CIF London 向英国出口一批季节性较强的货物，双方在合同中规定：买方须于 9 月底前将信用证开到，卖方保证运货船只不得迟于 12 月 2 日驶抵目的港。如果货轮迟于 12 月 2 日抵达目的港，买方有权取消合同；如果货款已收，卖方须将货款退还买方。

◉ **任务小结**

通过本任务的学习，读者可以掌握国际贸易磋商的全过程，了解国际贸易合同的基本环节以及合同成立的条件，熟悉国际商务谈判的策略与技巧，并能够正确运用。

第 3 部分　任务实训

➲ 案例分析

有位美国商人只身一人去巴西谈生意，他在当地聘请了一位助手兼翻译。谈判进行得非常艰苦，几经努力，双方最终达成协议。而在此时，这位美国商人兴奋地跳了起来，习惯性地用拇指和食指合成一个圈，并伸出其余三根手指，形成一个"OK"的手势来表示对谈判结果的满意。然而，在场的巴西人全部目瞪口呆地望着他，男士们甚至流露出愤怒的神色，场面顿时显得非常尴尬。

思考题：

（1）为什么会出现这种情况？

（2）这位美国商人该如何打破这个僵局？

◉ 模拟实训

【实训目的】通过到外贸公司跟随外贸跟单员全程跟踪一笔出口业务的实际履行过程，尝试对国际贸易磋商与谈判有一个初步的了解。

【实训方式】实地跟踪，撰写实验报告。

【实训对象】本地区。

【实训内容】本地区外贸跟单出口跟踪。

【实训步骤】实训步骤如下：

（1）学生分组；

（2）分组进行前期调研，收集和整理相关资料，跟随外贸跟单员全程跟踪一笔出口业务的实际履行过程而获取信息；

（3）分组完成实验报告；

（4）全班集体讨论；

（5）教师点评。

任务 5　探究进出口贸易主要条款

↘ 任务提示

本任务将引领你明确常用的 5 种贸易条款并且能运用之进行进出口贸易操作。

↘ 任务先行

什么是进出口贸易条款？进出口贸易条款有哪些？它研究什么？要了解这些问题，请往下看。

第 1 部分　案例导入与解析

➲ 案例导入

包装惹的祸

中国某公司向加拿大某商人出售一批价值 128 万元人民币的货物，双方在合同包装条款中约定用塑料袋包装，且每件要同时使用英、法两种文字的贴头（粘纸），但卖方交货时却改用其他包装代替，且只使用英文的贴头。买方收货后，为了便于在当地销售该批商品，只好改换包装和贴头，随后即向卖方要求赔偿其损失。由于确系卖方严重违反双方约定的包装条件，故卖方只好认赔，了结此案。

那么，是什么原因导致了卖方赔钱？该合同条款存在什么问题？要回答这些问题，我们先从进出口合同的条款学起。

➲ 案情介绍

中国某公司向科威特出口北京冻鸭被退回

中国某公司向科威特出口北京冻鸭，合同中规定要中国伊斯兰教协会出具证明：是按伊斯兰教方法屠宰。我方在屠宰时，采用科学的"钳杀法"，从鸭的口中进刀，割断血管，再冰冻，可以保持鸭子躯体的完整。货到国外，遭到拒收，原因是商品品质与合同规定不符，我方在退回原货款后，只好将冻鸭运回。

➲ 案例解析

进口商有拒收货物和要求退回货款的权利。

（1）品质条件是合同的重要条件。《联合国合同公约》规定：卖方所交商品与合同品质条款不符，买方可以要求损害赔偿，也可以要求修理或交付替代商品，甚至拒收商品或撤销合同。

（2）这个案例，不仅涉及商品品质问题，而且还伤害了对方的宗教感情。

（3）出口商应该熟悉对方国家的风俗习惯、宗教信仰。

第 2 部分　任务学习引导

重要知识

标的条款的含义

在国际贸易合同中，标的条款包括商品的品名、品质、数量、包装 4 个条款内容，国际贸易中的标的条款是国际贸易买卖合同能否成立的基本条件。

5.1 认识商品的品名、品质条款

5.1.1 商品的品名

1. 商品的名称

商品的名称（Name of Commodity），又称商品品名，是指能使某种商品区别于其他商品的一种称呼或概念。

商品的名称在一定程度上体现了商品的自然属性、用途以及主要的性能特征。

2. 列明商品品名的意义

它是买卖双方交接货物的基本依据。《联合国国际货物销售合同公约》规定，如果卖方交付货物不符合约定的品名，买方有权提出赔偿要求，甚至拒收货物或撤销合同。

3. 品名条款的基本内容

如何在合同中规定品名条款，首先取决于成交商品的品种和特点，有些商品只要列明该商品的通用名称即可，如原油、小麦等。但有的商品往往具有不同的品种、等级和型号，因此，为了明确起见，就要把有关的具体品种、等级、型号或产地等描述也包括进去，作为进一步的限定，如"长白山人参"、"特级中国绿茶"等。此外，有时还要明确商品的品牌、品质规格等，如"长虹 29 寸平面直角彩色电视机"，这实际是把品名条款与品质条款合并在一起。

4. 商品名称的命名方法

商品品名的表示方法很多，概括起来主要有以下几种。

（1）以其主要用途命名。这种方法在于突出其主要用途，便于消费者按自己的需要购买。如织布机、汽车和运动鞋等。

（2）以其所使用的主要原材料命名。通过突出其所使用的主要原料反映出商品的质量。如羊毛衫、玻璃杯和羽绒服等。

（3）以其主要成分命名。以商品所含的主要成分命名，可使消费者了解其有效内涵，有利于提高商品档次。一般适用于那些用比较名贵的原材料制造的、需要突出身价的商品。如西洋参皇浆、钻石手表和红木家具等。

（4）以其外观造型命名。通过突出商品的新颖外形吸引消费者。如喇叭裤等。

（5）以其制作工艺命名。目的是突出其独特性，提高商品的声誉与威望，增加消费者对该种商品的信任感。如精制油、定制汽车和蒸馏水等。

（6）以人名、地名命名。它是以著名的历史人物或传说中的人物或以原产地命名。其目的是以人物和产地的信誉吸引消费者，或以历史、传说中的人物形象引起人们对商品的想象。如茅台酒、山西陈醋、景德镇陶瓷等。

（7）以企业名称命名。这种以企业名称命名的商品，突出了商品生产者的信誉和字号，能加深消费者对企业的认识，有助于突出品牌形象。如本田汽车、三星电子和诺基亚手机等。

5. 商品品名条款

国际货物买卖合同中的品名条款，是合同中的主要条件，因此，在规定此项条款时，应注意下列事项。

（1）内容必须明确、具体，避免空泛、笼统的规定。

（2）条款中规定的品名，必须是卖方能够供应而买方所需要的商品，凡做不到或不必要的描述性的词句，都不应列入。

（3）尽可能使用国际上通用的名称，若使用地方性的名称，交易双方应事先就含义取得共识，对于某些新商品的定名及译名应力求准确、易懂，并符合国际上的习惯称呼。

（4）注意选用合适的品名，以利减低关税，方便进出口和节省运费开支。

5.1.2 商品品质

一、商品品质的概念及重要性

1. 商品品质的含义

商品品质（Quality of Goods），或称商品质量，是指商品的内在品质和外观形态的综合。商品的内在品质包括商品的物理性能、机械性能、化学成分和生物特征等自然属性；商品的外观形态包括商品的外形、色泽、款式或者透明度等。

2. 商品品质的重要性

（1）改进和提高商品质量是非价格竞争的重要手段。

（2）商品质量是国际货物买卖合同的重要条款。

（3）商品质量是买卖双方产生争议的主要原因。

二、商品品质的要求

ISO 9000 系列标准是国际标准化组织为适应国际贸易发展的需要而制定的品质管理和品质保证标准。它为国际市场商品的生产企业质量体系评定提供了统一的标准，具有国际通行证的作用。

1. 对出口商品品质的要求

（1）商品的品质应适合不同市场和不同消费者的需求；

（2）商品的品质应体现适应性、创新性、稳定性、经济性；

（3）商品的品质应适应进口国的有关法令规定和要求；

（4）商品品质应适应国外自然条件、季节变化和销售方式。

2. 对进口商品品质的要求

（1）适合我国的需要与要求；

（2）要求符合我国经济精神文明建设、科研、国防建设、人民生活以及保障人民身体健康的需要。

三、表示商品品质的方法

1. 以实物表示商品品质

1）看货买卖

看货买卖是指买卖双方根据成交货物的实际品质进行交易。这种方法多半用于拍卖、寄售和展卖业务中，尤其适用于具有独特性质的商品，如珠宝、首饰、字画及特定工艺制品。

2）凭样品买卖

样品通常是指从一批商品中抽出来的或由生产、使用部门设计、加工出来的，足以反映和代表整批商品品质的少量实物。凡以样品表示商品品质并以此作为交货依据的，称为凭样品买卖。

（1）卖方样品。由卖方提供的样品称为卖方样品。凡凭卖方样品作为交货依据者，称为凭卖方样品买卖。

（2）买方样品。买方为了使其订购的商品符合自身要求，有时也提供样品由卖方依样承制，如果卖方同意按买方提供的样品成交，称为凭买方样品买卖。

（3）对等样品。卖方可根据买方提供的样品，加工复制出一个类似的样品交买方确认，这种经确认后的样品称为对等样品或回样（Conferming Sample or Counter Sample），也称之为确认样品。

（4）参考样品。仅以介绍商品为目的的样品，最好标明仅供参考（For Reference Only）字样，以免与标准样品混淆。

（5）复样。在将样品即原样或称标准样品送交买方的同时，应保留与送交样品质量完全一致的另一样品，即留样或称复样，以备将来组织生产、交货或处理质量纠纷时作核对之用。

凭样品买卖需注意以下事项：① 对外寄送的样品必须具有代表性；② 应留有复样，以备交货或处理纠纷之用；③ 应了解和掌握有关法律对凭样品买卖的具体规定；④ 应尽量争取把"凭买方样品买卖"变为按"对等样品"方式成交；⑤ 卖方交货品质必须与样品完全一致，若对品质无把握时，可在合同中特别订明。

2. 以说明表示商品品质

（1）凭规格买卖。商品规格是指一些足以反映商品品质的主要指标，如化学成分、含量、纯度、性能、容量、长短、粗细等。

（2）凭等级买卖。商品的等级是指同一类商品按其规格上的差异，分为品质优劣各不相同的若干等级。

（3）凭标准买卖。商品的标准是指将商品的规格和等级予以标准化。它一般由标准化组织、政府机关、行业团体、工商组织及商品交易所等制定、公布，并在一定范围内实施。另外，还有国际标准，如国际标准化组织（ISO）标准、国际电工委员会（IE）制定的标准等。

四、商品的品质条款

1. 品质条款的基本内容

品质条款是合同中的一项主要条款，它是买卖双方对商品质量、规格、等级、标准、商标、牌号等的具体规定。卖方以约定品质交货，否则买方有权提出索赔或拒收货物，以至撤销合同。合同中的品质条款也是商检机构进行品质检验、仲裁机构进行仲裁和法院解决品质纠纷案件的依据。

品质条款的基本内容是商品的品质、规格、等级、标准和商标、牌号等。在凭样品买卖时，应列明样品的编号和寄送日期，有时还加列交货品质与样品一致或相符的说明。在凭标准买卖时，一般应列明所采用的标准及标准版本的年份。

2. 品质机动幅度与品质公差

在国际贸易中，为了避免交货品质与买卖合同稍有不符而造成的违约，以保证合同的顺利履行，一般出口商会在合同的品质条款中作出某些规定，以允许卖方交货品质可以在一定范围内高于或低于合同的规定，这种规定称为品质机动幅度公差。

1）品质机动幅度

品质机动幅度是指商品的一些特定指标有一定范围的机动幅度。

（1）规定一定的范围，如棉布 35/36 英寸。

（2）规定一定的极限，如白糯米碎粒最高 25%。

（3）规定上下差异，例如，C708 中国灰鸭绒，含绒量 90%，允许上下 1% 浮动。

2）品质公差

品质公差是指国际上公认的或买卖双方认可的一定范围内的产品品质差异。

3. 品质增减价条款

在国际贸易中，为了体现"按质论价"的公平原则，在订立品质机动幅度条款时，对约定机动幅度内的品质差异，可按实际交货品质规定予以增价或减价的内容，这就是品质增减价条款。其订立方法如下：

（1）对机动幅度内的品质差异，可按交货实际品质规定予以增价或减价；

（2）只对品质低于合同规定者扣价。

品质增减价条款适用于：采用品质增减价条款，一般应选用对价格有重要影响而又允许有一定机动幅度的主要质量指标，对于次要的质量指标或不允许有机动幅度的重要指标，则不能适用。

4. 订立品质条款时应该注意的问题

（1）根据商品的特性来确定表示品质的方法。表示品质的方法应视商品特性而定，凡可用一种方式表示的，就不要采用两种或两种以上的方法，订得过于烦琐只会增加生产和交货的困难。

（2）品质条款的订立应科学、合理。在规定品质条款时，用词须简单、具体、明确，切忌使用"大约"、"左右"、"合理误差"等含糊的字眼，避免引起纠纷。此外，要从生产实际出发，防止把品质条款订得过高或过低，给生产或交货造成困难或影响销售。

（3）品质条款应符合有关国家或相关国际组织的标准，以提高产品的竞争能力。

想想议议5-1

我国某公司同日本公司签订出口羊绒衫合同，共出口羊绒衫 10 000 件，价值 100 万美元。合同规定羊绒含量为 100%，商标上也标明"100% 羊绒"。当对方对我方公司出口羊绒衫进行检验后，发现羊绒含量不符合合同规定而提出索赔，要求赔偿 200 万美元。最后我方公司赔偿数十万美元结案。我方公司为何赔款？

5.2 分析商品的数量条款

5.2.1 商品数量的含义及约定商品数量的意义

一、商品数量的含义

商品数量是指以国际通用或买卖双方约定的度量衡表示商品的重量、个数、长度、面积、体积、容积等的量。

二、约定商品数量的意义

（1）按约定数量交货是卖方的基本义务。

（2）卖方多交货，买方可拒收多交的部分，也可收取多交的部分，但应按合同价格付款。

（3）卖方少交货，卖方应在规定的交货期届满前补交，但不得使买方遭受不合理的不便或承担不合理的开支，同时买方保留要求损害赔偿的权利。

5.2.2 商品数量的计量单位与计量方法

一、商品数量的计量单位

在国际贸易中，由于商品的种类、特性繁多，各国度量制度的不同，计量单位也多种多样。通常使用的计量单位有以下几种。

（1）按数量计算。大多数工业制成品，尤其是日用消费品、轻工业品、机械产品及一部分土特产品等，习惯于按数量进行买卖。如件（Piece）、双（Pair）、套（Set）、打（Dozen）、卷（Roll）、令（Ream）、罗（Gross）、袋（Bag）、包（Bale）。1罗=12打；1打=12件；1令=480张。

（2）按重量（Weight）计算。农副产品、矿产品和工业制成品都按重量计算。如公吨（Metric Ton）、长吨（Long Ton）、短吨（Short Ton）、公斤（Kilogram）、克（Gram）、盎司（Ounce）。1长吨=1 016公斤；1短吨=907公斤。

（3）按长度（Length）计算。在金属绳索、丝绸、布匹等类商品的交易中，通常采用。如米（Meter）、英尺（Foot）、码（Yard）。1英尺=12英寸=30.48 cm；1码=3英尺=0.914 m；1英寸=2.54 cm。

（4）按面积（Area）计算。在玻璃板、地毯、皮革等商品的交易中使用。如平方米（Square Meter）、平方英尺（Square Foot）、平方码（Square Yard）。

（5）按体积（Volume）计算。仅用于木材、天然气和化学气体等的交易中。如立方米（Cubic Meter）；立方英尺（Cubic Foot）；立方码（Cubic Yard）。

（6）按容积（Capacity）计算。在各种谷物和流体货物的交易中使用。如蒲式耳（Bushel）、加仑（Gallon）、公升（Litre）。1加仑=4.546升（美）；1加仑=3.785升（英）。

二、商品数量的计量方法

1）按毛重计算

毛重（Gross Weight）是指商品本身的重量加包装物的重量。按此种方法计算重量的主要有粮食、饮料等产品。

2）按净重计算

净重（Net Weight）是指商品本身的重量，即除去包装物后的商品实际重量。这是在国际贸易中最常见的计量总量的方法。

"以毛作净"（Gross for Net）实际上就是以毛重当做净重计价，适用于有些价值较低的农产品或其他商品。采用净重计重时，对于如何计算包装物重量，国际上有下列几种做法。

（1）按实际皮重（Actual Tare）计算。是指对整批商品的包装逐一称量所得到的皮重总和。

（2）按平均皮重（Average Tare）计算。是指从整批商品中抽取若干件，称量出包装的重量，除以抽取的件数，再用平均皮重乘以总件数，即可求出整批货物的皮重。

（3）按习惯皮重（Customary Tare）计算。在国际贸易的长期实践中，有些商品的包装标准化高，其重量相对固定不变，并得到市场的公认，即为习惯皮重。

（4）按约定皮重（Computed Tare）计算。是指买卖双方事先约定每件包装的重量。在计算整批商品的皮重时，只需用约定皮重除以总件数即可。

3）按公量计算

有些商品如棉花、羊毛、生丝等有较强的吸湿性，其所含水分受客观环境的影响较大，故其重量很不稳定，国际上采用按公量计算的方法，即以商品的"干净重"加上"国际公定回潮率与干净重"的乘积计算其重量。

公量 = 商品"干净重" × (1 + 公定回潮率)

公量 = 商品净重 × (1 + 公定回潮率)/(1 + 实际回潮率)

4）按理论重量计算

对于某些按固定规格生产和买卖的商品，只要规格相同，每件重量就是相同的，一般可以从件数推算出总量。但是用这种方法计算重量的前提是，每件货物的重量相同，因此，只能作为计重时的参考。如马口铁、钢板等。

理论重量（Theoretical Weight）是指对有固定规格的货物只要规格一致、尺寸相符、重量大体相同，即可从其件数推出重量。

5）按法定重量计算

法定重量是指商品重量加上直接接触商品的包装物料的重量。而除去这部分重量所表示出来的纯商品重量则称为实物净重。

法定重量 = 纯商品重量 + 直接接触商品的包装材料的重量

三、数量条款的规定

1. 数量条款的基本内容

买卖合同中的数量条款，主要包括成交商品的数量和计量单位。按重量成交的商品，还需制定计算重量的方法。例如，中国大米 1 000 公吨，麻袋装，以毛作净，5% 溢短装，由卖方选择，按合同价格计算。

2. 数量条款的注意事项

1）正确掌握成交数量

（1）对出口数量的掌握。注意国内、国外市场供求情况，价格变动情况，国外客户资信及经营能力等。

（2）对进口数量的掌握。要看国内实际需要；实际支付能力；市场行情变化。

2）数量条款应当明确具体

如"中国盘锦产大米 500 公吨、单层新麻袋装，以毛作净"，并把握好"溢短装"条款的应用。在合同中一般不宜采用"大约"、"近似"、"左右"等字样。根据《跟单信用证统一惯例》的规定，对"约数"可解释为不超过 10% 的增减幅度。

3）合理规定数量机动幅度

在粮食、矿砂、化肥和食糖等大宗商品的交易中，由于商品特性、货源变化、船舱容量、装载技术和包装等因素的影响，要求准确地按约定数量交货，有时存在一定困难，可在合同中规定数量机动幅度条款，即数量增减条款或溢短装条款。

规定数量机动幅度时需注意以下几点。

（1）数量机动幅度的大小要适当。数量机动幅度的大小通常都以百分比表示，如3%或5%不等。关于分批装运中机动幅度有如下规定：① 只对合同数量规定一个百分比的机动幅度，而对每批分运的具体幅度不作规定。在此情况下，只要卖方交货总量在规定的机动幅度内，就算按合同数量交了货。② 除规定合同数量总的机动幅度外，还规定每批分批分运数量的机动幅度。在此情况下，卖方总的交货量，就得受上述总机动幅度的约束，而不能只按每批分运数量的机动幅度交货，这就要求卖方根据过去累计的交货量，计算出最后一批应交货的数量。

（2）机动幅度选择权的规定要合理。包括卖方选择、船方选择和买方选择。

（3）溢短装数量的计价方法要公平合理。包括按合同价格计算、按装船日的行市计算、按到货日的行市计算和按双方协议的价格计算。

想想议议5-2

我国某出口公司在某次交易会上与外商当面谈妥出口大米 10 000 公吨，每公吨 USD275 FOB 中国口岸。但我方公司在签约时，合同上只笼统地写了 10 000 吨，我方当事人主观上认为合同上的吨就是指公吨。后来，外商来证要求按长吨供货。如果我方照证办理则要多交大米 160.5 公吨，折合美元为 44 137.5 美元。双方产生争议。试根据所学内容分析双方为何发生争议。

5.3 把握商品的包装条款

5.3.1 商品包装的概念与意义

一、商品包装的概念

商品包装是指为了保护商品在流通过程中品质完好和数量完整所使用的包装材料或包装容器；同时也是保护商品品质完好、数量完整和实现商品价值与使用价值的重要手段之一。

二、商品包装的意义

在国际货物买卖中，包装是说明货物的重要组成部分，包装条件是买卖合同中的一项主要条件。按照某些国家的法律规定，如果卖方交付的货物未按约定的条件包装，或者货物的包装与行业习惯不符，买方有权拒收货物；如果货物虽按约定的方式包装，但与其他货物混杂在一起，买方可以拒收违反规定包装的那部分货物，甚至可以拒收整批货物。商品包装有如下4项功能。

1. 保护功能

保护商品使用价值是包装的最重要功能。对商品进行包装时要依据商品的特性、运输和储运条件，选择适当的包装材料、包装容器和包装方法，采用一定的包装技术处理，对商品进行科学的防护包装，以防止商品受损，达到保护商品的目的，使商品完好无损地到达消费者手中，最大限度地减少商品劣变损耗。

2. 便利功能

是指包装为商品从生产领域向流通领域和消费领域转移，以及在消费者使用过程中提供的一切方便。包装的便利功能包括的范围较广，涉及几个领域，如在生产领域有方便操作、方便自动化生产等。

3. 促销功能

商品包装特别是销售包装，是无声的推销员，在商品和消费者之间起媒介作用。商品包装可以美化商品和宣传商品，使商品具有吸引消费者的魅力，引起消费者对商品的购买欲，从而促进销售。包装的促销功能是因为包装具有传达信息、表现商品和美化商品的功能。

4. 容纳功能

许多商品本身没有一定的集合形态，如液体、气体和粉状商品。这类商品只有依靠包装的容纳才具有特定的商品形态，没有包装就无法运输和销售。包装的容纳不仅有利于商品的流通和销售，而且还能提高商品的价值。

5.3.2 商品包装的种类与标志

一、商品包装的种类

1. 运输包装

运输包装习惯上称为大包装或外包装，其主要作用在于保护商品，防止在储运过程中发生货损货差。运输包装又分为以下 4 类。

1）单件运输包装

（1）按包装造型不同分为箱、桶、袋、包、捆等。

（2）按包装用料不同，箱有纸箱、木箱等，桶有铁桶、木桶、塑料桶等。

2）集合运输包装

目前国际上通用的集装箱规格很多，但最通用的是 8 英尺 ×8 英尺 ×20 英尺和 8 英尺 ×8 英尺 ×40 英尺两种。20 英尺集装箱的载货重量，最多可达 24 公吨，其容量为 31 ～ 35 立方米。一般计算集装箱的容量时，通常以 20 英尺集装箱为一个标准单位，通称"TEU"。

3）托盘

托盘（Pallet）是指按一定规格制成的单层或双层平板载货工具，在平板上将若干单件包装的商品，码在托盘上，然后用绳索、收缩薄膜或拉伸薄膜等物料，将商品与托盘组合加固起来，组成一个运输单位，便于在运输过程中使用机械进行装卸、搬运和堆放。托盘货物一般重 1 ～ 1.5 公吨。托盘通常以木制为主，但也有用塑料、金属等制成的。常见的托盘有平板托盘和箱型托盘等。

4）集装袋和集装包

是一种用合成纤维或复合材料编织成的圆形大包，可容 1 ～ 4 公吨货物，最多可达 13 公吨。主要用于装载粉粒状货物，如化肥、矿砂、面粉、食糖、水泥等，有些国家为了提高货物的装卸速度和港口码头的使用效率，常常在信用证上规定进口货物必须使用集装包，否则不准卸货。

2. 销售包装

销售包装又称内包装或小包装，是指直接接触商品并随商品进入零售网点和消费者或用户直接见面的包装。

1) 销售包装的作用

（1）销售包装可以保护产品；

（2）便于销售和使用；

（3）还可以起到美化产品、宣传产品和吸引消费者的作用。

2) 常见销售包装的种类

根据商品的特征和形状，销售包装可采用不同的包装材料和不同的造型结构与样式。常见的销售包装有以下几种。

（1）挂式包装。挂式包装是指可在商店货架上悬挂展示的包装。其独特的结构如吊钩、吊带、挂孔、网兜等，可充分利用货架的空间陈列商品。

（2）堆叠式包装。这种包装通常是指包装品顶部和底部都设有吻合装置使商品在上下堆叠过程中可以相互咬合，其特点是堆叠稳定性强，大量堆叠可节省货位，常用于听装的食品罐头或瓶装、盒装商品。

（3）便携式包装。便携式包装是指包装造型和长宽高比例的设计均适合消费者携带使用的包装，如有提手的纸盒、塑料拎包等。

（4）一次用量包装。又称单份包装、专用包装或方便包装，是指以使用一次为目的的较简单的包装，如一次用量的药品、饮料、调味品等。

（5）易开包装。包装容器上有严格的封口结构，使用者不需另备工具即可容易地开启。易开包装又分为易开罐、易开瓶和易开盒等。

（6）喷雾包装。在气性容器内，当打开阀门或压按钮时，内装物由于推进产生的压力能喷射出来的包装，如香水、空气清新剂、清洁剂等的包装。

（7）配套包装。配套包装是指将消费者在使用上有关联的商品搭配成套，装在同一容器内的销售包装，如工具配套袋、成套茶具的包装等。

（8）礼品包装。礼品包装是指专作为送礼用的销售包装。礼品包装的造型应美观大方，有较高的艺术性，有的还使用彩带、花结、吊牌等。它的装潢除了能给消费者留下深刻印象外，还必须具有保护商品的良好性能。使用礼品包装的范围极广，如糖果、化妆品、工艺品、滋补品和玩具等。

二、运输标志

运输标志（Shipping Mark）又称唛头，通常是由一个简单的几何图形和一字母、数字及简单的文字组成。其作用在于识别货物，便于运输，易于计数，防止遗失和错发。运输标志包括以下内容。

（1）收货人或买方名称的英文缩写字母或简称。

（2）参考号。如运单号、订单号、发票号、合同号。

（3）目的地。货物最终目的地或目的港的名称。

（4）件号。包装货物的每件货物的顺序号和总件数均需标上，如"NO. 1/100"、"NO. 2/100"、"NO. 100/100"。

三、中性包装和定牌

1. 中性包装

1) 中性包装的定义

中性包装是指既不标明生产国别、地名和厂商名称，也不标明商标或牌号的包装。包括无牌中性包装和定牌中性包装两种。无牌中性包装是指包装上既无生产地名和厂商名称，又无商标、品牌；定牌中性包装是指包装上仅有买方指定的商标或品牌，但无生产地名和出口厂商的名称。

2）中性包装的目的

主要是为了打破进口国家和地区实行的各种限制和政治歧视，是扩大商品出口的一种竞争手段。目前，某些出口商品使用中性包装已成为国际贸易中的一种习惯做法。我们采用它，有利于打破某些国家和地区对我国商品实行关税和不合理的配额限制，使我国商品能进入这些国家和地区市场。

2. 定牌

1）定牌的定义

定牌是指卖方按买方要求在其出售的商品或包装上标明买方指定的商标或品牌，这种做法叫定牌生产。

2）定牌的具体做法

（1）对某些国外大量的、长期的、稳定的订货，为了扩大销售，可以接受买方指定的商标，不加注生产国别的标志，即定牌中性包装。

（2）接受国外买方指定的商标或牌名，但在商标或牌名下标明"中华人民共和国制造"或"中国制造"。

（3）接受国外买方指定的商标或牌名，同时在商标或牌名下注明由买方所在国家工厂制造，即定牌定产地。

四、包装条款的规定

包装条款一般包括包装材料、包装方式、包装规格、包装标志和包装费用负担等内容。

（1）在合同中要明确规定包装材料、包装方式和规格。例如，纸箱包装，每箱6块。约定包装时，应明确具体，不宜笼统规定。在国际贸易中，有时也使用"海运包装"或"习惯包装"等术语，但这种术语内容不明确，各国理解不一，应避免使用。如果要使用，应再订明使用什么包装材料。

（2）包装费用负担。包装由谁供应，通常有下列三种做法：① 由卖方供应包装，包装连同商品一起交付买方。② 由卖方供应包装，但交货后，卖方将原包装收回。关于原包装返回给卖方的运费由何方负担，应作具体规定。③ 买方供应包装或包装物料。

关于包装费用，一般包括在货价之内，不另计收。但也有的不计在货价之内，而规定由买方另外支付。究竟由何方负担，应在包装条款中订明。

想想议议5-3

我国某公司向某国出口自行车800辆，合同规定用木箱装，来证也为PACKED IN WOODEN CASE。但在CASE之后加有CKD三个缩写字母，我方所有单据按来证照打，结果货到目的港被海关罚款，并多上税，因而买方向我方索赔。请问：我方为何赔偿？

5.4 识穿商品的价格条款

在国际货物买卖中，如何确定进出口商品价格和规定合同中的价格条款，是交易双方最为关心的一个重要问题。在实际业务中，正确掌握进出口商品价格，合理采用各种作价办法，选用有利的计价货币，适当运用与价格有关的佣金和折扣，并订好合同中的价格条款，对体现对外政策，完成进出口任务和提高外贸经济效益，都具有十分重要的意义。

5.4.1 商品价格的表示方法与作价原则

一、商品价格的表示方法

商品价格通常是指单位商品的价格，简称单价。在国际贸易业务中使用的单价与在国内贸易中使用的单价相比有比较明显的区别。国际贸易中商品的单价是由 4 个部分组成的，分别是计价货币名称、单位价格金额、商品计量单位和贸易术语。例如，USD 80.00 Per Pound CIF London，其中，① 计价货币名称：USD；② 单位价格金额：80.00；③ 商品计量单位：Pound；④ 贸易术语：CIF London。

二、商品价格的作价原则

在确定进出口商品价格时，必须遵循下列 3 个原则。

（1）按照国际市场价格水平作价。国际市场价格是以商品的国际价值为基础在国际市场竞争中形成的，它是交易双方都能接受的价格，是确定进出口商品价格的客观依据。

（2）要结合国别、地区政策作价。为了使外贸配合外交，在参照国际市场价格水平的同时，也可适当考虑国别、地区政策。

（3）要结合购销意图作价。进出口商品价格在参照国际市场价格水平的基础上，可根据购销意图来确定，即可略高或略低于国际市场价格。

三、不同术语间价格换算方法

现将最常用的 FOB、CFR 和 CIF 3 种价格的换算方法及公式介绍如下。

1. FOB 价换算为其他价

CFR 价 = FOB 价 + 运费

CIF 价 =（FOB 价 + 运费）/（1 - 保险费率 × 投保加成）

CIF 价 = FOB 价 + 运费 + 保费 = FOB 价 + 运费 + CIF × 投保加成 × 保险费率

2. CFR 价换算为其他价

FOB 价 = CFR 价 - 运费

CIF 价 = CFR 价/（1 - 投保加成 × 保险费率）

3. CIF 价换算为其他价

FOB 价 = CIF 价 ×（1 - 投保加成 × 保险费率）- 运费

CFR 价 = CIF 价 ×（1 - 投保加成 × 保险费率）

5.4.2 商品价格的作价方法及出口商品价格核算

一、商品价格的作价方法

1. 固定价格

固定价格是指在交易磋商过程中，买卖双方将价格确定下来以后，任何一方不得擅自改动。这是业务上的常见做法，它意味着双方都要承担从订约到交货付款期间国际市场价格变动的风险。

2. 非固定价格

从中国进出口合同的实际做法看，非固定价格，即一般业务上所说的"活价"，大体上可分为下述几种。

（1）暂不作价，只规定作价方式而具体价格留待以后确定。

（2）暂定价，即在合同中先订立一个初步价格，作为开立信用证和初步付款的依据，待双方确定最后价格后再进行最后清算，多退少补。

（3）部分固定价格，部分非固定价格。有时为了照顾双方的利益，解决双方在采用固定价格或非固定价格方面的分歧，也可采用部分固定价格、部分非固定价格的做法，或是分批作价的办法，交货期近的价格在订约时才固定下来，余者在交货前一定期限内作价。

二、出口商品价格核算

在商品价格上，要注意加强成本核算，以提高经济效益，防止出现不计成本，不计盈亏和单纯追求成交量的偏向。尤其在出口方面，强调加强成本核算，掌握出口总成本、出口销售外汇净收入和人民币净收入的数据，并计算和比较各种商品出口的盈亏情况，更有现实意义。出口总成本是指出口商品的进货成本加上出口前的一切费用和税金。出口销售外汇净收入是指出口商品按 FOB 价出售所得的外汇净收入。出口销售人民币净收入是指出口商品的FOB 价按当时的外汇牌价折成人民币的数额。

1. 出口商品盈亏率

出口商品盈亏率是指出口商品盈亏额与出口总成本的比率。出口盈亏额是指出口销售人民币净收入与出口总成本的差额，出口销售人民币净收入大于出口总成本为盈利，反之为亏损。

出口商品盈亏率 =（出口销售人民币净收入 – 出口总成本）/出口总成本 × 100%

2. 出口商品换汇成本

它是以某种商品的出口总成品与出口所得的外汇净收入之比，得出用多少人民币换回一美元。出口商品换汇成本如果高于银行的外汇牌价，则出口为亏损；反之，则说明出口盈利。

出口商品换汇成本 = 出口总成本(人民币)/出口销售外汇净收入（美元）

3. 出口创汇率

出口创汇率是指加工后成品出口的外汇净收入与原料外汇成本的比率。如果原料为国产品，其外汇成本可按原料的 FOB 出口价计算。如果原料是进口的，则按该原料的 CIF 价计算。

出口创汇率 =（成品出口外汇净收入 – 原料外汇成本）/原料外汇成本 × 100%

5.4.3　商品价格佣金与折扣

在价格条款中，有时会涉及佣金和折扣。价格条款中所规定的价格，可分为包含佣金或折扣的价格和不包含这类因素的净价。包含佣金的价格，在业务中通常称为"含佣价"。

一、佣金概述

1. 佣金的含义

在国际贸易中，有些交易是通过中间代理商进行的。因中间商介绍生意或代买代卖而向其支付的一定的酬金，叫佣金。凡在合同价格条款中，明确规定佣金的百分比，叫做明佣；不标明佣金的百分比，甚至连佣金字样也不标示出来，有关佣金的问题，由双方当事人另行约定，这种暗中约定佣金的做法叫做暗佣。佣金直接关系到商品的价格，货价中是否包括佣金和佣金比例的大小，都影响商品的价格。显然，含佣价比净价要高。正确运用佣金，有利于调动中间商的积极性和扩大交易。

2. 佣金的规定方法

（1）在商品价格中包括佣金时，通常应以文字来说明。例如，"每公吨 200 美元 CIF 旧金山包括 2% 佣金"（U. S. MYM200 PER U/T CIF San Francisco including 2% commission）。

（2）也可以在贸易术语后加注佣金的缩写英文字母"C"和佣金的百分比来表示。例如，"每公吨 200 美元 CIFC 2% 旧金山"（U. S. MYM200 PER U/T CIF San Francisco including 2% commission）。

（3）商品价格中所包含的佣金除用百分比表示外，也可以用绝对数来表示。例如，"每公吨付佣金 25 美元。"

中间商为了从买卖双方获取"双头佣金"或为了逃税，有时要求在合同中不规定佣金，而另按双方暗中达成的协议支付。佣金的规定应合理，其比率一般掌握在 1% ~ 5%，不宜偏高。

3. 佣金的计算与支付方法

在国际贸易中，计算佣金的方法不一，有的按成交金额约定的百分比计算；也有的按成交商品的数量来计算，即按每一单位数量收取若干佣金计算。

1）佣金的计算

在我国进出口业务中，佣金的计算方法也不一致，按成交金额和成交商品数量计算的都有。在按成交金额计算时，有的以发票总金额作为计算佣金的基数；有的则以 FOB 总值为基数来计算佣金；如果按 CIFC 成交，而以 FOB 值为基数计算佣金时，则应从 CIF 价中减去运费和保险费，求出 FOB 值，然后以 FOB 值乘以佣金率，即得出佣金额。

关于计算佣金的共识如下：

$$单位货物佣金额 = 含佣价 \times 佣金率$$
$$净价 = 含佣价 - 单位货物佣金额$$

上述公式也可写成：

$$净价 = 含佣价 \times (1 - 佣金率)$$
$$含佣价 = 净价 / (1 - 佣金率)$$

2）佣金的支付

佣金的支付一般有两种做法：一是由中间代理商直接从货价中扣除佣金；二是在委托人收清货款之后，再按事先约定的期限和佣金比率，另行付给中间代理商。在支付佣金时，应防止错付、漏付和重付等事故发生。

二、折扣概述

1. 折扣的含义

折扣是指卖方按原价给予买方一定百分比的减让，即在价格上给予适当的优惠。国际贸易中使用的折扣，名目很多，除一般折扣外，还有为扩大销售而使用的数量折扣，为实现某种特殊目的而给予的特别折扣，以及年终回扣等。凡在价格条款中明确规定折扣率的，叫做"明扣"。折扣直接关系到商品的价格，货价中是否包括折扣和折扣率的大小都影响商品价格，折扣率越高，则价格越低。

2. 折扣的规定方法

（1）在国际贸易中，折扣通常在规定价格条款时，用文字明确表示出来。例如，"CIF 伦敦每公吨 200 美元，折扣 3%"（U. S. MYM200 Per Metric Ton CIF London Including 3% Discount）。此例也可以这样表示："CIF 伦敦每公吨 200 美元，减 3% 折扣"（U. S. MYM200 Per Metric Ton CIF London Less 3% Discount）。

（2）折扣也可以用绝对数来表示。例如，每公吨折扣 6 美元。

在实际业务中，也可以用 CIFD 或 CIFR 来表示。CIF 价格中包含折扣。这里的 D 和 R 是 Discount 和 Rebate 的缩写。鉴于贸易术语中加注的 D 或 R 含义不清，可能引起误解，故最好不使用此缩写语。

3. 折扣的计算与支付方法

1）折扣的计算方法

折扣通常是以成交额或发票金额为基础计算出来的。

$$单位货物折扣额 = 原价(或含折扣价) \times 折扣率$$
$$卖方实际净收入 = 原价 - 单位货物折扣额$$

2）折扣的支付方法

折扣一般是在买方支付货款时预先予以扣除。也有的折扣金额不直接从货价中扣除，而按暗中达成的协议另行支付给买方，这种做法通常在给暗扣或回扣时采用。

5.4.4 价格条款

一、价格条款的内容

合同中的价格条款，一般包括商品的单价和总值两项基本内容，至于确定单价的作价办法和与单价有关的佣金与折扣的运用，也属价格条款的内容。商品的单价通常由 4 个部分组成，分别是计量单位、单位价格金额、计价货币和贸易术语。在价格条款中可规定"每公吨 200 美元，CIF 伦敦"。总值是指单价同成交商品数量的乘积，即一笔交易的货款总金额。

二、规定价格条款的注意事项

（1）合理确定商品的单价，防止作价偏高或偏低。

（2）根据经济意图和实际情况，在权衡利弊的基础上选用适当的贸易术语。

（3）争取选择有利的计价货币，以免遭受币值变动带来的风险。如果采用不利的计价货币，应当加订保值条款。

（4）灵活运用各种不同的作价办法，以避免价格变动风险。

（5）参照国际贸易的习惯做法，注意佣金和折扣合理运用。

（6）如果交货品质和数量约定有一定的机动幅度，则对机动部分的作价也应一并规定。

（7）如果包装材料和包装费另行计价时，对其计价办法也应一并规定。

（8）单价中涉及的计量单位、计价货币、装卸地名称，必须书写正确、清楚，以利合同的履行。

想想议议5-4

我国某出口商品报价为：USD300 Per Set CFRC 3% Newyork。试计算 CFR 净价和佣金各为多少？如果对方要求将佣金增加到 5%，我方同意，但出口净收入不变。试问 CFRC 5% 应如何报价？

📑 **课堂讨论**

完成本任务后，请进行自我测试：你是否已明确进出口贸易各项条款的深刻内涵？

● **阅读与思考 5 - 1**

为何包装精致的中国茶叶少人问津

在荷兰某一超级市场上有黄色竹制罐装的茶叶一批，罐的一面刻有中文"中国茶叶"4字，另一面刻有我国古装仕女图，看上去精致美观，颇具民族特色，但国外消费者少有问津。

● **任务小结**

本任务主要通过介绍进出口贸易合同中商品的品名、品质、数量、包装和价格等条款的主要内容及相应条款的订立方法，使读者了解其在国际贸易中的基本作用，并且能独立使用它创造性地分析和解决进出口贸易合同中的实际问题。

第 3 部分 任务实训

◐ **案例分析**

我国某出口公司与匈牙利商人订立了一份出口水果合同，支付方式为"货到验收"后付款。但货到经买方验收后发现水果总重量缺少 10%，而且每个水果的重量也低于合同规定，匈牙利商人既拒绝付款，也拒绝提货。后来水果全部腐烂，匈牙利海关向中方收取仓储费和处理水果费用 5 万美元。我国该出口公司陷于被动。

思考题： 从本案例中，我们可以吸取什么教训？

● **模拟实训**

走访本地一家外贸企业，了解其利用有关进出口货物的品名、品质、数量、包装和价格条款的情况。

【实训目的】通过深入实地认知与体验企业，能创造性地分析和解决进出口合同中的实际问题。

【实训方式】查找资料与实地调研，撰写调研报告。

【实训对象】本地区外贸企业。

【实训内容】本地区外贸企业利用进出口货物的品名、品质、数量、包装和价格条款的调研。

【实训步骤】实训步骤如下：

（1）学生分组；

（2）分组进行前期调研，收集和整理相关资料，了解本地区外贸企业一些进出口货物的品名、品质、数量、包装和价格条款方面的信息；

（3）分组完成调研报告；

（4）全班集体讨论；

（5）教师点评。

任务6　探究国际贸易结算

➡ 任务提示

本任务将引领你明确国际贸易支付方式的业务流程以及主要的国际贸易支付方式。

➡ 任务先行

什么是货款结算？国际贸易结算方式的组合又是什么？它研究什么？要了解这些问题，请往下看。

第1部分　案例导入与解析

➲ 案例导入

装运期延期引起的不能结汇

我国 A 公司向加拿大 B 公司以 CIF 术语出口一批货物，合同规定 4 月份装运。B 公司于 4 月 10 日开来不可撤销信用证。此证按《UCP500》规定办理。"证"内规定：装运期不得晚于 4 月 15 日。此时我方已来不及办理租船订舱，立即要求 B 公司将装运期延至 5 月 15 日。随后 B 公司来电称：同意展延船期，有效期也顺延一个月。我国 A 公司于 5 月 10 日装船，提单签发日为 5 月 10 日，并于 5 月 14 日将全套符合信用证规定的单据交银行办议付。

那么，是什么原因导致 A 公司不能结汇？什么是汇票、汇付、信用证？要回答这些问题，我们先从国际贸易结算学起。

➲ 案情介绍

信用证为何失去"信用"

2001 年 7 月 19 日，原告 J 公司与案外人香港 H 公司签订 10 万条沙滩裤出口贸易合同，货物价值 30 万美元，CIF 价格，目的地香港，信用证规定议付条件之一为必须出具 L 公司签发的提单（以下简称 L 公司提单）。7 月 22 日，J 公司与供货方 D 签订加工定做合同，货物品名，沙滩裤，数量 10 万条，总价人民币 276 600 元。随后，H 公司指示 J 公司委托被告 F 货运代理公司出运货物。2001 年 8 月 30 日，J 公司委托 F 公司出运涉案货物，并明确要求 F 公司提供由 L 公司签发的提单。F 公司接受委托后，将货物交付 Y 公司承运，并将出运船名、航次、提单编号、运费等内容经原告确认，但未明示承运人为 Y 公司。9 月 5 日，H 公司就涉案货物向 J 公司提出修改意见。9 月 6 日，H 公司的业务代表施某出具了涉案货物验收合格及同意出货的证明。9 月 7 日，H 公司致函 J 公司要求货物出运前再由 H 公司派员对货物进行检查，同时，H 公司传真给 F 公司称因货物质量问题，L 公司的提单可能无法交换。9 月 8 日，Y 公司签发托运人为 J 公司的提单，货物出运。9 月 11 日，J 公司发现 F 公司未能提供其所要求的 L 公司提单，遂与 F 公司进行交涉。9 月 12 日、13 日，H 公司通知 F 公司因涉案货物质量有问题，由 H 公司负责办理的 L 公司提单不能出具。9 月 13 日，J 公司书面告知 F 公司涉案货物贸易合同信用证即将到期，要求 F 公司依约出具 L 公司提单或告知不能出具的原因。9 月 20 日，J 公司要求 F 公司返运货物，F 公司则要求 J 公司支付因返运产生的一切费用，双方协商未成。9 月 30 日，F 公司将 Y 公司的提单寄交 J 公司。原告起诉称，F 公司故意不履行货运代理合同义务，向 J 公司出具 L 公司提单，使 J 公司的信用证议付条件不能满足，不能结汇，是最终导致外贸合同未能按约履行的直接原因，要求被告赔偿货物损失 276 600 元或返还货物。

⟳ **案例解析**

本案例是一起货运代理合同纠纷。J 公司通过传真方式委托 F 公司办理一批沙滩裤的出运业务，F 公司接受委托，双方的货运代理合同法律关系依法成立。

F 公司在履行货运合同中违反基本的诚实信用原则，未尽告知义务，且擅自出运货物，未履行提交 L 公司提单的承诺，应对由此产生的一切后果承担责任。所以，F 公司认为自己在履行货运代理合同中没有过错的说法，不能成立。

问题出在 J 公司与境外买方 H 公司签订的贸易合同和信用证中。买方 H 公司一方面在贸易合同中放入 CIF 价格条款和信用证支付条款，给人一种颇有诚意、保证付款的迹象；另一方面在信用证中又规定凭 L 公司提单结汇。看似一个很小的要求，实际上将贸易合同 CIF 条款和信用证支付条款全部否定。CIF 原来是卖方负责货物的订舱出运，但实际本案结汇要凭 L 公司提单，而非海洋运单。L 公司是买方指定的无船承运人，因此，可以说本案中 J 公司能否顺利结汇，已非 J 公司自己或 F 公司可以控制，而完全由境外买方 H 公司控制，信用证所代表的银行信用已名存实亡。H 公司处于进退均可的优势地位，当 H 公司因为货物质量或其他任何原因不想履行涉案贸易合同时，必然会指令 L 公司不签发，F 公司此时也就不可能得到 L 公司提单。至此，境外贸易买方顺利脱身，F 公司因未履行货运代理合同，被 J 公司起诉。

第 2 部分　任务学习引导

重要知识

国际贸易结算的含义

国际贸易结算，基本上是非现金结算。使用以支付金钱为目的并且可以流通转让的债权凭证——票据为主要的结算工具。

6.1 熟知国际贸易支付工具

6.1.1 票据

一、票据的定义

从广义上讲，票据（Bills）可以指所有商业上作为权利凭证的单据（Document of Title）和资金票据（Financial Document）。

从狭义上讲，票据是指资金票据，即依据票据法签发和流通的，以无条件支付一定金额为目的的有价证券，包括汇票、本票和支票。本课程所讲的票据是指狭义的票据。

二、票据的共性

（1）流通性。可以流通转让是票据的基本共性。各国票据法都规定票据仅凭交付或经适当背书后交付给受让人即可合法完成转让手续，无须通知票据上的债务人。一张票据，尽管经过多次转让，几易其主，但最后的执票人仍有权要求票据上的债务人向其清偿，票据债务人不得以没有接到转让通知为由拒绝清偿。

（2）无因性。票据受让人无须调查出票、转让原因，只要票据记载合格，他就能取得票据文义载明的权利。即票据本身与其基础关系相分离。所谓票据的基础关系包括出票人与付款人之间的权利义务关系和出票人与收款人、背书人与被背书人之间的对价关系。各国票据法都认为，票据上的权利义务关系一经成立，即与原因关系相脱离，不论其原因关系是否有效、是否存在，都不影响票据的效力。票据的无因性使票据得以流通。

（3）要式性。所谓要式，是指票据的作成必须符合法定的形式要求。票据上面记载的必要项目必须齐全，各项必要项目又必须符合规定，否则就不能产生票据的效力。各国法律对于票据所必须具备的形式条件都作了具体的规定，当事人不能随意加以变更。

（4）提示性。票据上的债权人请求债务人履行票据义务时，必须向付款人提示票据，始得请求付给票款。如果持票人不提示票据，付款人就没有履行付款的义务。因此，票据法规定了票据的提示期限，超过期限则丧失票据权利。

（5）返还性。票据的持票人领到支付的票款时，应将签收的票据交还给付款人，从而结束票据的流通。

6.1.2 汇票

一、汇票的定义

根据《英国票据法》的规定，汇票（Bills of Exchange or Draft）是一人向另一人签发的，要求即期或定期或在可以确定的将来的时间，对某人或其指定人或持票人支付一定数额金钱的无条件的书面支付委托。

我国票据法规定，汇票是出票人签发的，委托付款人在见票时或者在指定的日期无条件支付确定的金额给收款人或者持票人的票据。

二、汇票的特点

（1）汇票是票据的一种，具有票据的法律特征。

（2）汇票是委托支付票据。

（3）汇票不以见票即付为限。

（4）汇票关系中有三个基本当事人，分别是出票人（Drawer）、付款人（Drawee）和收款人（Payee）。

三、汇票的基本内容

汇票的必要科目，各国票据法规定不一，不同机构开出的汇票格式也不同，但一般应包括以下内容：

（1）必须写明"汇票"字样；

（2）无条件支付的委托；

（3）出票日期；

（4）出票地点

（5）付款期限；

（6）一定金额；

（7）付款人姓名；

（8）付款地点；

（9）收款人或其指定人；

（10）出票人签名。

以上是汇票的基本内容，是主要项目，并不是全部内容。按照各国票据法的规定，汇票的主要项目必须齐全，否则付款人有权拒付。

四、汇票的种类

（1）按照付款时间不同分为即期汇票和远期汇票。

（2）按照是否记载权利人分为记名汇票和无记名汇票。

（3）按照汇票流通区域不同分为国内汇票和国际汇票。

（4）按照出票人的不同分为商业汇票和银行汇票。（银行签发的汇票为银行汇票，非银行签发的汇票为商业汇票。）

（5）以汇票基本当事人是否有重叠分为一般汇票和变式汇票。（变式汇票是指三个基本当事人有重叠的情况，如出票人和收款人为同一人的指己汇票、出票人和付款人为同一人的对己汇票以及付款人和收款人为同一人的付受汇票。）

（6）以汇票是否跟单分为跟单汇票和光票。

五、汇票行为

汇票行为是围绕汇票所发生的，以确立一定权利义务关系为目的的行为。汇票行为包括以下几种。

1. 出票

出票（Issue）是指出票人签发票据并将汇票交给收款人的票据行为。汇票的出票行为是各项票据行为的开端，是基本的汇票行为。相对地，其余的汇票行为则称为附属汇票行为。

1）出票的效力

对出票人而言，其出票签字意味着：① 担保该汇票将得到承兑；② 该汇票将得到付款。因此，在汇票得到付款人的承兑前，出票人就是该汇票的主债务人。对持票人而言，便取得了票据上的一切权力，包括付款请求权和遇退票时的追索权。

2）出票的条件

我国票据法规定，汇票的出票人必须与付款人具有真实的委托付款关系，并具有支付汇票金额的可靠资金来源；不得签发无对价的汇票以欺骗他人资金。

2. 背书

背书（Endorsement）是指持票人在汇票的背面签名和记载有关事项，并把汇票交付被背书人的行为。背书的动作有二：写成背书和交付。经过背书，汇票的权利即由背书人转给被背书人。

以背书目的为标准，可将背书分为转让背书和非转让背书。

1）转让背书

转让背书是以转让票据权利为目的的背书。通常背书都属这一类。具体又分为完全背书、空白背书、有条件背书和限制性背书等。

（1）完全背书。是指记载了背书人和被背书人双方名称的背书，这是最正规的一种转让背书，又称记名背书、正式背书。

（2）空白背书。是指背书人不记载被背书人的名称仅自己签章的背书。

（3）有条件背书。是指背书人在汇票背面加列诸如免作拒绝证书、免作拒付通知或其他条件的背书。但我国法律规定背书不得附有条件，所附条件不具有汇票上的效力。

（4）限制性背书。即背书人在作成背书时在票据上写明限定转让给某人或禁止新的背书字样的背书。

2）非转让背书

非转让背书是转让票据权利以外目的的背书。

3. 提示

提示（Presentation）是指持票人将汇票提交付款人要求承兑或要求付款的行为。即期汇票只需提示一次，即提示付款；远期付款有两次提示，即提示承兑和提示付款。

4. 承兑

承兑（Acceptance）是指远期汇票的付款人明确表示同意按出票人的指示，于票据到期日付款给持票人的行为。承兑也包括两个动作：写成"承兑"字样外加签字，并交付。

（1）承兑应记载的事项：①"承兑"字样；② 付款人签章；③ 付款日期；④ 承兑日期。

（2）单纯承兑和不单纯承兑。单纯承兑是指承兑人无条件地表示承兑。不单纯承兑是指承兑的表示上附加了一定的限制条件。这种限制包括以对方提交某种贸易单据为付款条件，或对付款时间、地点、金额等的限制。承兑应当是无条件的，因此，持票人可以视限制条件的承兑为拒绝承兑。假如持票人愿意接受限制承兑，则必须征得出票人和前手的同意，否则，出票人和前手即可解除对汇票所承担的义务。

5. 参加承兑

参加承兑（Acceptance for Honour）是指汇票遭到拒绝承兑而退票时，非汇票债务人在征得持票人的同意下，加入到已遭拒绝承兑的汇票的承兑中去的一种附属票据行为。参加承兑者称作参加承兑人，被担保到期付款的汇票债务人称被参加承兑人。根据《英国票据法》的规定，被参加承兑人的全体后手将因此而免除票据责任。

持票人同意第三者参加承兑后，即不得于汇票到期日以前向出票人和各前手行使追索权。因此，参加承兑行为使追索行为被推迟，从而维护了出票人和背书人的信誉。

参加承兑应记载的事项：① 参加承兑的意旨；② 被参加承兑人姓名；③ 参加承兑日期；④ 参加承兑人签字。

6. 保证

保证（Guarantee）是指非票据债务人对于出票、背书、承兑、付款等所发生的债务予以偿付担保的票据行为。保证人所负的票据上的责任与被保证人相同。保证使汇票的付款信誉增加，便于其流通。

保证应记载的事项：①"保证"字样；② 保证人名称和住址；③ 被保证人的名称；④ 保证日期；⑤ 保证人签章。

7. 退票

退票（Dishonour）是指承兑提示时遭到拒绝承兑，或付款提示时遭到拒绝付款，都称退票或拒付。

8. 追索权

追索权（Right of Recourse）是指汇票遭到拒付，持票人对其前手背书人或出票人有请求其偿还汇票金额及费用的权利。

1）行使追索权的条件：

（1）持有合格票据。

（2）尽责。只要汇票上没有"免作拒付通知"的记载，遇退票时持票人就应找当地公证人或法院等作成拒绝证书，同时应将退票的事实和原因通知前手。

（3）守时。持票人作承兑提示或付款提示、作成拒绝证书以及将拒付事实通知其前手均必须在法定的时间内完成。

2）最初追索和再追索权

持票人第一次行使的追索权为最初追索权；清偿了汇票债务的被追索人可以向其他汇票债务人请求支付已清偿的全部金额，称作再追索。

6.1.3 本票

一、本票的定义

本票（Promissory Note）是一人向另一人签发的，承诺即期或在可以确定的将来时间无条件支付确定金额给收款人或者持票人的票据。

二、本票的特点

（1）本票的基本当事人有两个：出票人和收款人。

（2）本票是出票人无条件付款的书面承诺。

（3）本票的主债务人是出票人。

（4）在我国，法律规定，本票自出票日起，最长的付款期限不得超过 2 个月。

三、签发本票的条件

（1）出票人必须具有可靠资金来源；

（2）出票人必须保证支付本票票款。

四、本票的基本内容

根据《日内瓦统一汇票、本票法》的规定，本票必须具备以下内容：

（1）写明"本票"字样；

（2）无条件支付的承诺；

（3）一定的金额；

（4）写明收款人或其指定人；

（5）出票日期和地点；

（6）付款期限；

（7）付款地点；

（8）出票人签章。

五、本票的基本内容

本票也有出票、背书、保证、付款和追索等票据行为，其做法和规定与汇票基本相似。但在追索权的行使方面应注意：因为本票的出票人必须保证付款，所以有关汇票拒绝承兑的一切情形不适用于本票；本票在到期前不能进行追索。

6.1.4 支票

一、支票概述

1. 支票的定义

支票（Cheque）是一人向另一人签发的，委托办理支票存款业务的银行或者其他金融机构在见票时无条件支付确定的金额给收款人或者持票人的票据。

2. 支票的特性

支票与汇票、本票不同的特性主要有两方面：

（1）支票的付款人为办理支票存款业务的银行或者其他金融机构；

（2）支票限于见票即付。

二、支票存款账户的开立要求

（1）申请人向办理支票存款业务的银行申请开立支票存款账户必须使用其本名。

（2）申请人应当存入一定的资金。

（3）申请人应当预留其本名的签名式样和印鉴。

三、支票的内容

构成支票的必要项目如下：

（1）写明"支票"字样；

（2）无条件支付的命令；

（3）确定的金额；

（4）收款人名称；

（5）出票日期；

（6）出票人签章。

四、支票的种类

（1）现金支票。是出票人签发的，委托其开户银行向收款人在见票时无条件支付确定金额的现金的票据。

（2）转账支票。是出票人签发给收款人办理结算或者委托开户银行向收款人付款的票据。

（3）划线支票。是在票面上划有两条平行线的，只能通过银行收款而不能由持票人直接提取现款的支票。

（4）保付支票。是指由付款银行加上"报付"字样并签字的支票。

（5）指己支票。是指出票人将自己记载为收款人的支票。

（6）空白支票。是指出票人在票据上签名后将票据交给收款人，票据上应当记载的事项中有一项或者若干项没有记载，授权收款人根据授权范围进行补记而完成的票据。空白支票是空白票据的一种。

（7）空头支票。出票人签发的支票金额超过其付款时在付款人处实有存款金额的称空头支票。我国禁止签发空头支票。

五、支票的止付和拒付

（1）出票人撤销其开出的支票就是止付。

（2）付款行对不符合要求的支票拒绝付款并退票称为拒付。

想想议议6-1

我国某公司以 CIF 价格向美国出口一批货物，合同的签订日期为 6 月 2 日。到 6 月 28 日由日本东京银行开来了不可撤销即期 L/C，金额为××万日元，证中规定装船期为 7 月份，偿付行为美国的花旗银行。中国银行收证后于 7 月 2 日通知出口公司。7 月 10 日我方获悉国外进口商因资金问题濒临破产倒闭。我方该如何处理？

6.2 把握国际贸易支付方式

国际贸易结算是不同国家间的工商企业相互提供货物或劳务所引起的债务结算。汇款、托收和信用证是目前国际贸易结算的 3 种基本形式。

6.2.1 汇款

一、汇款概述

1. 汇款的概念

国际汇款有动态和静态两种含义。国际汇款的静态含义是指外汇，它是一国以外币表示的、用于国际结算的支付手段的总称。但通常所指的汇款都是指它的动态含义，即通过银行的汇兑来实现国与国之间债权债务的清偿和国际资金的转移。因此，国际汇款又被称作国际汇兑（International Exchange）。

2. 汇款的方式

汇款按其资金流向和结算支付工具的流向是否相同可以分为两类，分别是顺汇法和逆汇法。

（1）顺汇法（Remittance）。又称汇付法，它是汇款人（通常为债务人）主动将款项交给银行，委托银行通过结算工具，转托国外银行将汇款付给国外收款人（通常为债权人）的一种汇款方法。其特点是资金流向和结算支付工具的流向一致。

（2）逆汇法（Reverse Remittance）又称出票法，它是由收款人出具汇票，交给银行，委托银行通过国外代理行向付款人收取汇票金额的一种汇款方式。其特点是资金流向和结算支付工具的流向不相同。

二、汇款结算方式的当事人

汇款结算方式的基本当事人有 4 个，分别是汇款人（Remitter）、收款人或受益人（Payee or Beneficiary）、汇出行（Remitting Bank）、汇入行或解付行（Paying Bank）。其中汇出行汇出的汇款称为汇出汇款（Outward Remittance）；汇入行汇入的汇款称为汇入汇款（Inward Remittance）。

三、汇款的种类

汇款结算传统方式主要有 3 种，分别是信汇、票汇和电汇。

1. 信汇

1）信汇的概念及特点

信汇是银行用航空信函来指示国外代理行支付汇款的方法。信汇的优点是收费较低廉，但信汇收款人必须等收到银行汇款通知书才能前来领款，因而主动性、灵活性不如票汇。现在银行信汇已很少用。

2）信汇的业务流程

信汇的业务流程可分为以下几个过程。

（1）汇款人或债务人填写信汇申请书连同汇款一起交给汇出行。

（2）汇出行接受客户申请，并给予客户一张信汇回执。

（3）汇出行航邮信汇委托书通知国外代理行（汇入行），委托书上记载汇款人、收款人、金额等内容。汇出行与汇入行如果事前没有约定，委托书上还要交代清楚资金是如何转移给国外代理行的，这种说明称为"偿付指示"。

（4）汇入行接到信汇委托书后，向收款人发出汇款通知书，通知其前来取款。

（5）收款人凭有效证件前来取款，汇入行核对无误后付款。

（6）收款人收款并在收款收据上签字。

（7）汇入行向汇出行发出付讫借记通知书。

（8）如果汇出行与汇入行相互不是账户行，则还需进行头寸清算。

2. 票汇

1）票汇的概念和特点

票汇是指银行用即期汇票作为汇款工具的结算方式。汇出行应汇款人要求，并在其把汇款交给银行后，银行开立一张银行汇票交给汇款人，由汇款人将汇票带到国外亲自去取款，或由汇款人将汇票寄给国外收款人，由收款人前去取款。

由于汇票本身是一张独立的票据，它可以通过背书流通转让。而且票汇不像信汇那样，收款人只能向汇入行一家取款，一般来说，国外银行只要能核对汇票上签字的真伪，就能买入汇票。因此，收款人收款主动性、方便性较大。

2）票汇的业务流程

票汇的业务流程可分为以下几个过程。

（1）债务人或汇款人填写票汇申请书，并交款付费给银行。

（2）汇出行开立银行即期汇票交给汇款人。

（3）汇款人自行邮寄汇票给收款人或亲自携带汇票出国。

（4）汇出行开立汇票后，将汇款通知书（票根）邮寄给国外代理行。

（5）收款人持汇票向汇入行取款。

（6）汇入行验核汇票与票根无误后，解付票款给收款人。

（7）汇入行把付讫借记通知书寄给汇出行。

（8）如果汇出行与汇入行没有直接账户关系，则还需进行头寸清算。

3. 电汇

1）电汇的概念和特点

电汇是指汇出行应汇款人的申请，通过报发加押电报、电传或 Swift 给其在国外的分行或代理行，指示其解付一定金额给收款人的一种汇款方式。

电汇方式和信汇、票汇相比一个显著特点是快。在银行，电汇的优先级最高，一般均在当天处理。而且，由于是银行之间的直接通信，差错率较低，遗失的可能性也极小。但由于汇出行占压汇款资金时间极短，甚至根本不占压，因此收费也较高。

2）电汇的业务流程

电汇的业务流程如下：

（1）债务人填具电汇申请书递交给汇出行，并向其交款付费。

（2）汇出行将电汇回执交给汇款人。

（3）汇出行根据电汇申请人的指示，用电传或 Swift 方式向国外代理行发出汇款通知。

（4）汇入行收到电传或 Swift，核对密押无误后，即可缮制电汇通知书，通知收款人取款。

（5）收款人持通知书前去取款并在收款人收据上签字。

（6）汇入行即刻解付汇款。

（7）汇入行将付讫借汇通知书邮寄汇出行。

（8）如果汇出行与汇入行之间无直接账户关系，还需进行头寸清算。

四、汇款方式的特点

（1）商业信用。汇款方式的基础纯粹是进口商对出口商或出口商对进口商的信任；至于能否实现交易的预期目的，也完全取决于进口商或出口商的信用；因而是一种商业信用。

（2）风险大。因为汇款方式是商业信用，故而在预付货款中的进口商或是货到付款中的出口商的风险是极大的，所以，除非进出口商之间的关系特殊，在一般情况下，进口商不会同意预付，出口商也不会同意到付。

（3）资金负担不平衡。

（4）手续简便，费用低廉。因此，汇款方式已成为相互信任的进出口双方或是跨国公司内部、母子公司之间交易的最理想的结算方式。

6.2.2 托收

一、托收概述

1. 托收定义

托收（Collection）是指出口方委托本地银行根据其要求通过进口地银行向进口方提示单据，收取货款的结算方式。

2. 托收当事人

（1）委托人（Principal）。在托收业务中，委托银行向国外付款方收款的人即是托收委托人，因为是由他开具托收汇票的，所以也称出票人。

（2）托收行（Remitting Bank）。接受委托人的委托，负责办理托收业务的银行称为托收行。由于托收行地处出口地国家，将转而委托进口地银行代为办理此笔托收业务的汇票提示和货款收取事宜，必须将单据寄往进口地代理银行，所以托收行也称寄单行。

（3）代收行（Collecting Bank）。接受托收行的委托代为提示汇票、收取货款的银行称为代收行。

（4）付款人（Payer 或 Drawee）。代收行根据托收行的指示向其提示汇票、收取票款的一方称为付款人，也是汇票的受票人。

另外，提示行（Presenting Bank）是向付款人提示单据的代收银行。

二、托收的种类

根据《托收统一规则》（国际商会第 522 号出版物）第 2 条 B 款的规定，委托人通过银行向付款人提示要求其付款的单据可分为以下几类：① 金融单据。即汇票、本票、支票或其他用于取得付款的类似凭证。② 商业票据。即发票、运输单据、物权单据或其他类似单据，或者一切不属于金融票据的其他票据。

1. 光票托收

1）光票托收的概念

光票托收（Clean Collection）是指出口商仅开具汇票而不附商业单据（主要指货运单据）的托收。光票托收并不一定不附带任何单据，有时也附有一些非货运单据，如发票、垫款清单等，这种情况仍被视为光票托收。

光票托收的汇票，在期限上也应有即期和远期两种。但在实际业务中，由于一般金额都不太大，即期付款的汇票较多。

2）光票托收的程序

光票托收的程序，同跟单托收并没有太大的区别。首先由委托人填写托收申请，开具托收汇票一并交与托收行，然后托收行依据托收申请制作托收指示，一并航寄代收行。对即期汇票，代收行收到汇票后应立即向付款人提示付款，付款人如无拒付理由，应立即付款。付款人付款后代收行将汇票交与付款人入账。对于远期汇票，代收行接到汇票后，应立即向付款人提示承兑，付款人如无拒绝承兑的理由，应立即承兑。承兑后，代收行持有承兑汇票，到期再作付款提示，此时付款人应付款。如遇付款人拒付，除非托收指示另有规定，代收行应在法定期限内作成拒绝证书，并及时将拒付情况通知托收行。

2. 跟单托收

1）跟单托收的概念

跟单托收（Documentary Collection）是指附有商业单据的托收。卖方开具托收汇票，连同商业单据（主要指货物装运单据）一起委托给托收行。跟单托收也包括不使用汇票的情况。

2）跟单托收的程序

（1）办理托收结算之前必须做好以下工作：出口商在与进口商的贸易合同中规定凭装运单据通过银行办理托收结算；出口商按照合同规定装运货物，并按合同规定制单。

（2）出口商委托出口地银行办理托收：托收行给委托人填写一份托收申请书；出口商将托收申请书、所开具的以进口商为付款人的商业汇票，连同全套规定的装运单据一并交与托收行。

（3）托收行接受委托的工作：对申请书进行编号与审查；根据申请书的具体规定，缮制托收指示书；托收指示书必须保证与申请书完全一致；妥善指定代收行；托收行将托收委托书及委托人交托的汇票、装运单据寄往国外代收行。

（4）代收行接受托收行指示的工作：对委托书做好审查工作；对委托书进行编号；缮制代收通知书，通知进口商，以办理提示付款或承兑等工作；保管好单据；按照托收委托的指示，向本地付款人作提示。如果是即期凭单付款，代收行须将汇票和代收通知一并交进口商，提示其付款；如果托收属于远期承兑付款，则提示其承兑。

（5）代收行的提示等工作：向进口商提示汇票后，进口商先验看单据，然后或付款或承兑；代收行则按照托收指示书，或在付款后交单，或在承兑后交单，并及时向托收行发出付款通知书或承兑通知书。

（6）托收行的贷记工作：接到付款通知后，当日将所收款项扣除托收行自身费用后，贷记委托人账户。

3）跟单托收交单条件

托收的交单条件有即期付款交单（D/P at sight）、远期付款交单（D/P at...days after sight）、承兑交单（D/A at...days after sight）等。

（1）即期付款交单。即期付款交单是指代收行凭进口商的即期付款而交单。

（2）远期付款交单。远期付款交单是指代收行凭进口商的远期付款而交单。远期付款交单条件下，如果付款期限较长，在货物到达港口后，进口商可凭信托收据先借出单据去处理货物，待汇票到期时再付款。这被称为凭信托收据借单（Document Against Trust Receipt，D/P. T/R）。

注意：假如托收指示中允许凭信托收据借单，则由此产生的风险由委托人自负；假如托收指示中未提到允许凭信托收据借单，由代收行自行决定借出单据，则由此产生的一切风险由代收行承担。

（3）承兑交单。承兑交单是指代收行凭进口商承兑而交出商业单据。

三、托收的特点

（1）托收属于商业信用，银行办理托收业务时，既没有检查货运单据正确与否或是否完整的义务，也没有承担付款人必须付款的责任。托收虽然是通过银行办理，但银行只是作为出口人的受托人行事，并没有承担付款的责任，进口人不付款与银行无关。出口人向进口人收取货款靠的仍是进口人的商业信用。如果进口人拒绝付款，除非另外有规定，银行没有代管货物的义务，出口人仍然应该关心货物的安全，直到对方付清货款为止。

（2）托收对出口人的风险较大，D/A 比 D/P 的风险更大。跟单托收方式是出口人先发货，后收取货款，因此对出口人来说风险较大。进口人付款靠的是他的商业信誉，如果进口人破产倒闭，丧失付款能力，或货物发运后进口地货物价格下跌，进口人借故拒不付款，或进口人事先没有领到进口许可证，或没有申请到外汇，被禁止进口或无力支付外汇等，出口人不但无法按时收回货款，还可能造成货款两空的损失。如果货物已经到达进口地，进口人借故不付款，出口人还要承担货物在目的地的提货、存仓、保险费用和可能变质、短量、短重的风险；如果货物转售他地，会产生数量与价格上的损失；如果货物转售不出去，出口人就要承担货物运回本国的费用以及承担可能因为存储时间过长被当地政府贱卖的损失等。虽然，上述损失出口人有权向进口人索赔，但在实践中，在进口人已经破产或逃之夭夭的情况下，出口人即使可以追回一些赔偿，也难以弥补全部损失。尽管如此，在当今国际市场出口日益竞争激烈的情况下，出口人为了推销商品占领市场，有时也不得不采用托收方式。如果进口人信誉较好，出口人在国外又有自己的办事机构，则风险可以相对小一些。

（3）托收对进口人比较有利，可以免去开证的手续以及预付押金，还有可以预借货物的便利。当然，托收对进口人也不是没有一点风险。例如，进口人付款后才取得货运单据，领取货物，如果发现货物与合同规定不符，或者根本就是假的，也会因此而蒙受损失，但总的来说，托收对进口人比较有利。

四、托收的风险与防范

1. 托收风险及其损失

从信用角度看，托收是出口商凭进口商的信用收款，属于商业信用。不同的托收种类其风险和损失的程度是不同的。

从跟单托收看，承兑交单风险最大。因为承兑交单对于出口商来说在收到货款之前已经失去了对货物所有权的控制，要完全依靠进口商的信用来收取货款。承兑交单的风险损失有货款的损失、出口商的卖方贷款利息（如果有）、运输费用、办理各种单证的费用、银行费用等。

付款交单风险较小。因为付款交单条件下，只要进口商未付款，物权凭证仍掌握在代收行手中，仍属于出口商所有。但是，这并不等于没有风险损失。如果进口商不来付款赎单，则出口商仍要负担以下诸多损失：出口商的卖方贷款利息（如果有），双程运输费用（如果将货物运回本国处理），在进口国港口存仓、保险、支付代理人的费用（如果货物寻求当地处理）以及货物临时处理而带来的价格损失、银行费用等。

假如托收委托书允许远期付款交单凭信托收据借单，则风险损失同承兑交单。

光票托收的风险损失是托收款和银行费用。

2. 托收风险的防范

（1）了解进口国有关政策规定。这些政策与托收业务关系较密切的主要是进口国家的银行（代收行）是否做远期付款交单业务以及如何处理这类业务；进口国海关方面在进口手续、港口管理等方面的有关规定；进口国外汇管制方面的有关规定。

（2）对进口商的调查，包括进口商的资信情况、经营规模等。

6.2.3 信用证

一、信用证概述

在国际贸易中，进出口双方身处不同国家，互相不够了解，难以完全信任对方，于是进口方希望收到货物后再付款，而出口商总愿意先收到货款，然后才交出货物。这就成为发展国际贸易的一大障碍。以单据为对象的，以银行信用为特征的现代跟单信用证制度的产生，为国际贸易的发展创造了极为方便的条件。

1. 信用证概念

信用证是银行的一种结算方式。在国际贸易结算中，为了获得卖方的信任，买方通过银行出面，向卖方预先开出一种支付的信用，即银行开立有条件的书面付款承诺。由此可知，信用证是指银行应开证申请人（进口商）要求开给信用证受益人（出口商）的一份有条件的书面付款承诺。

2. 信用证的特点

信用证结算方式，有如下几个特点。

（1）信用证是一项独立文件。信用证是银行与信用证受益人之间存在的一项契约，该契约虽然可以贸易合同为依据而开立，但是一经开立就不再受贸易合同的牵制。银行履行信用证付款责任仅以信用证受益人满足了信用证规定的条件为前提，不受贸易合同争议的影响。

（2）信用证结算方式仅以单据为处理对象。信用证业务中，银行对于受益人履行契约的审查仅针对受益人交到银行的单据进行，单据所代表的实物是否好则不是银行关心的问题。即便实物的确有问题，进口商对出口商提出索赔要求，只要单据没问题，对于信用证而言，只要受益人满足了信用证规定的条件，银行就可以付款。

（3）开证行负第一性的付款责任。在信用证中，银行是以自己的信用作出付款保证的，所以，一旦受益人（出口商）满足了信用证的条件，就直接向银行要求付款，而无须向开证申请人（进口商）要求付款。开证银行是主债务人，其对受益人负有不可推卸的、独立的付款责任。这就是开证行负第一性付款责任的意思所在。

二、信用证当事人

（1）开证申请人（Applicant）。在国际贸易中，信用证的开证申请人是进口商（Importer）或买方（Buyer）。有时开证申请人也称开证人（Opener），他还是运输单据的收货人（Consignee）。进口商根据贸易合同的规定到其有业务往来的银行申请开立信用证。

（2）开证行（Issuing Bank）。接受开证申请人委托开立信用证的银行即为开证行。开证行也被称作开证人（Issuer）、允诺人（Grantor）。

（3）受益人（Beneficiary）。国际贸易中，信用证的受益人是出口商（Exporter）或卖方（Seller）。受益人同时还是信用证汇票的出票人（Drawer）、货物运输单据的托运人（Shipper）。

（4）通知行（Advising Bank）。通知行是开证行在出口国的代理人，通知行的责任是及时通知或转递信用证，证明信用证的真实性并及时澄清疑点。

（5）保兑行（Confirming Bank）。保兑行是应开证行的要求在不可撤销信用证上加具保兑的银行。通常由通知行做保兑行。但是，保兑行有权作出是否加保的选择。

（6）付款行（Paying Bank）。付款行是开证行的付款代理人。开证行在信用证中指定另一家银行为信用证项下汇票上的付款人，则这家银行就是付款行。它可以是通知行或其他银行。

（7）承兑行（Accepting Bank）。远期信用证如果要求受益人出具远期汇票的，会指定一家银行作为受票行，由它对远期汇票作出承兑，这就是承兑行。

（8）议付行（Negotiating Bank）。议付是信用证的一种使用方法。它是指由一家信用证允许的银行买入该信用证项下的汇票和单据，向受益人提供资金融通。议付又被称作"买单"或"押汇"。买入单据的银行就是议付行。

（9）偿付行（Reimbursing Bank）。偿付行是开证行指定的对议付行或付款行、承兑行进行偿付的代理人。

三、信用证的作用

（1）对出口商的作用：只要出口商向议付行提交符合信用证要求的单据，就能及时收回货款。

（2）对进口商的作用：不需要支付全部款项，待货到后再向银行付款赎单，获得资金融通。

（3）对银行的作用：进口商开证需要交纳开证费和保证金，而且货物在进口商未能付清款项前，代表货物的单据始终是掌握在银行手中，风险较小。

四、信用证的种类

1. 可撤销信用证与不可撤销信用证

根据开证行对所开出的信用证所负的责任来区分，信用证分为可撤销信用证和不可撤销信用证。

（1）可撤销信用证（Revocable Credit）。可撤销信用证是指在开证之后，开证行无须事先征得受益人同意就有权修改其条款或者撤销的信用证。这种信用证对于受益人来说是缺乏保障的。

（2）不可撤销信用证（Irrevocable Credit）。不可撤销信用证是指未经开证行、保兑行（如有）以及受益人同意，既不能修改也不能撤销的信用证。这种信用证对于受益人来说是比较可靠的。

2. 保兑信用证与不保兑信用证

根据是否有另一家银行对之加以保兑，不可撤销信用证又可分为保兑信用证和不保兑信用证两种。

（1）保兑信用证（Confirmed Irrevocable Credit）。一份信用证上除了有开证银行确定的付款保证外，还有另一家银行确定的付款保证，这样的信用证就是保兑信用证。

（2）不保兑信用证（Unconfirmed Irrevocable Credit）。不保兑信用证是指未经另一家银行加保的信用证。即便开证行要求另一家银行加保，如果该银行不愿意在信用证上加具保兑，则被通知的信用证仍然只是一份未加保的不可撤销信用证。

3. 即期信用证、远期付款信用证和议付信用证

根据信用证下指定银行付款期限的不同，信用证又可分为即期信用证和远期付款信用证及议付信用证3类。

（1）即期信用证（Credit Available by Payment at Sight）。又称即期付款信用证。即期信用证要求受益人开立一张即期汇票，连同信用证下规定的单据一起提交到信用证中指定的付款银行，付款银行审单无误后即兑现付款。付款行付款后无追索权。

（2）远期付款信用证（Usance Credit）。远期付款信用证是指开证行或付款行在收到符合信用证条款的单据时不立即付款，而是按信用证规定的付款期限到期付的信用证。远期付款信用证包括承兑信用证、延期付款信用证等。

（3）议付信用证（Negotiation L/C）。议付信用证是指在信用证内规定可以议付方式使用的信用证。议付的规定使得付款行或承兑行以外的其他被邀请银行使用此信用证。被邀请使用此信用证的银行买入此信用证下的汇票和单据，从而成为持票人，有资格按信用证的规定向开证银行交单索偿。

4. 可转让信用证与不可转让信用证

（1）可转让信用证（Transferable L/C）。可转让信用证是指信用证的受益人（第一受益人）可以要求信用证中特别授权的转让银行，将该信用证全部或部分转让给一个或数个受益人（第二受益人）使用的信用证。

（2）不可转让信用证。不可转让信用证是指受益人不能将信用证的权利转让给他人的信用证。

5. 备用信用证

备用信用证是指适应于《跟单信用证统一惯例》的一种特殊形式的信用证，是开证行对受益人承担一项义务的凭证。

6. 对开信用证

对开信用证是指以交易双方互为开证申请人和受益人、金额大致相等的信用证。对开信用证中，第一份信用证的开证申请人就是第二份信用证的受益人；反之，第二份信用证的开证申请人就是第一份信用证的受益人。第二份信用证也被称作回头证。第一份信用证的通知行一般就是第二份信用证的开证行。

7. 对背信用证

对背信用证是指一个信用证的受益人以这个信用证为保证要求一家银行开立以该银行为开证行，以这个受益人为申请人的一份新的信用证。

8. 循环信用证

循环信用证是指信用证被全部或部分使用后，其金额又恢复到原金额，可再次使用，直至达到规定的次数或规定的总金额为止的信用证。它通常在分批均匀交货情况下使用。在按金额循环的信用证条件下，恢复到原金额的具体做法有以下几种。

（1）自动式循环。是指每期用完一定金额，不需等待开证行的通知，即可自动恢复到原金额。

（2）非自动循环。是指每期用完一定金额后，必须等待开证行通知到达，信用证才能恢复到原金额使用。

（3）半自动循环。是指每次用完一定金额后若干天内，开证行未提出停止循环使用的通知，自第×天起即可自动恢复至原金额。

9. 跟单信用证与光票信用证

据信用证项下汇票是否附有货运单据，可将其分为跟单信用证和光票信用证。

（1）跟单信用证。跟单信用证是指凭跟单汇票或代表物权的商业票据付款的信用证。国际结算中使用的信用证绝大部分是跟单信用证。

（2）光票信用证。光票信用证是指凭不附单据的汇票付款的信用证。

10. 预支信用证

预支信用证是指允许出口商在装货交单前可以支取全部或部分货款的信用证。预支信用证中应有预支条款，这一条款以前是用红色打印的，所以这种信用证也被称作红条款信用证（Red Clause L/C）。

11. 现金信用证

现金信用证又称现汇信用证，属即期信用证的一类。开证行声明已持有开证申请人交付的足额现汇，或已将此款拨交其指定银行，待出口商凭单支取的一种信用证。信用证受益人所依据的是开证行的信誉，而并非开证行所掌握的资金。

12. 条件支付信用证

条件支付信用证是指某人或企业将金钱或贵重财物，托放在银行或信托公司予以保存。其保存办法如下：若是金钱，须在银行开立一账户；若是贵重财物，须办理保存手续。等到规定条件成熟时，将金钱或财物立即"交受让人"并签署书面证书。

五、信用证主要内容

（1）对信用证本身的说明，如其种类、性质、有效期及到期地点。

（2）对货物的要求。根据合同进行描述。

（3）对运输的要求。

（4）对单据的要求，即货物单据、运输单据、保险单据及其他有关单证。

（5）特殊要求。

（6）开证行对受益人及汇票持有人保证付款的责任文句。

（7）国外来证大多数均加注："除另有规定外，本证根据国际商会《跟单信用证统一惯例（1993 年修订）》即国际商会 500 号出版物（《UCP500》）办理。"

（8）银行间电汇索偿条款（T/T Reimbursement Clause）。

六、信用证的业务流程

（1）买卖双方在贸易合同中规定使用跟单信用证支付。

（2）买方通知当地银行（开证行）开立以卖方为受益人的信用证。

（3）开证行请求另一银行通知或保兑信用证。

（4）通知行通知卖方，信用证已开立。

（5）卖方收到信用证，并确保其能履行信用证规定的条件后，即装运货物。

（6）卖方将单据向指定银行提交。该银行可能是开证行，或是信用证内指定的付款行、承兑行或议付行。

（7）该银行按照信用证审核单据，如果单据符合信用证规定，银行将按信用证规定进行支付、承兑或议付。

（8）开证行以外的银行将单据寄送开证行。

（9）开证行审核单据无误后，以事先约定的形式，对已按照信用证付款、承兑或议付的银行偿付。

（10）开证行在买方付款后交单，然后买方凭单取货。

七、信用证结算方式下进出口商面临的风险

1. 进口商面临的风险

（1）单据欺诈风险。单据欺诈主要表现为伪造单据或单据内容虚假，如卖方伪造、变造单据，卖方和承运人勾结倒签提单、预借提单等。

（2）出口商货物质量无法保证。由于信用证是一项自足的文件，独立于买卖合同之外，信用证当事人的权利和义务完全以信用证条款为依据，银行对于买卖合同履行中出现的问题（如货物品质、数量不符）概不负责。若卖方以次充好，以假冒真，只要卖方提供的单据与信用证相符，照样可得到货款，而深受其害的则是买方。

2. 出口商面临的风险

（1）单证不符。在信用证业务中，单证一致、单单一致是付款的前提条件。进口商往

往利用信用证"严格一致"的原则，蓄意在信用证中增添一些难以履行的条件或设置一些陷阱。

（2）进口商伪造信用证。进口商伪造信用证，或以根本不存在的银行名义开立假信用证，或冒充真实银行名义开立伪造信用证，或窃其他银行印好的空白格式信用证，或与已倒闭或濒临破产的银行职员串通开出信用证等。

（3）信用证"软条款"。信用证中的"软条款"（Soft Clause），在我国有时也称为"陷阱条款"（Pitfall Clause），是指在不可撤销信用证中加列一种条款，使出口商不能如期发货，据此条款开证申请人（进口商）或开证行具有单方面随时解除付款责任的主动权，即进口商完全控制整笔交易，受益人处于受制于人的处境，是否付款完全取决于进口商的意愿。这种信用证实际变成了随时可以撤销或永远无法生效的信用证，银行中立担保付款的职能完全丧失。带有此种条款的信用证实质上是变相的可撤销信用证，极易造成单证不符而遭开证行拒付。进口商凭借信用证"软条款"还可以骗取卖方的保证金、质押金、履约金、开证费等。

6.2.4 银行保函

一、银行保函概述

1. 银行保函的定义

保函，又称保证书，是指银行、保险公司、担保公司或担保人应申请人的请求，向受益人开立的一种书面信用担保凭证，保证在申请人未能按双方协议履行其责任或义务时，由担保人代其履行一定金额、一定时限范围内的某种支付或经济赔偿责任。

2. 银行保函的种类

（1）保函根据其内容可以分为付款性保函和履约性保函。付款性保函多用于进口结算中，进口商从国外进口大型设备时，可以通过银行向出口商开立付款性保函，保证其货到后付款义务的履行。出口商凭该保函出运设备并向出口商索偿。履约性保函是指银行开立的保函旨在保证被担保人履行合同所规定的义务。这类保函在工程招标中使用较多。

（2）根据保函的付款条件，可将其分为无条件保函和有条件保函。无条件保函叫做见索即付保函（Demand Guarantee）。这类保函很受受益人欢迎，因为在索偿时可不受其他条件的制约，而能够确保自己的利益。有条件保函是指受益人向担保银行索偿时必须满足某种条件，而这种条件的满足往往是以要求受益人履行其合同义务为目的的。例如，在进口结算中，进口方银行开立的保函可规定：作为出口商的受益人因进口商未付款而索偿时，需提供由商检机构出具的证明文件，证实发运设备完全符合合同规定，担保行才代为付款。

二、银行保函的特点

（1）银行信用作为保证，易于为客户所接受。

（2）保函是依据商务合同开出的，但又不依附于商务合同，是具有独立法律效力的法律文件。当受益人在保函项下合理索赔时，担保行就必须承担付款责任，而不论申请人是否同意付款，也不管合同履行的实际事实，即保函是独立的承诺并且基本上是单证化的交易业务。

三、银行保函的主要当事人

（1）委托人（Principal）。又称申请人，是指要求银行开立保函的当事人。

（2）受益人（Beneficiary）。是指凭银行保函要求银行承担经济赔偿责任的当事人。

（3）保证人（Guarantor）。也称担保人，是指开立保函的银行。有时可能是其他金融机构，如信托投资公司、保险公司等。

（4）转递行（the Transmitting Bank）。是指根据保证人的要求将保函转递给受益人的银行。保证人银行与转递行一般是代理行，转递行只对保函负有核对印鉴和密押责任，不承担任何经济赔偿责任。

（5）转开行（the Reissuing Bank）。是指接受保证人的要求，向受益人开立保函的金融机构。如果发生赔付时，受益人只能向转开行索偿。

（6）保兑行（the Confirming Bank）。是指在保证人出具的保函上加以保证兑付的银行。保兑行只有在保证人不履行担保义务时，才向受益人赔付。

四、银行保函业务操作流程

（1）经申请人签章的开立保函申请书。

（2）保函的背景资料，包括合同、有关部门的批准文件等。

（3）相关的保函格式并加盖公章。

（4）近期财务报表和其他有关证明文件。

（5）落实银行接受的担保，包括缴纳保证金、质押、抵押或第三者信用担保等。

（6）银行审核批准后对外开立保函。

6.2.5 备用信用证

一、备用信用证概述

1. 备用信用证的含义

备用信用证（Stand by Letters of Credit，SBLC）又称担保信用证，是指不以清偿商品交易的价款为目的，而以贷款融资，或担保债务偿还为目的所开立的信用证。它是集担保、融资、支付及相关服务为一体的多功能金融产品，因其用途广泛及运作灵活，在国际商务中得以普遍应用。

2. 备用信用证的性质

（1）不可撤销性。除非在备用信用证中另有规定，或经对方当事人同意，开证人不得修改或撤销其在备用信用证下的义务。

（2）独立性。备用信用证下的开证人义务的履行并不取决于：① 开证人从申请人那里获得偿付的权利和能力；② 受益人从申请人那里获得付款的权利；③ 备用信用证中对任何偿付协议或基础交易的援引；④ 开证人对任何偿付协议或基础交易的履约或违约的了解与否。

（3）跟单性。开证人的义务要取决于单据的提示，以及对所要求单据的表面审查。

（4）强制性。备用信用证在开立后即具有约束力，无论申请人是否授权开立，开证人是否收取了费用，或受益人是否收到或因信赖备用信用证或修改而采取了行动，它对开证行都是有强制性的。

二、备用信用证的作用

备用信用证又称担保信用证、履约信用证、商业票据信用证，它是开证行根据申请人的请求，对受益人开立的承诺承担某项义务的凭证，即开证行保证在开证申请人未履行其应履行的义务时，受益人只要按照备用信用证的规定向开证银行开具汇票（或不开汇票），并提交开证申请人未履行义务的声明或证明文件，即可取得开证行的偿付。备用信用证属于银行信用，开证行保证在开证申请人不履行其义务时，即由开证行付款。如果开证申请人履行了约定的义务，该信用证则不必使用。因此，备用信用证对于受益人来说，是备用于开证申请人发生违约时取得补偿的一种方式，其具有担保的性质。同时，备用信用证又具有信用证的法律特征，它独立于作为其开立基础的其所担保的交易合同，开证行处理的是与信用证有关的文件，而与交易合同无关。综上所述，备用信用证既具有信用证的一般特点，又具有担保的性质。

备用信用证开证行的付款责任与跟单信用证开证行的付款责任有所不同。在备用信用证业务中，备用信用证是一种银行保证，开证行一般处于次债务人的地位，其付款责任是第二性的，即只有在开证申请人违约时开证行才承担付款责任。而跟单信用证开证行的付款责任是第一性的，只要受益人提交信用证规定的单据，且"单证相符"，开证行就必须立即付款，而不管此时开证申请人是否付款。

三、备用信用证的种类

备用信用证的种类很多，根据在基础交易中备用信用证的不同作用主要可分为以下8类。

（1）履约保证备用信用证（Performance Standby）。支持一项除支付金钱以外的义务的履行，包括对由于申请人在基础交易中违约所致损失的赔偿。

（2）预付款保证备用信用证（Advance Payment Standby）。用于担保申请人对受益人的预付款所应承担的义务和责任。这种备用信用证通常用于国际工程承包项目中业主向承包人支付的合同总价 10%～25% 的工程预付款，以及进出口贸易中进口商向出口商支付的预付款。

（3）反担保备用信用证（Counter Standby）。又称对开备用信用证，它支持反担保备用信用证受益人所开立的另外的备用信用证或其他承诺。

（4）融资保证备用信用证（Financial Standby）。支持付款义务，包括对借款的偿还义务的任何证明性文件。目前外商投资企业用以抵押人民币贷款的备用信用证就属于融资保证备用信用证。

（5）投标备用信用证（Tender Bond Standby）。它用于担保申请人中标后执行合同义务和责任，若投标人未能履行合同，开证人必须按备用信用证的规定向收益人履行赔款义务。投标备用信用证的金额一般为投保报价的 1%～5%（具体比例视招标文件规定而定）。

（6）直接付款备用信用证（Direct Payment Standby）。用于担保到期付款，尤指到期没有任何违约时支付本金和利息。其已经突破了备用信用证备而不用的传统担保性质，主要用于担保企业发行债券或订立债务契约时的到期支付本息义务。

（7）保险备用信用证（Insurance Standby）。支持申请人的保险或再保险义务。

（8）商业备用信用证（Commercial Standby）。是指如果不能以其他方式付款，为申请人对货物或服务的付款义务进行保证。

想想议议6-2

出口方委托银行以远期付款交单方式向进口方代收货款。货到目的地后，进口方凭信托收据向代收行借取了全套货运单据先行提货销售，但因经营不善而亏损，无法向银行支付货款。出口方应向何方追偿？

6.3 选择国际贸易结算方式

一、影响国际贸易结算方式选择的因素

1. 客户信用

对资信不好或不十分了解的客户，应选择风险较小的结算方式；对信用好的客户可选择手续比较简单、费用较小的结算方式。但要时刻关注客户资信的变化情况。

2. 货物销路

货物畅销，出口商可选择对他最有利的结算方式，否则，出口商将被迫接受对自己不利的结算方式，但要注意采取其他措施降低收款风险。

3. 贸易术语

只有在 CIF、CFR、CPT、CIP 等属于象征性交货条件时，才可使用信用证的方式或跟单托收付款交单方式收取货款。

4. 运输单据

海上运输方式下，海运提单是货物所有权凭证，只有运输单据为海运提单时才可采用信用证和托收结算货款，不可转让的海运单、空运单、铁路运单和邮包等不可采用信用证和托收的结算方式。

5. 承运人

实际业务中，无论是进口或是出口，争取由我方安排运输较有保障。尤其在进口商安排运输工具时，出口商应谨慎，也要注意承运商的资信。

二、几种比较典型的结算方式组合形式

在国际贸易中，一笔交易的结算通常只选择一种结算方式，也可根据需要，选择两种或两种以上结算方式结合使用。常见的支付方式组合如下。

1. 信用证与汇款相结合

是指部分货款用信用证，余款用汇款方式结算。采用此种结算组合方式，主要适用于允许交货数量有一定幅度的某些初级产品的交易，如粮食、煤炭、矿石等。在具体操作中又可以有 3 种形式：① 信用证与装船前汇款相结合；② 信用证与预付款结合；③ 信用证与装船后汇款相结合。对于出口方而言采用第②种形式最为有利，因为买方部分预付款可以有利于出口商的资金周转，另外，买方预付款后，往往由于担心收不回此笔款项而不会故意挑剔单据的不符点。

2. 信用证与托收 D/P 相结合

是指部分用信用证支付，部分用托收方式 D/P 结算。此种结算组合方式的通常做法如下：出口商发货以后开立两张汇票，属于信用证下的部分货款凭光票付款，托收方式下则随

附全套单据，在进口方付清发票的全额后才能交单。此种方式实际上就是光票信用证和跟单托收的组合形式。对于出口商而言，因有部分信用证的保证，且信用证规定单据跟随托收汇票，开证行须等到全部货款后才能交单，所以收汇比较安全。

3. 跟单托收与汇款相结合

是指在跟单托收方式下，出口商要求进口商以汇款方式支付一定金额的预付款或押金作为保证，在货物装运后，出口商可从货款中扣除已预付的货款，剩下的金额委托银行找进口商给付资金。此种结算方式的组合，能大大降低在托收交易下出口商交易的不确定性及风险性。因为，买方已经支付的订金，多数为 20 ~ 30%，一般不会拒付托收项下的货款，否则，订金将无法收回。再者，如果由于买方自身的经营状况下降或进口国的法律政策风险导致被拒付时，出口商可以将货物返运回国或另卖他国进口商，订金将用于支付往返运费。

4. 汇款、托收、信用证的结合

汇款、托收、信用证结合使用的形式常用于大型机械、成套设备和大型交通运输工具（飞机、船舶等）等货款的结算。

三、合同中的支付条款

合同中的支付条款是根据所采用的支付方式来确定的。不同的支付方式，合同中规定支付条款的内容也不一样。

1. 汇款方式的支付条款

采用汇款方式时，应在合同中明确规定汇款的办法、汇款时间、汇款的金额和汇款的途径等。

2. 托收方式的支付条款

采用托收方式时，应在合同中明确规定托收种类、进口人的承兑和（或）付款责任以及付款期限等。

3. 信用证方式的支付条款

采用信用证方式时，应在合同中明确规定信用证种类、开证日期、信用证有效期和议付地点等。

4. 部分信用证、部分托收的支付条款

采用部分信用证和部分托收方式时，应注意有关装运单据必须全部随附托收项下的汇票，待全部货款收妥后，银行才能将单据交给买方。一般在合同中可以作如下或类似的规定："买方应通过卖方所接受的银行于装运月份前××天开立以卖方为受益人的不可撤销即期信用证，规定 80% 发票金额凭即期光票支付，余下 20% 即期付款交单。"

想想议议6-3

某甲开立 100 英镑的支票给乙，叫他去丙银行取款，乙拿到支票后拖延很久不去取款，恰在此时，丙银行倒闭，甲在丙银行的账户里的存款分文无着。乙在未获支票款项的情况下，找到了甲，要甲负责。甲以支票已过期为由拒绝对乙负责。请问该如何处理？

📖 **课堂讨论**

完成本任务后，请进行自我测试：你是否已明确国际贸易结算工具与结算方式的深刻

内涵?

📖 **阅读与思考 6 – 1**

单据轻微瑕疵招致拒付

某日，受益人向议付行交来全套单据，经审核，议付行认为单单、单证一致，于是一面向受益人办理结汇，一面单寄开证行取得索偿。开证行经审核后，认为议付行交来的全套单据不能接受，因为提单上申请人的通信地址的街名少了一个 G（正确的地址为：Sun Chiang Road，现写成 Sun China Road）。

获此信息后，受益人即与申请人取得联系，要求取消此不符点，而申请人执意不肯。事实上，开证申请人已通过借单看过货物后才决定拒绝接受货物，并由此寻找单据中的不符点，以此为借口拒绝付款。目前此案在进一步交涉中。

● **任务小结**

本任务主要通过介绍国际贸易主要的支付工具和支付方式，使读者了解国际贸易结算的基本作用，并且能独立使用这些国际贸易支付工具和方式。

第 3 部分　任务实训

⊃ **案例分析**

国际贸易中的汇款结算

某年某月，我国某地外贸公司与香港某商社首次达成一宗交易，规定以即期不可撤销信用证方式付款。成交后港商将货物转售给了加拿大一客商，因此贸易合同规定由中方直接将货物装运至加拿大。但由于进口商借故拖延，经我方几番催促，最终于约定装运期前 4 天才收到港方开来的信用证，且信用证条款多处与合同不符。若不修改信用证，则我方不能安全收汇，但是由于去往加拿大收货地的航线每月只有一班船，若赶不上此次船期，出运货物的时间和收汇时间都将耽误。在我方坚持不修改信用证不能装船的情况下，港商提出使用电汇方式把货款汇过来。我方同意在收到对方汇款传真后再发货。我方第二天就收到了对方发来的汇款凭证传真件，经银行审核签证无误。同时由于我方港口及运输部门多次催促装箱装船，外贸公司有关人员认为货款既已汇出，就不必等款到再发货了，于是及时发运了货物并向港商发了装船电文。发货后一个月仍未见款项汇到，经财务人员查询才知，港商不过是在银行买了一张有银行签字的汇票传真给我方以作为汇款的凭证，但收到发货电文之后，便把本应寄给我方外贸公司的汇票退回给了银行，撤销了这笔汇款。港商的欺诈行为致使我方损失惨重。

思考题：

（1）我方为何损失惨重？

（2）此案例对我方有何启示？

● **模拟实训**

设计国际贸易支付方式的流程

【实训目的】通过深入实地认知与体验企业,掌握国际贸易支付方式的准备、组织与实施流程。

【实训方式】查找资料与实地调研,撰写调研报告。

【实训对象】本地区外贸企业。

【实训内容】本地区外贸企业国际贸易支付方式流程的调研。

【实训步骤】实训步骤如下:

(1) 学生分组;

(2) 分组进行前期调研,收集和整理相关资料,了解本地区外贸企业一些国际贸易支付方式流程方面的信息;

(3) 分组完成调研报告;

(4) 全班集体讨论。

任务7　探究国际贸易运输与保险

⤵ **任务提示**

本任务将引领你明确国际贸易运输与保险的业务流程以及主要的国际贸易运输方式与保险类别。

⤵ **任务先行**

什么是海运提单?什么是国际贸易运输中的多式联运?我国海洋运输保险的险别又是什么?它研究什么?要了解这些问题,请往下看。

第1部分　案例导入与解析

⮕ **案例导入**

做 何 选 择

有一个渔夫住在海边,靠打鱼为生。他每天打来的鱼基本上只够每天的生活费用,日子过得挺艰难,而且打鱼还可能遇上风浪或鲨鱼而导致翻船,一天早上,他碰到以下3种情况:

(1) 天空乌云密布,海上波浪翻滚,渔夫若出海打鱼,有90%的可能会翻船;

(2) 有风,但也不算大,天空阴沉沉的,渔夫若出海打鱼,有50%的可能会翻船;

(3) 天空非常晴朗,海面风平浪静,渔夫若出海打鱼,有10%的可能会翻船。

那么,请问大家:哪种情况对渔夫来说是最危险的?什么是海洋运输保险?海洋运输保险相关程序有哪些？要回答这些问题，我们先从国际贸易运输谈起。

⊃ 案情介绍

因"海运提单"而引起的纠纷

我国某出口企业同某国 A 商达成一笔交易，买卖合同规定的支付方式是即期付款交单。我方按期将货物装出并由 B 轮船公司承运，并出具转运提单，货物经日本改装后，再由其他轮船公司船舶运往目的港。货到目的港后，A 公司已宣告破产倒闭。当地 C 公司伪造假提单向第二程船公司在当地的代理人处提走货物。

我方企业装运货物后，曾委托银行按跟单托收（付款后交单）方式收款，但因收货人已倒闭，货款无着，后又获悉货物已被冒领，遂与 B 轮船公司交涉，凭其签发的正式提单要求交出承运货物。B 公司却借口依照提单第 13 条规定的"承运人只对第一程负责，对第二程运输不负运输责任"为由，拒不赔偿。于是，诉诸法院。

⊃ 案例解析

本案例是一起海洋运输纠纷。

（1）B 公司难辞其咎。其拒绝赔偿的理由不成立，因为货物在目的港被 C 公司提走，并非第二程运输中的"运输责任"所造成的损失。

（2）B 公司必须赔偿，这是由海运提单的性质决定的。

第 2 部分　任务学习引导

重要知识

国际贸易运输的含义

国际贸易运输是指实现进口商品、暂时进口商品、转运物资、过境物资、邮件、国际捐赠和援助物资、加工装配所需物料、部件及退货等从一国（或地区）向另一国（或地区）运送的物流活动。

7.1　熟知国际贸易运输方式

7.1.1　海洋运输

一、海洋运输概述

1. 海洋运输的含义

海洋运输又称"国际海洋货物运输"，是国际物流中最主要的运输方式。它是指使用船舶通过海上航道在不同国家和地区的港口之间运送货物的一种方式。海洋运输在国际货物运输中使用最广泛。目前，国际贸易总运量中的 2/3 以上，中国进出口货运总量的约 90% 都是利用海洋运输。海洋运输对世界的改变是巨大的。

2. 海洋运输的特点

海洋运输是国际间商品交换中最重要的运输方式之一，货物运输量占全部国际货物运输量的比例大约在 80% 以上，海洋运输具有以下特点。

（1）天然航道。海洋运输借助天然航道进行，不受道路、轨道的限制，通过能力更强。随着政治、经贸环境以及自然条件的变化，可随时调整和改变航线完成运输任务。

（2）载运量大。随着国际航运业的发展，现代化的造船技术日益精湛，船舶日趋大型化。超巨型油轮已达 60 多万吨，第五代集装箱船的"载箱"能力已超过 5 000 TEU。

（3）运费低廉。海上运输航道为天然形成，港口设施一般为政府所建，经营海运业务的公司可以大量节省用于基础设施的投资。船舶运载量大、使用时间长、运输里程远、单位运输成本较低，为低值大宗货物的运输提供了有利条件。

（4）运输的国际性。海洋运输一般都是一种国际贸易，它的生产过程涉及不同的国家、地区的个人和组织，海洋运输还受到国际法和国际管理的约束，也受到各国政治、法律的约束和影响。

（5）速度慢、风险大。海洋运输是各种运输工具里速度最慢的运输方式。由于海洋运输是在海上，受自然条件的影响比较大，比如台风，可以把一运输船卷入海底，风险比较大，另外，还有诸如海盗的侵袭，风险也不小。

（6）不完整性。海洋运输只是整个运输过程的一个环节，它的两端的港口必须依赖其他运输方式的衔接和配合。

二、海洋运输当事人

海洋运输当事人主要有托运人/发货人、收货人、通知人、承运人（提单签发人）和有关代理人等。

（1）托运人。托运人可以是货主（自办托运），也可以是货主代理（代理代办托运）或货运代理（货代代办托运），若 L/C 规定"Third Party B/Lunacceptable"，则只能以货主名义出单，如果受益人是中间商，货物从产地直接出运时也可以实际卖方（第三方）为发货人。

（2）承运人（Carrier）。是指负责运输货物的人，通常出现在提单的右下方（提单签章人）。

（3）货运代理。是指接受货主或者承运人委托，在授权范围内以委托人名义或以代理人身份，办理货物运输事宜的人。

受货主委托的代理人，称"货代"；受承运人委托的代理人，称"船代"。

三、海洋运输租船的经营方式

按照船舶的经营方式，海洋运输可分为班轮运输和租船运输。

1. 班轮运输

1）班轮运输的特点

（1）班轮运输有固定的船期、航线、停靠港口和相对固定的运费率；

（2）班轮运费中包括装卸费，故班轮的港口装卸由船方负责；

（3）班轮承运货物的数量比较灵活，货主按需订舱，特别适合于一般件杂货和集装箱货物的运输。

2）班轮运费

班轮运费由班轮运价表规定，包括基本运费和各种附加费。基本运费分成以下两大类。

（1）件杂货也有按商品价格或件数计收运费的。大宗低值货物，可由船、货双方议定运价。班轮运费中的附加费名目繁多，其中包括超长附加费、超重附加费、选择卸货港附加费、变更卸货港附加费、燃油附加费、港口拥挤附加费、绕航附加费、转船附加费和直航附加费等。

（2）集装箱运输费用中，除上述海运费用外，还需包括有关的服务费和设备使用费。

此外，班轮公司对不同商品混装在同一包装内，按其中收费较高者计收运费。同一票商品，如果包装不同，其计费等级和标准也不同。例如，托运人未按不同包装分别列明毛重和体积，则全票货物按收费较高者计收运费；同一提单内有两种以上不同货名，如果托运人未分别列明毛重和体积，亦从高计费。

附加费是指除基本运费外，另外加收的各种费用。附加费的计算办法，有的是在基本运费的基础上，加收一定百分比；有的是按每运费吨加收一个绝对数计算。常见附加运费有超重附加费、超长附加费、选卸附加费、直航附加费、转船附加费和港口附加费等。班轮运费的计算公式为：

$$总运费 = 基本运费率 \times (1 + 附加费率) \times 货运量$$

2. 租船运输

租船是指包租整船。租船费用较班轮低廉，且可选择直达航线，故大宗货物一般采用租船运输。租船方式主要有定程租船和定期租船两种。

（1）定程租船。定程租船是以航程为基础的租船方式，又称程租船。船方必须按租船合同规定的航程完成货物运输任务，并负责船舶的运营管理及其在航行中的各项费用开支。程租船的运费一般按货物装运数量计算，也有按航次包租金额计算的。

（2）定期租船。定期租船是按一定时间租用船舶进行运输的方式，又称期租船。船方应在合同规定的租赁期内提供适航的船舶，并负担为保持适航的有关费用。租船人在此期尚可在规定航区内自行调度支配船舶，但应负责燃料费、港口费和装卸费等运营过程中的各项开支。

四、海洋运输的一些单据

1. 海运提单

1）海运提单的含义

海运提单（Ocean Bill of Lading）是承运人收到货物后出具的货物收据，也是承运人所签署的运输契约的证明，提单还代表所载货物的所有权，是一种具有物权特性的凭证。

2）海运提单的作用

（1）货物收据。提单是承运人签发给托运人的收据，确认承运人已收到提单所列货物并已装船，或者承运人已接管了货物，已代装船。

（2）运输契约证明。提单是托运人与承运人的运输契约证明。承运人之所以为托运人承运有关货物，是因为承运人和托运人之间存在一定的权利义务关系，双方权利义务关系以提单作为运输契约的凭证。

（3）物权凭证。提单是货物所有权的凭证。谁持有提单，谁就有权要求承运人交付货物，并且享有占有和处理货物的权利，提单代表了其所载明的货物。

3）海运提单的种类

（1）按是否有批注区分，可将其分为清洁提单与不清洁提单。清洁提单是指承运人或船方在收到货物或装载货物时，货物或外包装没有某种缺陷或不良情况的提单；不清洁提单是指承运人或船方在收到货物或装载货物时，发现货物或外包装有不良情况，在提单上给予相应的批注。对于不清洁提单，银行将拒绝接受，无法议付。

（2）按装船时是否已签发提单分，可将其分为已装船提单和收讫备运提单。已装船提单是指提单上记载的货物已经装上提单所指明的船只后签发的提单，提单上明确记载装船的日期；收讫备运提单是指托运人将货交给承运人接管，因船公司船期关系，或船只尚未到港，暂存仓库由其保管，而凭仓库收据签发的备运提单。

（3）按运输方式分，可将其分为直达提单和联运提单。直达提单是指装货船只自装货港直接到达最终目的港，中途不转船的提单；联运提单是指货物从装运港装船后，中途转换另一条船，或中途改换其他的运输方式才到达目的港或目的地的提单。

（4）按提单的抬头分，可将其分为记名提单、不记名提单和提示提单。记名提单具体填写特定的人或公司；不记名提单不填具体收货人名称，即承运人将货物交给提单的持有人，谁持有提单，谁就可以提货；提示提单是指按记名人指示或不记名人指示而交货的提单。

（5）按航运的经营方式不同分，可将其分为租船契约提单和班轮提单。

（6）按运费支付方法不同分，可将其分为运费预付提单和运费倒付提单。

（7）按提单的格式和条款是否全面分，可将其分为全式提单和简式提单。全式提单是指提单的正面和背面都有内容，全面记载了承运人和托运人的责任、义务和权利等方面的条款；简式提单只有正面有条款，而背面没有任何记载内容。

2. 海上货运单

海上货运单（Sea Waybill/Ocean Waybill）简称海运单，是证明海上货物运输合同和货物由承运人接管或装船，以及承运人保证据以将货物交付给单证所载明的收货人的一种不可流通的单证，因此又称"不可转让海运单"。

在实际业务中，海运单的性质及作用主要表现在如下几方面。

（1）海运单是承运人和发货人之间海上运输合同的证明。

（2）海运单是出运货物的收据。不同于海运提单的是，海运单不可转让，也不是物权凭证。收货人不凭海运单提货。

由于海运单提货方便，费用节省，便于防止假单据欺诈，而且利于EDI的使用，因此其使用范围正在逐步扩大。但目前海运提单仍是最主要的海运单据。

五、海上货运事故索赔所需单证

（1）索赔函。向责任方提出的索赔文件。

（2）索赔清单。包括索赔人、船名、货名、装港、抵港日期、提单号、残缺的数量、索赔金额、理由和索赔日期等。

（3）提单或租船影印件。

（4）过驳清单或卸货报告。

（5）货物溢短单和货物残缺清单。

（6）残损检验证书和商检证书。

（7）发票。

（8）装箱单、重量单。

（9）施救、残损、检验费清单。

（10）保单或保险凭证。

（11）往来函电及其他专业证明。如船检证书、卫生、动植物检验证书、火灾鉴定报告等。

7.1.2 铁路运输

一、国际铁路货物联运

1. 国际铁路货物联运的概念

国际铁路货物联运是指在两个或两个以上国家铁路运送中，使用一份运送单据，并以连带责任办理货物的全程运送，在一国铁路向另一国铁路移交货物时，无须发、收货人参加，铁路当局对全程运输负责任。

2. 国际铁路货物联运的程序

1）托运前的工作

在托运前必须将货物的包装和标记严格按照合同中有关条款、国际货协和议定书中条项办理。

2）货物托运和承运的一般程序

发货人在托运货物时，应向车站提出货物运单和运单副本，以此作为货物托运的书面申请。车站接到运单后，应进行认真审核，对整车货物应检查是否有批准的月度、旬度货物运输计划和日要车计划，检查货物运单各项内容是否正确，如果确认可以承运，车站即在运单上签证时写明货物应进入车站的日期和装车日期，即表示接受托运。发货人按签证指定的日期将货物搬入车站或指定的货位，并经铁路根据货物运单的记载查对实货，认为符合国际货协和有关规章制度的规定，车站方可予以承认，整车货物一般在装车完毕，发站在货物运单上加盖承运日期戳，即为承运。发运零担货物，发货人在托运时，不需要编制月度、旬度要车计划，即可凭运单向车站申请托运，车站受理托运后，发货人应按签证指定的日期将货物搬进货场，送到指定的货位上，经查验过磅后，即交由铁路保管。从车站将发货人托运的货物，连同货物运单一同接受完毕，在货物运单上加盖承运日期戳时，即表示货物业已承运。铁路对承运后的货物负保管、装车发运责任。

总之，承运是铁路负责运送货物的开始，表示铁路开始对发货人托运的货物承担运送义务，并负运送上的一切责任。

3）货运单据

（1）国际铁路联运运单（International Through Rail Waybill）。它是发货人与铁路之间缔结的运输契约，它规定了铁路与发、收货人在货物运送中的权利、义务和责任，对铁路和发、收货人都具有法律效力。

（2）添附文件。我国出口货物必须填"出口货物明细单"和"出口货物报关单"以及"出口外汇核销单"，另外，根据规定和合同的要求还要填附"出口许可证"、品质证明书、商检证、卫生检疫证，动植物检查以及装箱单、磅码单、化验单、产地证及发运清单等有关单证。

4）出口货物交接的一般程序

（1）联运出口货物实际交接是在接收路国境站进行。口岸外运公司接铁路交接所传递的运送票据后，依据联运订单审核其附带的各种单证份数是否齐全，内容是否正确，遇有矛盾不符等缺陷，则根据有关单证或函电通知订正，补充。

（2）报关报验。运送单证经审核无误后，将出口货物明单截留三份（易腐货物截留两份），然后将有关运送单证送各联检单位审核放行。

（3）货物的交接。单证手续齐备的列车出境后，交付路在邻国国境站的工作人员会同接收路工作人员共同进行票据和货物交接，依据交接单进行对照检查。交接分为一般货物铁路方交接和易腐货物贸易双方交接。

二、从香港至内地铁路运输的流程

1. 从香港至内地铁路运输时间

（1）香港发运阶段：香港中旅装车日期逢星期二、星期五，开车日期逢星期三、星期六。

（2）深圳笋港口岸转关阶段：由中国外运深圳公司在深圳负责托运，广铁（集团）公司在深圳北站发出，目的地北京丰台站五里店外贸专用线。

（3）北京抵达阶段：自深圳北站至北京丰台站运输时间为 7 天。

（4）通关阶段：由于目前经过铁路国际运输的货物较少，五里店海关的海关官员几乎可以做到专门服务。若海关硬件和货物本身无问题，在两个工作日之内可以完成通关交货手续。北京五里店口岸海关通关速度非常快，若申报货物海关无异义，完全可在一个工作日之内完成通关。

2. 从香港至内地铁路运输的单据

（1）香港发运和深圳笋港口岸转关所需提供文件：货物运输委托书一份、发票五份（货物名称及数量单位要加上中文注明）、装箱单五份（货物名称及数量单位要加上中文注明）、支票（运费）一张（抬头：China Travel Service（Cargo）Ltd.）。

（2）北京五里店口岸通关所需单据：领货凭证（在货物安排完毕深圳至北京的运输后 2 个工作日内，由香港中旅货运有限公司驻深圳办事处快递我司）（一正）、货物运输通知单（在货物安排完毕深圳至北京的运输后 2 个工作日内，由香港中旅货运有限公司驻深圳办事处快递我司）（一正）、机电产品进口登记表及附表（若有）（一正）（注：只能一次性使用，不可分批）、进口合同（一副）、进口代理协议（一副）、报关委托书（一正）、检疫报检委托书（一正）、支票（关税、报关杂费、检验检疫费各一张）（注：关税支票要求不写抬头由中国银行驻五里店办事处代填，由五里店海关背书）、发票（两正本或副本，一份报关、一份报检）、装箱单（两正本或副本，一份报关，一份报检）（注：按海关报关要求箱单要有毛重、净重）。

3. 从香港至内地铁路运输的程序

（1）发货准备：（大约需 6 天）准备采用铁路运输的进口货物清单，同时准备发票和装箱单；办理机电产品进口登记表及附表（若有）（以下简称"机电审"），同时准备进口外贸合同。

（2）深圳中转时：外贸公司凭合同（副本）、发票、装箱单、机电审正本、报关委托书在北京五里店口岸办理 EDI 转关报关，当日即可完成（注：此 EDI 报关由深圳海关提出要求，如无此要求货物将被自动中转至北京）。

（3）运输：（大约需要 9 ～ 11 日）由境外机构安排香港中旅运输；香港中旅在装车后 4 日内完成深圳转关手续，并委托中国外运深圳公司安排自深圳北站至北京丰台五里店外贸专用线的运输；同时，香港中旅驻深圳办事处负责在火车在深圳确定发车后的两个工作日之内将领货凭证和货物运输通知单快递至外贸公司；货物自深圳北站开始需 5 ～ 7 日抵达北京目的地；货物抵达北京目的地后的第二个工作日北京外运陆运公司将通知外贸公司到货，并在同日的后半日具备通关条件。

7.1.3 航空运输

航空运输是指利用飞机运送货物的现代化运输方式。近年来，采用航空运输的方式日趋普遍，航空货运量越来越大，航空运输的地位日益提高。

一、国际空运货物的运输方式

1. 班机运输方式

班机是指在固定的航线上定期航行的航班，即有固定始发站、目的站和途经站的飞机。班机的航线基本固定，定期开航，收、发货人可以确切地掌握起运和到达时间，保证货物安全、迅速地运达目的地，对运送鲜活、易腐的货物以及贵重货物非常有利。不足之处是舱位有限，不能满足大批量货物及时出运的需要。

2. 包机运输

包机运输可分为整架包机和部分包机。

（1）整架包机。整架包机是指航空公司或包机代理公司，按照与租机人双方事先约定的条件和运价，将整架飞机租给租机人，从一个或几个航空站装运货物至指定目的地的运输方式。整架包机的运费随国际航空运输市场的供求情况而变化。

（2）部分包机。部分包机是指几家航空货运代理公司联合包租一架飞机，或者由包机公司把一架飞机的舱位分别分给几家航空货运代理公司。部分包机适合一吨以上但不足装一整架飞机的货物，运费较班机低，但运送时间则比班机要长。

3. 集中托运

集中托运是指航空货运代理公司把若干批单独发运的、发往同一方向的货物集中起来，组成一票货，向航空公司办理托运，采用一份总运单集中发运到同一站，由航空货运代理公司在目的地指定的代理人收货、报关并分拨给各实际收货人的运输方式。这种托运方式，货主可以得到较低的运价，使用比较普遍，是航空货运代理的主要业务之一。

4. 航空快递

航空快递是指由一个专门经营该项业务的公司和航空公司合作，通常为航空货运代理公司或航空速递公司派专人以最快的速度在货主、机场和用户之间运送和交接货物的快速运输方式。该项业务是两个空运代理公司之间通过航空公司进行的，是最快捷的一种运输方式。航空快递业务有如下几种形式。

（1）门到门服务。发货人需要发货时，打电话给快递公司，快递公司派人到发货人所在地取件，根据不同的目的地进行分拣、整理、核对、制单、报关，利用最近的航班，通过航空公司将快件运往世界各地。发件地的快递公司将所发快件的有关信息通告中转站或目的站的快件公司，快件到达中转站或目的地机场后由中转站或目的港的快件公司负责办理清关、提货手续，将快件及时送交收货人手中，并将有关信息反馈到发件地的快递公司。

（2）门到机场服务。快件到达目的地机场后，当地快件公司及时将有关到货信息告知收货人，清关、提货手续可由收货人自己办理，也可委托快件公司或其他代理公司办理。适用于货物价值较高或目的地海关当局对货物或物品有特殊规定的快件。

（3）专人派送。专人派送是指发件的快递公司指派专人携带快件在最短的时间内，采用最快捷的交通方式，将快件送交到收货人手中。

门到门服务是最方便、最快捷，使用最普遍的方式；门到机场服务简化了发件人的手续，但需要收货人安排清关、提货手续；专人派送服务是一种特殊服务，费用较高，使用较少。

二、航空运输的承运人

1. 航空运输公司

航空运输公司是指航空货物运输业务中的实际承运人，负责办理从起航机场至到达机场的运输，并对全程运输负责。

2. 航空货运代理公司

航空货运代理公司可以是货主的代理，负责办理航空货物运输的订舱，在始发机场和到达机场的交、接货与进口报关等事宜，也可以是航空公司的代理，办理接货并以航空承运人的身份签发航空运单，对运输全程负责，亦可两者兼而有之。

航空货运代理公司办理出口货物的程序如下。

（1）出口单位向"空代"提供"航空货运出口货物委托书"和出口合同各一份。

（2）"空代"根据委托书向航空公司办理订舱手续，订妥后及时通知发货人备货备单。

（3）出口单位备妥货物及所有出口单证后送交"空代"，以便办理报关手续。

（4）"空代"接货时，根据发票、装箱单，逐一清点、核对，查验有无残损。

（5）"空代"向航空公司交货时，应预先制作交接清单一式两份。

（6）"空代"将报关单证交海关后，如未发现问题，便在航空货运单正本、出口收汇核销单和出口报关单上加盖放行章。

（7）出口单位凭"空代"签发的"分运单"向银行办理结汇。如果出口单位向航空公司托运，就凭其签发的"主运单"办理结汇。

（8）货到目的地后，航空公司以书面或电话通知当地"空代"或收货人提货。

三、航空运输的运价

航空运输的运价是指承运人为运输货物对规定的重量单位（或体积）所收取的费用，它只包括机场与机场之间的航空运输费用，不包括其他额外费用（如提货费、仓储费等）。空运货物是按一般货物、特种货物和货物的等级规定运价标准。

四、航空运单

航空运单（Airway Bill）是承运人与托运人之间签订的运输契约，也是承运人或其代理人签发的货物收据。航空运单还可作为核收运费的依据和海关查验放行的基本单据。但航空运单不是代表航空公司的提货通知单。在航空运单的收货人栏内，必须详细填写收货人的全称和地址，而不能做成指示性抬头。

7.1.4 集装箱运输、国际多式联运及其他运输方式

一、集装箱运输

集装箱运输（Container Transport）是指以集装箱这种大型容器为载体，将货物集合组装成集装单元，以便在现代流通领域内运用大型装卸机械和大型载运车辆进行装卸、搬运作业和完成运输任务，从而更好地实现货物"门到门"运输的一种新型、高效率和高效益的运输方式。

1. 集装箱运输的优点

（1）有利于提高装卸效率和加速船舶的周转；

（2）有利于提高运输质量和减少货损货差；

（3）有利于节省各项费用和降低货运成本；

（4）有利于简化货运手续和便利货物运输；

（5）有利于促进国际多式联运的发展。

2. 集装箱运输货物的交接方式

集装箱运输中，有整箱货（为拼箱货的相对用语。是指由发货人负责装箱、计数、积载并加铅封的货运）和拼箱货（为整箱货的相对用语。是指装不满一整箱的小票货物）两种。在船货双方之间的交接方式有以下几种。

（1）门到门（Door to Door）。由托运人负责装载的集装箱，在其货仓或工厂仓库交承运人验收后，由承运人负责全程运输，直到收货人的货仓或工厂仓库交箱为止。这种全程连线运输，称为"门到门"运输。

（2）门到场（Door to CY）。由发货人货仓或工厂仓库至目的地或卸箱港的集装箱装卸区堆场。

（3）门到站（Door to CFS）。由发货人货仓或工厂仓库至目的地或卸箱港的集装箱货运站。

（4）场到门（CY to Door）。由起运地或装箱港的集装箱装卸区堆场至收货人的货仓或工厂仓库。

（5）场到场（CY to CY）。由起运地或装箱港的集装箱装卸区堆场至目的地或卸箱港的集装箱装卸区堆场。

（6）场到站（CY to CFS）。由起运地或装箱港的集装箱装卸区堆场至目的地或卸箱港的集装箱货运站。

（7）站到门（CFS to Door）。由起运地或装箱港的集装箱货运站至收货人的货仓或工厂仓库。

（8）站到场（CFS to CY）。由起运地或装箱港的集装箱货运站至目的地或卸箱港的集装箱装卸区堆场。

（9）站到站（CFS to CFS）。由起运地或装箱港的集装箱货运站至目的地或卸箱港的集装箱货运站。

集装箱出口货运特有的单证是设备交接单。

3. 集装箱运输的费用

集装箱运输的费用构成和计算方法与传统的运输方式不同。它包括内陆或装运港市内运

输费、拼箱运输费、堆场服务费、海关运费、集装箱及其设备使用费等。

1）集装箱的运费构成

（1）基本运费。集装箱基本运费计收，采用班轮公司的运价本或船公司的运价本。目前，中国远洋运输（集团）总公司按航线、货种和箱型，定有集装箱货物运价本。对整箱货采用包箱费率的形式，即对具体航线实行分货种和箱型的包箱费率或不分货种只按箱型的包箱费率。而对拼箱货，则按货物品种及不同的计费标准计算运费。

（2）附加费。除基本运费外，集装箱货物也要加收附加费。附加费的标准根据航线、货种不同而有所不同。中国远洋运输（集团）总公司包箱费率表中，目前列有下列几种附加费目：①超重、超长、超大件附加费；②半危、全危、冷藏货附加费；③选择或变更目的港附加费；④转船附加费；⑤港口附加费和拥挤附加费；⑥其他附加费。

2）集装箱运费计算方法

（1）按件杂货基本费率加附加费。这是按照传统的按件杂货计算方法，以每运费吨为计算单位，再加收一定的附加费。

（2）包箱费率。以每个集装箱为计费单位。包箱费率视船公司和航线等不同而有所不同。

（3）最低运输费用方式。规定最低运费等级（最低箱载利用率）。例如，远东航运公司规定，20英尺箱最低运费吨实重货为17.5吨，尺码货为21.5立方米，W/M/为21.5运费吨。

（4）最高运输费用方式。规定最高计费吨。例如，在货物体积超过集装箱通常载货容积时，仍按标准体积收费。若按等级包箱费率计费，而箱内等级不同时，则可免交低货物等级的运费。

4. 集装箱运输出口程序

（1）订舱。发货人根据贸易合同或信用证条款的规定，在货物托运前一定时间内填好集装箱货物托运单委托其代理或直接向船公司申请订舱。

（2）接受托运申请。船公司或其代理公司根据自己的运力、航线等具体情况考虑发货人的要求，决定接受与否，如果接受申请就开始编制订舱清单，然后分送集装箱堆场，集装箱堆场据以安排空箱及办理货运交接。

（3）发放空箱。通常整箱货货运的空箱由发货人到集装箱码头堆场领取，有的货主有自备箱；拼箱货货运的空箱由集装箱货运站负责领取。

（4）拼箱货装箱。发货人将不足一整箱的货物交至货运站，由货运站根据订舱清单和场站收据负责装箱，然后由装箱人编制集装箱装箱单。

（5）整箱货交接。由发货人自行负责装箱，并将已加海关封志的整箱货运到集装箱堆场。集装箱堆场根据订舱清单，核对场站收据及装箱单验收货物。

（6）集装箱的交接签证。集装箱堆场或集装箱货运站在验收货物和（或）箱子，即在场站收据上签字，并将签署后的D/R交还给发货人。

（7）货物进港。

（8）换取提单。

（9）集箱装船。

（10）寄送资料。

二、国际多式联运

1. 国际多式联运的概念

国际多式联运是指按照多式联运合同，以至少两种不同的运输方式，由多式联运经营人把货物从一国境内接运货物的地点运至另一国境内指定交付货物的地点。构成多式联运应具备以下条件。

（1）必须有一个多式联运合同，合同中明确规定多式联运经营人和托运人之间的权利、义务、责任和豁免。

（2）必须是国际间两种或两种以上不同运输方式连贯运输。

（3）必须使用一份包括全程的多式联运单据，并由多式联运经营人对全程运输负总的责任。

（4）必须有一个多式联运经营人对全程运输负总的责任。

（5）必须是全程单一运费费率，其中包括全程各段运费的总和、经营管理费用和合理利润。

2. 国际多式联运的托运与交接方式

（1）货物托运。多式联运经营人根据托运人的委托安排运输路线，进行订舱、办理接货、仓储、装箱，再将集装箱发往实际承运人指定的场站备运。

（2）交接方式。与一般集装箱运输相同。

3. 多式联运单据

多式联运单据（Combined Transport Documents，CTD）是指证明国际多式联运合同成立及证明多式联运经营人接管货物，并负责按照多式联运合同条款支付货物的单据。它是由多式联运经营人签发的提单，在提单上列明发货港和卸货港、收货地和交货地、最终目的地和前段运输工具名称等。

开展国际多式联运是实现"门到门"运输的有效途径，它简化了手续，减少了中间环节，加快了货运速度，降低了运输成本，并提高了货运质量。货物的交接地点也可以做到门到门、门到港站、港站到港站和港站到门等。

三、大陆桥运输

1. 大陆桥运输的定义

大陆桥运输（Land Bridge Transport）是指利用横贯大陆的铁路（公路）运输系统作为中间桥梁，把大陆两端的海洋连接起来的集装箱连贯运输方式。

2. 大陆桥运输的主要线路

1）西伯利亚大陆桥

西伯利亚大陆桥是利用俄罗斯西伯利亚铁路作为陆地桥梁，把太平洋远东地区与波罗的海和黑海沿岸以及西欧大西洋口岸连起来。这是世界上最长的运输路桥。

2）北美大陆桥

北美大陆桥运输是指从日本东向，利用海路运输到北美西海岸，再经由横贯北美大陆的铁路线，陆运到北美东海岸，再经海路运输到欧洲的"海—陆—海"运输结构。北美大陆桥是世界上历史最悠久、影响最大、服务范围最广的陆桥运输线。

北美大陆桥包括美国大陆桥运输和加拿大大陆桥运输。美国大陆桥有两条运输线路：一条是从西部太平洋沿岸至东部大西洋沿岸的铁路和公路运输线；另一条是从西部太平洋沿岸至东南部墨西哥湾沿岸的铁路和公路运输线。

3）亚欧大陆桥

亚欧大陆桥于 1992 年投入使用。亚欧大陆桥东起中国的连云港，西至荷兰鹿特丹港，全长 10 837 km，其中在中国境内 4 143 km，途径中国、哈萨克斯坦、俄罗斯、白俄罗斯、波兰、德国和荷兰 7 个国家，可辐射到 30 多个国家和地区。

四、其他运输方式

1. 公路运输

公路运输亦为外贸货物运输的方式之一，它与铁路运输同为陆上运输的基本运输方式。它可直接运进或运出外贸货物，也是港口、车站、机场集散进出口货物的重要方式，有"门到门"运输之称，但公路运输载货有限，运输成本高、风险大。

2. 邮政运输

邮政运输（Parcel Post Transport）是一种较简便的运输方式。各国邮政部门之间订有协定和合约，通过这些协定和合约，各国的邮件包裹可以相互传递，从而形成国际邮包运输网。由于国际邮政运输手续简便，费用也不高，还可以实现"门到门"、"桌到桌"服务，故其成为国际贸易中普遍采用的运输方式之一。

3. 内河运输

内河运输（Inland Water Transport）是指使用船舶通过国际内江湖河川等天然或人工水道，运送货物和旅客的一种运输方式。它是水上运输的一个组成部分，是内陆腹地和沿海地区的纽带，也是边疆地区与邻国边境河流的连接线，在现代化的运输中起着重要的辅助作用。内河运输早期在我国南方就存在，主要用于盐、茶叶、丝绸等货物的运输。

4. 管道运输

管道运输（Pipeline Transport）是用管道作为运输工具的一种长距离输送液体和气体物资的运输方式，是一种专门由生产地向市场输送石油、煤和化学产品的运输方式，是统一运输网中干线运输的特殊组成部分。有时候，气动管（Pneumatic Tube）也可以做到类似工作，以压缩气体输送固体舱，而内里装着货物。管道运输石油产品比水运费用高，但仍然比铁路运输便宜。大部分管道都是被其所有者用来运输自有产品。

7.1.5 装运条款

一、装运时间

装运时间又称装运期或交货时间、交货期，是指卖方履行交货的时间。它是合同中的一项重要条款。在合同签订后，卖方能否按规定的装运时间交货，直接关系到买方能否及时取得货物，以满足其生产、消费或转售的需要。因此，《联合国国际货物销售合同公约》第 33 条规定，卖方必须按合同规定的时间交货。有些西方国家法律规定，如果卖方未按合同规定的时间交货，即构成卖方的违约行为，买方有权撤销合同，并要求卖方赔偿其损失。

1. 装运时间的规定方法

国际贸易合同中，对装运期的规定方法一般有以下几种。

（1）明确规定具体装运时间。这种规定的方法可以是在合同中订明某年某月装或某年跨月装，或某年某季度装，或跨年跨月装等。但装运时间一般不确定在某一个日期上，而只是确定在某一段时间内，如"1998 年 5 月份交货（装运）"，"1991 年 11 月 15 日前装运"。

这里需注意，按有关惯例的解释，凡是"以前"字样的规定，一般不包括那个指定的日期。这种规定方法，期限具体，含义明确，双方不至于因在交货时间的理解和解释上产生分歧，因此，在合同中采用较普遍。

（2）规定在收到信用证后若干天或若干月内装运。例如，在合同中订明"收到信用证后45天内装运"，"收到信用证后3个月内装运"等。

2. 规定装运时间应注意的问题

（1）买卖合同中的装运时间的规定，要明确具体，装运期限应当适度。

（2）应该考虑货源和船源的实际情况，使船货衔接。

（3）应结合考虑交货港、目的港的特殊季节因素。

（4）在规定装运期的同时，应考虑信用证开证日期的规定是否明确合理。

二、装运港和目的港

装运港（Port of Shipment）又称装货港（Loading Port），是指货物起始装运的港口。目的港（Port of Destination）又称卸货港（Unloading Port），是指货物最终卸下的港口。

在买卖合同中，装运港和目的港的规定方法有以下几种。

（1）在一般情况下，装运港和目的港分别规定各为一个。例如，装运港——大连，目的港——鹿特丹。

（2）有时按实际业务的需要，也可分别规定两个或两个以上的装运港或目的港。例如，装运港——大连/天津/青岛，目的港——伦敦/利物浦/鹿特丹。

（3）在磋商交易时，如果明确规定装运港或目的港有困难，可以采用选择港办法。一种是在两个或两个以上港口中选择一个，如 CIF 伦敦，选择港汉堡或鹿特丹；另一种是笼统规定某一航区为装运港或目的港，如"地中海主要港口"、"西欧主要港口"等。

三、分批装运和转运

1. 分批装运

分批装运（Partial Shipment）又称分期装运（Shipment by Instalments），是指一个合同项下的货物分若干批或若干期装运。在大宗货物或成交数量较大的交易中，买卖双方根据交货数量、运输条件和市场销售等因素，可在合同中规定分批装运条款。

（1）国际商会制定的《跟单信用证统一惯例》规定，除非信用证另有规定，允许分批装运。为了避免不必要的争议，争取早出口、早收汇，防止交货时发生困难，除非买方坚持不允许分批装运，原则上应明确在出口合同中订入"允许分批装运"。

（2）《跟单信用证统一惯例》规定："运输单据表面上注明货物是使用同一运输工具装运并经同一路线运输的，即使每套运输单据注明的装运日期不同及/或装运港、接受监管地不同，只要运输单据注明的目的地相同，也不视为分批装运。"该惯例对定期、定量分批装运还规定："信用证规定在指定时期内分期支款及/或装运，其中任何一期未按期支款及/或装运，除非信用证另有规定，则信用证对该期及以后各期均告失效"。

2. 转运

《跟单信用证统一惯例》规定，除非信用证另有规定，可准许转运。为了明确责任和便于安排装运，买卖双方是否同意转运以及有关转运的办法和转运费的负担等问题，应在买卖合同中订明。

四、装运通知

装运通知是装运条款的一项重要内容。买卖双方按 CFR 或 CPT 条件成交时，卖方交货后，及时向买方发出装运通知，具有更为重要的意义。

五、滞期、速遣条款

1. 装卸时间

装卸时间（Lay Time）是指允许完成装卸任务所约定的时间，它一般以天数或小时数来表示。主要规定有以下 3 种：

（1）日或连续日；

（2）累计 24 小时好天气工作日；

（3）连续 24 小时好天气工作日（国际上运用最多）。

2. 装卸率

所谓装卸率，是指每日装卸货物的数量。装卸率的具体确定，一般应按照习惯的正常装卸速度，掌握实事求是的原则。装卸率的高低，关系到完成装卸任务的时间和运费水平，装卸率规定过高或过低都不合适。规定过高，完不成装卸任务，要承担滞期费（Demurrage）的损失；反之，规定过低，虽能提前完成装卸任务，可得到船方的速遣费（Despatch Money），但船方会因装卸率低，船舶在地时间长而增加运费，致使租船人得不偿失。因此，装卸率的规定应适当。

3. 滞期费和速遣费

滞期费是指在规定的装卸期限内，租船人未完成装卸作业，给船方造成经济损失，租船人对超过的时间应向船方支付的一定的罚金。速遣费是指在规定的装卸期限内，租船人提前完成装卸作业，使船方节省了船舶在港的费用开支，船方应向租船人就可节省的时间支付一定的奖金。按惯例，速遣费一般为滞期费的一半。

六、其他装运条款

"OCP" 是 Overland Common Points 的缩写，意为"内陆地区"。所谓"内陆地区"，是根据美国运费率规定，以美国西部 9 个州为界，也就是以落基山脉为界，其以东地区，均为内陆地区范围。应注意以下问题。

（1）货物最终目的地必须属于 OCP 地区范围。

（2）货物必须经由美国西海岸港口中转。因此，签订 CFR 和 CIF 出口合同时，目的港必须是美国西海岸港口。

（3）提单上必须标明 OCP 字样，并且在提单目的港一栏中除填明美国西部海岸港口名称外，还要加注内陆地区的城市名称。

想想议议7-1

我国某外贸公司以 FOB 中国口岸与日本 M 公司成交矿砂一批，日商即转手以 CFR 悉尼价售给澳大利亚的 G 公司，日商来证价格为 FOB 中国口岸，目的港悉尼，并提出在提单上表明运费已付。我方该如何处理才能使利益不受损害？

7.2 透视国际贸易保险

7.2.1 国际货物运输保险概述

一、国际货物运输保险的定义

国际货物运输保险是指以对外贸易货物运输过程中的各种货物作为保险标的的保险。外贸货物的运送有海运、陆运、空运以及通过邮政送递等多种途径。国际货物运输保险是国际贸易的重要组成部分，国际货物运输保险不但可以给运输中的货物提供保障，而且还能为国家提供无形贸易的外汇收入。国际货物运输保险主要包括海上货物运输保险、铁路货物运输保险、公路货物运输保险、航空货物运输保险和邮包运输保险等。其中历史最悠久、业务量最大、法律规定最全的是海上货物运输保险。

二、国际货物运输保险的基本原则

1. 保险利益原则

保险利益是指被保险人对保险标的所具有的合法的利害关系。依我国《保险法》第 12 条的规定，投保人对保险标的应当具有保险利益，投保人对保险标的不具有保险利益的，保险合同无效。此原则可以使被保险人无法通过不具有保险利益的保险合同获得额外利益，以避免将保险合同变为赌博合同。保险利益可以表现为现有利益、期待利益和责任利益。

2. 最大诚实信用原则

最大诚实信用原则是指国际货物运输保险合同的当事人应以诚实信用为基础订立和履行保险合同，主要体现在订立合同时的告知义务和履行合同时的保证义务上。诚实信用原则规定在我国《民法通则》的第 4 条。我国有关诚实信用原则的规定具体体现在告知义务上。在被保险人的告知义务上，我国《保险法》第 17 条与《海商法》第 222 条的规定不同，《保险法》采用的是有限告知主义，而《海商法》则采用了无限告知主义与有限告知主义的结合。《海商法》第 222 条第 1 款涉及的是无限告知，要求合同订立前，被保险人应当将其知道的或者在通常业务中应当知道的有关影响保险人据以确定保险费率或确定是否同意承保的重要情况，如实告知保险人。第 2 款涉及的是有限告知的情况，规定保险人知道或者在通常业务中应当知道的情况，保险人没有询问的，被保险人无须告知。依据《海商法》第 223 条的规定，被保险人故意未将重要情况如实告知保险人的，保险人有权解除合同，并不退还保险费。合同解除前发生保险事故造成损失的，保险人不负赔偿责任。

3. 损失补偿原则

损失补偿原则是指在保险事故发生而使被保险人遭受损失时，保险人必须在责任范围内对被保险人所受的实际损失进行补偿。国际货物运输保险合同属于补偿性的财产保险合同，因此，在发生超额保险和重复保险的情况下，保险人只赔偿实际损失，因为保险的目的是补偿，而不能通过保险得利。

4. "近因"原则

虽然我国《保险法》及《海商法》均没有对"近因"原则进行明文规定，但在国际货物运输保险实践中，"近因"原则是常用的确定保险人对保险标的的损失是否负保险责任以及负何种保险责任的一条重要原则。

7.2.2 海运货物保险承保的范围

海上货物保险承保的范围，包括海上风险、海上损失与费用以及外来原因所引起的风险和损失。

一、海上风险和损失

1. 海上风险

海上风险包括自然灾害和意外事故。

（1）自然灾害（Natural Calamity）。仅指恶劣气候、雷电、洪水、流冰、地震、海啸以及其他人力不可抗力的灾害。

（2）意外事故（Fortuitous Accidents）。主要是指船舶搁浅、触礁、碰撞、爆炸、火灾、沉没、船舶失踪或其他类似事故。

2. 海上损失

海上损失是指被保险货物在海运过程中，由于海上风险所造成的损坏或灭失。具体包括以下几类。

（1）全部损失（Total Loss）。全部损失又称全损，是指被保险货物全部遭受损失。全部损失有实际全损和推定全损之分。实际全损是指货物全部灭失或全部变质而不再有任何商业价值。推定全损是指货物遭受风险后受损，尽管未达实际全损的程度，但实际全损已不可避免，或者为避免实际全损所支付的费用和继续将货物运抵目的地的费用之和超过了保险价值。推定全损需经保险人核查后认定。

（2）部分损失（Partial Loss）。部分损失是指货物发生事故后，认为实际全损已不可避免，或者认为避免实际全损所需的费用与继续将货物运抵目的地的费用之和超过保险价值。

（3）共同海损（General Average）。共同海损是指在海运途中，船舶、货物或其他财产遭遇共同危险，为了解除共同危险，有意采取合理的救难措施，所直接造成的特殊牺牲和支付的特殊费用。

（4）单独海损（Particular Average）。单独海损仅指涉及船舶或货物所有人单方面利益的损失。

（5）施救费用（Sue and Labor Charges）。施救费用是指当被保险货物遇到保险责任范围内的灾害事故时，被保险人、或其代理人、或保险单上受让人等为防止损失的进一步扩大，而采取措施所付出的费用（常与单独海损费用相联系）（无论有无效果都予以赔偿）。

（6）救助费用（Salvage Charges）。救助费用是指当被保险货物遇到保险责任范围内的灾害事故时，由无契约关系的第三者采取的救助行动获得成功，而向其支付的报酬（常与共同海损费用相联系）（无效果、无报酬）。

二、外来风险和损失

1. 外来风险和损失的含义

外来风险和损失是指海上风险以外由于其他各种外来的原因所造成的风险和损失。

2. 外来风险和损失的类型

（1）一般的外来原因所造成的风险和损失。这类风险损失，通常是指偷窃、短量、破碎、雨淋、受潮、受热、发霉、串味、玷污、渗漏、钩损和锈损等。

（2）特殊的外来原因造成的风险和损失。主要是指由于军事、政治、国家政策法令和行政措施等原因所致的风险损失。

7.2.3 我国海运货物保险的险别

中国人民保险公司为适应我国对外经贸发展需要，根据我国保险业务实际情况，参照国际保险市场做法，制定了《中国保险条款》（China Insurance Clauses，CIC），其中包括海洋货物运输保险条款等内容，中国人民保险公司 1981 年 1 月 1 日修订了海洋货物运输保险条款、海洋货物运输战争险条款等内容。

一、承保责任范围

保险人承保责任范围大小，取决于不同保险险别。

1. 基本险别

主要包括平安险、水渍险和一切险。

1）平安险

平安险（Free from Particular Average，F. P. A.）承保责任范围如下：

（1）被保险货物在运输途中遭受自然灾害造成的全损；

（2）运输工具遭意外事故造成货物的全部或部分损失；

（3）运输工具遭意外事故情况下，货物在此前后又遭自然灾害造成的部分损失；

（4）在装卸或转船时，一件或数件整件货物落海造成的全损或部分损失；

（5）被保险人对遭风险的货物采取抢救，以防止或减少损失所支付的合理费用，但以不超过保险金额为限；

（6）运输工具遭海难后，在避难港产生的特别费用（卸、存、运）；

（7）共同海损的牺牲、分摊和救助费用；

（8）"船舶互撞条款"中规定由货方偿还船方的损失。

2）水渍险

水渍险（With Particular Average，W. P. A.）又称"单独海损险"，英文原意是指单独海损负责赔偿，它是海洋运输货物保险的主要险别之一。

水渍险的责任范围除了包括上列"平安险"的各项责任外，还负责被保险货物由于恶劣气候、雷电、海啸、地震、洪水等自然灾害所造成的部分损失。

3）一切险

投保一切险（All Risks）以后，保险公司除担负"平安险"和"水渍险"的所有责任外，还对货物在运输过程中由于外来原因而遭受的全损或部分损失负赔偿责任。

一切险是海上运输保险的基本种类之一，是保险人对保险标的物遭受特殊附加险以外的其他原因造成的损失均负赔偿责任的一种保险。一切险包括平安险、水渍险和一般附加险。货物因战争、罢工、进口关税、交货不到等原因所致的损失，不在一切险的责任范围以内。投保一切险是投保人因附加险的种类繁多，为避免遗漏，保障货物安全而投保的一种安全性较大的险别。通常是在所发运货物容易发生碰损破碎、受潮受热、雨淋发霉、渗漏短少、串味、玷污以及混杂污染等情况下投保一切险。

2. 附加险别

（1）一般附加险（General Additional Risks）。主要包括偷窃提货不着险、淡水雨淋险、渗漏险、短量险、钩损险、污染险、破碎险、碰损险、生锈险、串味险和受潮受热险等。

（2）特殊附加险（Special Additional Risks）。主要包括战争险、罢工险和其他特殊附加险，如交货不到险、舱面险、拒收险、黄曲霉素险。

二、保险责任的起讫

（1）"仓至仓"条款。即保险责任自被保险货物运离保险单所载明的起运地仓库或处所开始（包括海、陆、河运）直至该货物运离保险单所载明的目的地收货人最后仓库或储存地或其他储存地为止（若货物不卸保 60 天为限）。

（2）战争险的保险责任起讫：只负水面风险（若货物不卸保 15 天为限）。

7.2.4 伦敦保险协会海运货物保险条款

一、伦敦保险协会海运货物保险条款简介

在国际保险市场上，各国保险组织都制定有自己的保险条款，但最为普遍采用的是英国伦敦保险协会所制订的《协会货物条款》（Institute Cargo Clause，ICC）。我国企业按 CIF 或 CIP 条件出口时，一般按《中国保险条款》投保，但如果国外客户要求按《协会货物条款》投保，一般可予以接受。

《协会货物条款》的现行规定于 1982 年 1 月 1 日修订公布，共有 6 种险别，分别是协会货物条款（A）[简称 ICC（A）]、协会货物条款（B）[简称 ICC（B）]、协会货物条款（C）[简称 ICC（C）]、协会战争险条款（货物）(IWCC)、协会罢工险条款（货物）(ISCC)、恶意损害险（Malicious Damage Clause）。

二、伦敦保险协会货物保险条款的承保风险与除外责任

1. 协会货物（A）险条款

协会货物（A）险条款（Institute Cargo Clauses（A），ICC（A））的承保责任范围较广，相当于中国人民保险公司所规定的一切险，采用"一切风险减除外责任"的方式，即除了不负责除外责任项下所列的风险导致的损失外，其他风险导致的损失均予负责。（A）险的除外责任有下列 4 类。

1）一般除外责任

所谓一般除外责任，是指下列几种情况：被保险人故意违法行为造成的损失或费用；直接因延迟引起的损失或费用；保险标的自然渗漏、重量或容量的自然损耗或自然磨损；因船舶所有人、经理人、租船人经营破产或不履行债务造成的损失或费用；因包装或准备不足或不当造成的损失或费用；因使用任何原子武器或热核武器造成的损失或费用；因保险标的内在缺陷或特征造成的损失或费用。

2）不适航、不适货除外责任

所谓不适航、不适货除外责任，是指被保险人或其受雇人在保险标的物装船时已知船舶不适航，以及船舶、集装箱、运输工具等不适货。

3）战争除外责任

所谓战争除外责任，是指因内战、战争、敌对行为等造成的损失或费用；因拘留、捕获、扣留等（海盗除外）造成的损失或费用；因鱼雷、漂流水雷等造成的损失或费用。

4）罢工除外责任

所谓罢工除外责任，是指因罢工或被迫停工造成的损失或费用；因罢工者、被迫停工工人等造成的损失或费用；任何恐怖主义者或出于政治动机而行动的人导致的损失或费用。

2. 协会货物（B）险条款

协会货物（B）险条款（Institute Cargo Clauses（B），ICC（B））的承保责任范围相当于中国人民保险公司所规定的水渍险。采用"列明风险"的方式，即把应承担的风险逐一列举，凡属承保责任范围内的损失，无论是全损还是部分损失，保险人均按损失程度给予赔偿。以下列出了ICC（B）险承保的风险和除外责任。

1）承保的风险

灭失和损害的原因：爆炸、火灾；在避难港卸货；火山爆发、地震、雷电；共同海损牺牲；船舶或驳船搁浅、触礁、沉没或倾覆；陆上运输工具倾覆或出轨；船舶、驳船或运输工具同水外的任何外界物体碰撞；海水、湖水或河水进入船舶、驳船、运输工具、集装箱、大型海运箱或储存处所；抛货；浪击落海；货物在装卸时落海或跌落，造成整件全损。

2）除外责任

ICC（B）险与ICC（A）险的除外责任大体相同，仅有两点区别：一是在ICC（A）险中恶意损害险被列为承保风险，而在ICC（B）险中保险人对此风险不负赔偿责任；二是在ICC（A）险中"海盗行为"属于承保范围内的责任，而在ICC（B）险中该风险属于除外责任。

3. 协会货物（C）险条款

协会货物（C）险条款（Institute Cargo Clauses（C），ICC（C））的承保风险要小于ICC（A）险和ICC（B）险，它采用"列明风险"的方式，不承保自然灾害及非重大意外事故的风险，仅承保重大意外事故的风险。下面是ICC（C）险承保的风险和除外责任。

1）承保的风险

灭失和损害的原因：爆炸、火灾；在避难港卸货；共同海损牺牲；船舶或驳船搁浅、触礁、沉没或倾覆；陆上运输工具倾覆或出轨；船舶、驳船或运输工具同除水以外的任何外界物体碰撞；抛货。

2）除外责任

ICC（C）险的除外责任与ICC（B）险完全相同，在此不再赘述。

4. 恶意损坏险

恶意损坏险是新增加的附加险别，它所承保的是被保险人以外的其他人（如船长、船员等）的故意破坏行为所致被保险货物的灭失和损害。它属于ICC（A）险的责任范围，但在ICC（B）险和ICC（C）险中，则被列为"除外责任"。

7.2.5　我国陆运、空运货物与邮包运输保险

陆运、空运货物与邮包运输保险是在海运货物保险的基础上发展起来的。由于陆运、空运与邮运同海运可能招致货物损失的风险种类不同，所以陆运、空运、邮运保险与海上货运保险的"险别"及其承保责任范围也有所不同，现分别简要介绍如下。

一、陆运货物保险

1. 风险与损失

货物在陆运过程中，可能遭受各种自然灾害和意外事故。常见的风险有车辆碰撞、倾覆和出轨，路基坍塌，桥梁折断和道路损坏，以及火灾和爆炸等意外事故；雷电、洪水、地震、火山爆发、暴风雨以及霜雪冰雹等自然灾害；战争、罢工、偷窃、货物残损、短少、渗

漏等外因所造成的风险。这些风险会使运输途中的货物遭受损失。货主为了转嫁风险损失，就需要办理陆运货物保险。

2. 陆运货物保险的险别

根据中国人民保险公司制定的《陆上运输货物保险条款》的规定，陆运货物保险的基本险别有陆运险（Overland Transportation Risks）和陆运一切险（Overland Transportation All Risks）两种。此外，还有陆上运输冷藏货物险，它也具有基本险性质。

陆运险的承保责任范围同海运水渍险相似，陆运一切险的承保责任范围同海运一切险相似。上述责任范围，均适用于火车和汽车运输，并以此为限。陆运险与陆运一切险的责任起讫，也采用"仓至仓"责任条款。

陆运货物在投保上述基本险之一的基础上，可以加保附加险，如投保陆运险，则可酌情加保一般附加险和战争险等特殊附加险；如投保陆运一切险，就只需加保战争险，而不需再加保一般附加险。陆运货物在加保战争险的前提下，再加保罢工险，不另收保险费。陆运货物战争险的责任起讫，是以货物置于运输工具时为限。

3. 我国陆运货物保险的基本做法

陆运出口货物如果由我方保险，应按照有关规定及时向人保公司办理投保手续。陆运进口货物，则按同人保公司签订的陆运进口货物预约保险合同的规定办理投保手续。陆运货物如果发生承保范围内的损失，应向保险公司提出索赔，其索赔时效是，从被保险货物在最后目的地车站全部卸离车辆后起算，最多不得超过两年。

二、空运货物保险

1. 风险与损失

货物在空运过程中，有可能因自然灾害、意外事故和各种外来风险而导致货物全部或部分损失。常见的风险有雷电，火灾，爆炸，飞机遭受碰撞倾覆、坠落、失踪、战争破坏以及被保险货物由于飞机遇到恶劣气候或其他危难事故而被抛弃等。为了转嫁上述风险，故空运货物一般都需要办理保险，以便当货物遭到承保范围内的风险损失时，可以从保险公司挽回损失。

2. 空运货物保险的险别

空运货物保险的基本险别有航空运输险（Air Transportation Risks）和航空运输一切险（Air Transportation All Risks）。这两种基本险都可单独投保，在投保其中之一的基础上，经投保人与保险公司协商可以加保战争险等附加险。加保时须另付保险费。在加保战争险前提下，再加保罢工险，则不另收保险费。

航空运输险和航空运输一切险的责任起讫也采用"仓至仓"条款。航空运输货物战争险的责任期限，是自货物装上飞机时开始至卸离保险单所载明的目的地的飞机时为止。

3. 我国空运货物保险的做法

空运出口货物，如果由我方保险，则应按有关规定向人保公司办理投保手续；空运进口货物，应按预约保险合同的规定办理投保手续。

三、邮包运输保险

1. 风险与损失

邮包运输通常需经海、陆、空辗转运送，实际上属于"门到门"运输，在长途运送过程中遭受自然灾害、意外事故以及各种外来风险的可能性较大。寄件人为了转嫁邮包在运送当中的风险损失，故需办理邮包运输保险，以便在发生损失时能从保险公司得到承保范围内的经济补偿。

2. 邮包运输保险的险别

根据中国人民保险公司制定的《邮政包裹保险条款》的规定，邮包运输保险有邮包险（Parcel Post Risks）和邮包一切险（Parcel Post All Risks）两种基本险，其责任起讫是，自被保险邮包离开保险单所载起运地点寄件人的处所运往邮局时开始生效，直至被保险邮包运达保险单所载目的地邮局，自邮局签发出到货通知书当日午夜起算满15天终止，但在此期限内，邮包一经递交至收件人处所时，保险责任即告终止。

在投保邮包运输基本险之一的基础上，经投保人与保险公司协商可以加保邮包战争险等附加险。加保时，须另加保险费，在加保战争险的前提下，如再加保罢工险，则不另收保险费。邮包战争险承保责任的起讫，是自被保险邮包经邮政机构收讫后自储存处所开始运送时生效，直至该项邮包运达保险单所载明的目的邮政机构送交收件人为止。

3. 我国邮包运输保险的基本做法

在办理国际邮包运输时，应当正确选用邮包的保价与保险。凡经过保价的邮包，一旦在途中遗失或损坏，即可向邮政机构按保价金额取得补偿。因此，对寄往办理保价业务的国家，可予保价。鉴于有些国家和地区不办保价业务，或有关邮政机构对保价邮包损失赔偿限制过严，或保价限额低于邮包实际价值，则可采取保险，也可采取既保险、又保价的做法。根据中国人民保险公司的规定，凡进行保价的邮包，可享受保险费减半收费的优待。我国通过邮包运输进口的货物，按邮包运输进口货物预约保险合同的规定办理投保手续。

7.2.6 买卖合同中的保险条款

在买卖合同中，一般应订立保险条款。保险条款的内容，主要包括保险投保人和保险公司的确定、保险险别、保险金额与使用的货币以及保险费的负担等。

1. 保险投保人的规定

在国际货物买卖过程中，由哪一方负责办理投保，应根据买卖双方商订的价格条件来确定。

2. 保险公司的规定

在CIF和CIP条件成交时，保险公司信誉的好坏，与卖方关系不大，但与买方却有着重大的利害关系，因为货物运输途中的风险由买方承担。因此，买方一般要求在合同中规定保险公司，将保险公司的名称及其所使用的保险条款具体订明，以利日后的索赔工作顺利进行。在保险公司的规定中，可按中国人民保险公司的条款办理，也可按伦敦保险协会的协会货物保险条款办理，并在合同中订明。

3. 保险险别和保险费的约定

按CIF和CIP条件成交时，运输途中的风险本应由买方承担，但保险费却约定由卖方负担。买卖双方约定的保险险别通常为平安险、水渍险和一切险3种基本险别中的一种，但有时也可以根据货物特性和实际需要加保一种或若干种附加险。鉴于买卖双方在保险方面的利害关系不一，因此，按CIF和CIP条件成交时，买卖双方应在合同中具体订明保险险别。由于CIF和CIP货价中，一般不包括保战争险等特殊附加险的费用，因此，如果买方要求加保战争险等特殊附加险时，其费用应由买方负担。

在《2000 年通则》的 13 个贸易术语中，除了 CIF 和 CIP 之外，所有的贸易术语都是自己给自己办理保险，买方和卖方可以根据需要办理。

4. 保险金额的约定

保险金额又称投保金额，它是计算保险费的依据，又是货物发生损失后保险公司可能赔付的最高限额。按照国际惯例，投保金额应按发票上的 CIF 或 CIP 价加 10% 的预期利润计算。但是，各国市场情况不尽相同，对进出口贸易的管理办法也各有异。向中国人民保险公司办理进出口货物运输保险，可按两种办法进行：一种是逐笔投保，另一种是按签订的预约保险总合同办理。

想想议议7-2

我国某公司按 CIF 条件向中东某国出口一批货物，根据合同投保了"水渍险"加附加险中的"偷窃提货不着险"。但在海运途中，因海湾战起船被扣押，而后进口商因提货不着便向保险公司进行索赔，保险公司认为不属于保险责任范围，不予赔偿。这样做可以吗？

课堂讨论

完成本任务后，请进行自我测试：你是否已明确国际贸易运输与保险的深刻内涵？

阅读与思考7-1

FOB 条件下货物装运途中受损保险索赔被拒

2001 年 8 月，我国某出口公司对外签订一份以 FOB 为条件的农产品合同，买方已向保险公司投保仓至仓条款的一切险。货物从该公司仓库运往装运港码头时发生承保范围内的损失，事后该公司以保险单含有仓至仓条款要求保险公司赔偿，被拒绝，后该公司又请买方以买方的名义凭保险单向保险公司索赔同样遭拒绝。

任务小结

通过本任务的学习，同学们可以了解国际贸易中的运输方式、运费计算及运输单据种类、保险做法及相关程序等内容，掌握我国海洋货物运输保险的险别及多种运输方式的特点。通过实务操作训练，能够根据不同的标的、具体情况选择不同的运输方式和保险险别。

第 3 部分　任务实训

案例分析

我国某出口公司按 CFR 条件向日本出口红豆 250 吨，合同规定卸货港为日本口岸，发货物时，正好有一艘船驶往大阪，该公司打算租用该船，但在装运前，我方主动去电询问哪个口岸卸货时正值货价下跌，日方故意让我方在日本东北部的一个小港卸货，我方坚持要在神户、大阪卸货。双方争执不下，日方就此撤销合同。

思考题：

（1）我方做法是否合适？

（2）日本商人是否违约？

● 模拟实训

走访本地一家外贸企业，与业务员一起参与
一票进出口业务运输与保险流程

【实训目的】通过深入实地认知与体验企业，掌握出口业务运输与保险的流程。

【实训方式】查找资料与实地调研，撰写调研报告。

【实训对象】本地区外贸企业。

【实训内容】本地区外贸企业进出口业务运输与保险流程的调研。

【实训步骤】实训步骤如下：

（1）学生分组；

（2）分组进行前期调研，收集和整理相关资料，了解本地区外贸企业一些进出口业务运输与保险流程方面的信息；

（3）分组完成调研报告；

（4）全班集体讨论；

（5）教师点评。

任务 8 解析商检、索赔、不可抗力与仲裁

↘ 任务提示

本任务将引领你明确商检、索赔、不可抗力、仲裁等条款的概念和适用范围等。

↘ 任务先行

什么是商检和仲裁？索赔和不可抗力又是什么？它研究什么？要了解这些问题，请往下看。

第 1 部分 案例导入与解析

⊃ 案例导入

保险遭拒赔

国内某公司向银行申请开立信用证，以 CIF 条件向法国采购奶酪 3 公吨，价值 3 万美元，提单已经收到，但货轮到达目的港后却无货可提。经查，该货轮在航行中因遇暴风雨袭击，奶

酪被水浸泡，船方将其弃于海中。于是我方凭保险单向保险公司索赔，保险公司拒赔。

请问大家：保险公司能否拒赔？我方应向何方索赔？什么是索赔？买卖合同有哪些索赔条款？要回答这些问题，我们先从商检、索赔、不可抗力、仲裁等条款学起。

➲ 案情介绍

重量单与商品净重检验证书一样吗

进口方委托银行开出的信用证上规定：卖方须提交"商品净重检验证书"。进口商在收到货物后，发现除质量不符外，卖方仅提供重量单。买方立即委托开证行向议付行提出拒付，但货款已经押出。事后，议付行向开证行催付货款，并解释卖方所附的重量单即为商品净重检验证书。

➲ 案例解析

商品净重检验证书是由商检机构签发的关于货物重量的公证文件，而重量单为发货人所出具的货物重量说明文件，二者是不同的。

第 2 部分　任务学习引导

国际贸易交易的商品一般都要经过检验；买卖双方中任何一方有违约的情况，受损方都有权提出索赔；当不可抗力事件发生时，可以延缓或免除合同的履行。买卖双方在履约过程中发生争议，如果难以和解，最常用的方式是提请仲裁。所以，买卖双方订立合同时，应在合同中订明商检、索赔、不可抗力和仲裁条款。

8.1　洞悉商检与索赔

重要知识

商品检验的含义

商品检验是指在国际货物买卖中，对卖方交给买方的货物的质量、数量和包装进行检验，以确定合同的标的是否符合合同的规定；有时还对装运技术条件或货物在装卸运输过程中发生的残损、短缺进行检验或鉴定，以明确事故的起因和责任的归属；还包括根据一国的法律或行政法规对某些进出口货物或有关的事项进行质量、数量、包装、卫生、安全等方面的强制性检验或检疫。

8.1.1　商品检验

一、商检的重要性

在国际货物买卖中，由于买卖双方分处不同国家（地区），一般不是当面交接货物，而且进出口货物需要经过长途运输，多次装卸，如果到货出现品质缺陷、数量短缺等，容易引起有关方面的争议。为了保障买卖双方的利益，就需要由一个有资格的、有权威的，独立于买卖双方以外的公正的第三者，即专业的检验或检疫机构负责对卖方交付的货物的质量、数量、包装进行检验，或对装运技术、货物残损短缺等情况进行检验或鉴定。检验机构检验或鉴定后出具相应的检验证书，作为买卖双方交接货物、支付货款和进行索赔、理赔的重要依据。

二、商检权

1. 出口国检验

（1）产地检验。即货物离开产地（工厂、农场、矿山等）之前由卖方或其委托的检验人员或买方的验收人员对货物进行检验或验收，卖方承担货物离开产地之前进行检验或买方验收为止的责任。

（2）"出口国口岸"检验。即以离岸品质、重量（或数量）为准。货物在装运前或装运时由双方约定的装运港（地）的检验机构进行检验，该检验机构出具的品质和重量检验证书应视为决定交货品质和重量的最后依据。货物运抵目的港（地）后，买方还可以自行或委托检验机构对货物进行复验，但已无权向卖方就货物的品质或重量提出异议和索赔。

2. 进口国检验

（1）目的港（地）卸货后检验。即以到岸品质、重量为准。货物到达目的港（地）卸货后由双方约定的目的港（地）的检验机构进行检验，其出具的品质和重量检验证书视为交货品质和重量的最后依据。如果检验证书证明货物与合同规定不符确属卖方责任，卖方应予负责。

（2）目的地买方营业所在地或最终用户所在地检验。对于那些不便在目的港（地）卸货后立即检验的货物，可将检验推迟至目的地买方营业所在地或最终用户所在地进行。

3. 出口国装运港（地）检验、进口国目的港（地）复验

即以装运港（地）的检验证书作为收付货款的依据，货到目的港（地）后买方有复验权。如果经双方同意的检验机构复验发现货物不符合合同规定，并证明这种不符情况不属于承运人或保险公司的责任范围，买方可凭复验证书向卖方提出异议和索赔。

三、商检机构

商检机构是指接受委托进行商品检验与公证鉴定工作的专门机构。

国际上的商检机构，有官方的、同业公会的和私人的。其中比较著名的有英国的劳氏公证行、瑞士日内瓦通用鉴定公司、日本海事鉴定协会和美国担保人实验所。

我国的商检机构是中国进出口商品检验局和中国进出口商品检验总公司及其在全国各地的分支机构。我国对进出口商品的检验，统一按照《中华人民共和国进出口商品检验法》的有关规定办理。

1. 法定检验

法定检验是指对重要进出口商品执行强制检验，未经检验的商品，不准输入或输出。法定检验的范围包括列入《商检机构实施检验的进出口商品种类表》的商品和其他法律、法规规定必须经商检机构检验的进出口商品。属于法定检验的出口商品，未经检验合格的，不准出口；属于法定检验的进口商品，未经检验的，不准销售、使用。

2. 监督管理

监督管理是指通过行政手段，推动和组织进口商品收货、用货和出口商品的生产、经营、储运等有关部门对进出口商品按规定要求进行检验；对有关部门、检验机构的进出口商品检验工作实施监督管理，进行抽查检验。对重要的进出口商品的生产企业可实行质量许可证制度。

3. 公证鉴定

公证鉴定是指商检机构根据对外贸易关系人的申请、外国检验机构的委托，或受仲裁司法机关的指定，进行对进出口商品的鉴别和鉴定。商检机构对进出口商品实施法定检验后签发的检验证书，同样具有公证鉴定的作用。

四、商检证书

商检证书是指商检机构依据有关规定对进出口商品进行检验或鉴定后出具的检验证明文件。我国进出口业务中使用的商检证书有以下几种：

（1）品质检验证书（Inspection Certificate of Quality）；

（2）重量检验证书（Inspection Certificate of Weight）；

（3）数量检验证书（Inspection Certificate of Quantity）；

（4）卫生检验证书（Inspection Certificate of Health）；

（5）消毒检验证书（Disinfection Inspection Certificate）；

（6）兽医检验证书（Veterinary Inspection Certificate）；

（7）产地检验证书（Inspection Certificate of Origin）；

（8）价值检验证书（Inspection Certificate of Value）；

（9）残损检验证书（Inspection Certificate on Damaged Cargo）；

（10）验舱检验证书（Inspection Certificate on Tank/Hold）。

五、合同中的商检条款

1. 出口合同的商检条款

双方同意以装运港中国进出口商品检验局签发的品质和数量（重量）检验证书作为信用证项下议付单据的一部分。买方有权对货物的品质、数（重）量进行复验。复验费由买方负担。如果发现品质或数（重）量与合同不符，买方有权向卖方索赔，但需提供经卖方同意的公证机构出具的检验报告。索赔期限为货到目的港 90 天内。

2. 进口合同的商检条款

双方同意以制造厂（或公证行）出具的品质、数量或重量检验证明书作为有关信用证项下付款的单据之一。但货物的品质、数量或重量的检验应按下列规定办理：货到目的港60 天内经中国进出口商品检验局复验，如果发现品质或数量或重量与本合同规定不符时，除属于保险公司或船公司负责外，买方凭中国进出口商品检验局出具的检验证明书，向卖方提出退货或索赔。所有退货或索赔引起的一切费用（包括检验费）损失均由卖方负担。在此情况下如果抽样是可行的，买方可应卖方的要求，将有关货物的样品寄交卖方。

8.1.2 索赔

一、争议、索赔与理赔

争议（Disputes）是指交易双方认为对方未能部分或全部履行合同的责任与义务而引起

的纠纷。

索赔（Claim）是指遭受损害的一方在争议发出后，向违约方提出赔偿的要求，在法律上是指主张权利，在实际业务中，通常是指受害方因对违约方违约而根据合同或法律提出予以补救的主张。

理赔是指违约方对受害方所提出赔偿要求的受理与处理。

索赔与理赔是一个问题的两个方面，在受害方是索赔，在违约方是理赔。交易中双方引起争议的原因很多，大致可归纳为以下几种情况。

（1）卖方违约。不按合同的交货期交货，或不交货，或所交货物的品质、规格、数量、包装等与合同（或信用证）规定不符，或所提供的货运单据种类不齐，份数不足等。

（2）买方违约。在按信用证支付方式条件下不按期开证或不开证；不按合同规定付款赎单，无理拒收货物。

（3）买卖双方均负有违约责任。例如，合同条款规定不明确，致使双方理解或解释不统一，造成一方违约，引起纠纷；或在履约中，双方均有违约行为。

从违约性质看，争议产生的原因，一是当事人一方的故意行为导致违约而引起争议；二是由于当事人一方的疏忽、过失或业务生疏导致违约而引起争议。此外对合同义务的重视不足，往往也是导致违约、发生纠纷的原因之一。

二、合同中的索赔条款

进出口合同中的索赔条款有两种规定方式，一种是异议和索赔条款，另一种是罚金条款。在一般买卖合同中，多数只订异议和索赔条款，只有在买卖大宗商品和机械设备一类商品的合同中，除明确异议与索赔条款外，再另定罚金条款。

1. 异议与索赔条款

异议与索赔条款的内容，除规定一方违反合同，另一方有权索赔外，还包括索赔依据、索赔期限、处理索赔的办法和赔付金额等项。

（1）索赔依据。主要规定索赔必需的证据和出证机构。索赔依据包括法律依据和事实依据两个方面。法律依据是指贸易合同和有关的国家法律规定；事实依据是指违约的事实真相及其书面证明，以证实违约的真实性。

（2）索赔期限。是指索赔方向违约方提赔的有效期限，逾期提赔，违约方可不予受理。因此，关于索赔期限的规定必须根据不同种类的商品作出合理安排，对有质量保证期限的商品合同中应加定保证期。保证期可规定一年或一年以上。总之，索赔期限的规定，除一些性能特殊的产品（如机械设备）外，一般不宜过长，以免使卖方承担过重的责任；也不宜规定得太短，以免使买方无法行使索赔权，要根据商品性质及检验所需时间多少等因素而定。

（3）处理索赔的办法和索赔金额。关于这个问题，除个别情况外，通常在合同中只做一般规定。因为违约的情况比较复杂，究竟在哪些业务环节上违约和违约的程度如何等，订约时难以预计，因此对于违约的索赔金额也难以预卜，所以在合同中不做具体规定。

应该指出的是，异议和索赔条款不仅是约束卖方履行合同义务的条款，同时也对买方起约束作用。不论何方违约，受害方都有权向违约方提出索赔。

2. 罚金条款

当一方未履行合同时，应向对方支付一定数额的约定金额，以补偿对方的损失。罚金亦称"违约金"或"罚则"。罚金条款一般适用于卖方延期交货，或者买方迟延开信用证或延期接货等场合下。罚金的数额的大小是以违约时间的长短为转移，并规定出最高限额。

违约金的起算日期有两种计算方法：一种是合同规定的交货期或开证期终止后立即起算；另一种是规定优惠期，即在合同规定的有关期限终止后再宽限一段时间，在优惠期内免于罚款，待优惠期届满后起算罚金。卖方支付罚金后并不能解除继续履行合同的义务。

关于合同中的罚金条款，各国在法律上有不同的解释和规定。例如，前苏联、东欧国家都承认和执行该项条款；而英国、美国、澳大利亚、新西兰等国家的法律则有不同的解释。例如，英国的法律把合同中的固定赔偿金额条款按其性质分为两种：一种是"固定的损害赔偿金额"，这种赔偿金额是由当事人双方在订立合同时，根据预计未来违约造成损失而估定的；另一种是罚款，这种罚款是当事人为了保证合同的履行而对违约方收取的罚金。

想想议议8-1

上海某造纸厂以 CIF 条件向非洲出口一批纸张，因上海与非洲的湿度不同，货到目的地后因水分过分蒸发而使纸张无法使用。买方能否向卖方索赔？

8.2 识穿不可抗力与仲裁

8.2.1 不可抗力

一、不可抗力的构成条件

不可抗力事件（Force Majeure）是指当事人在订立合同时不能预见、对其发生和后果不能避免并不能克服的事件。其构成条件如下：

（1）事件是在有关合同成立以后发生的；

（2）不是由于任何一方当事人的故意或者过失所造成的；

（3）事件的发生其造成的后果是当事人无法预见、无法控制、无法避免和不可克服的。

二、不可抗力事件的原因

（1）自然原因。由于人力无法抗拒的自然原因引起的，如水灾、火灾、冰灾、暴风雨、大雪、地震等。

（2）社会原因。包括政府行为事件和社会行为事件，如战争、罢工、政府禁令等。

各国对不可抗力事件的解释并非完全一致，如美国认为不可抗力事件只是由自然原因引起，不包括社会原因。

三、不可抗力的法律后果

遭受事故的一方可以免除违约赔偿责任。不可抗力事件的法律后果有以下两种。

（1）变更合同。不可抗力事件只是部分地或暂时地阻碍了合同的履行，则发生事故的一方只能变更合同，包括替代履行、减少履行或延迟履行。

（2）解除合同。不可抗力事件的发生完全排除了继续履行合同的可能性，则可解除合同。

四、不可抗力事件的通知和证明

不可抗力事件发生后，不能按规定履约的一方当事人要取得免责的权利，必须及时通知另一方，并提供必要的证明文件，而且在通知中应提出处理的意见。在实践中，为防止争议，通常在不可抗力条款中明确规定具体的通知期限、不可抗力事件出具证明的机构。在我国，一般由中国国际贸易促进委员会（即中国国际商会）出具证明；如果由对方提供时，则大多由当地的商会或登记注册的公证行出具证明。对于出证机构，也应在合同中作出规定。一方接到对方关于不可抗力事件的通知或证明文件后，无论同意与否都应及时答复，否则，按有些国家的法律如《美国统一商法典》，将视作默认。

五、合同中的不可抗力条款

（1）概括式。如果由于不可抗力的原因，致使卖方不能全部或部分装运，或延迟装运合同货物，卖方对于这种不能装运，或延迟装运本合同货物不负有责任。但卖方须用电报或电传通知买方，并需在 15 天内，以航空挂号信件向买方提交由中国国际贸易促进委员会（即中国国际商会）出具的证明此类事件的证明书。

（2）列举式。如果由于战争、地震、水灾、火灾、暴风雨、雪灾的原因，致使卖方不能全部或部分装运或延迟装运合同货物，卖方对于这种不能装运或延迟装运本合同货物不负有责任。但卖方须用电报或电传通知买方，并需在 15 天内，以航空挂号信件向买方提交由中国国际贸易促进委员会（即中国国际商会）出具的证明此类事件的证明书。

（3）综合式。如果由于战争、地震、水灾、火灾、暴风雨、雪灾或其他不可抗力的原因，致使卖方不能全部或部分装运或延迟装运合同货物，卖方可不负责任。但卖方应立即将事件通知买方，并于事件发生后一天内将事件发生地政府主管当局出具的事件证明书用航空挂号信件邮寄买方为证，并取得买方认可。在上述情况下，卖方仍有责任采取一切必要措施从速交货。如果事件持续超过一个星期，买方有权撤销合同。

8.2.2　仲裁

在国际货物买卖中，买卖双方在合同履行过程中因种种原因发生争议是难以避免的，这种争议大多采用仲裁的方式来解决。

一、仲裁的特点

仲裁（Arbitration）又称公断，实质是交易双方达成书面协议，自愿将他们之间的纠纷提交给一个双方同意的第三者来进行裁决，这个裁决对双方都有约束力。仲裁的特点如下：

（1）准司法机构，无强制管辖权；

（2）专业性强，积案少，程序简单，费用少；

（3）保密；

（4）裁决终局性。

二、仲裁形式和机构

（1）临时仲裁。临时仲裁是指争议双方共同指定的仲裁员自行组织成临时仲裁庭所进行的仲裁。案件审理完毕，仲裁庭自动解散。

（2）机构仲裁。机构仲裁是指向一个双方当事人约定的常设仲裁机构提出申请，并按照这个仲裁机构的规则或双方选定的仲裁规则所进行的仲裁。我国常设的涉外商事仲裁机构是中国国际经济贸易仲裁委员会，隶属中国国际贸易促进委员会。仲裁委员会设在北京，分会设在深圳和上海。世界上著名的常设仲裁机构有瑞典斯德哥尔摩仲裁院、瑞士苏黎世商会仲裁院、英国伦敦国际仲裁院、美国仲裁协会、日本国际商事仲裁协会、香港国际仲裁中心以及设在巴黎的国际商会仲裁院。

三、仲裁协议

仲裁协议是指双方当事人表示愿意将他们之间已经发生的或可能发生的争议交付仲裁解决的一种书面协议。发生争议的双方中任何一方申请仲裁时必须提交双方当事人达成的仲裁协议。仲裁协议可排除法院对于争议案件的管辖权。仲裁协议的形式有合同中的仲裁条款和争议发生后提交的仲裁协议两种。

四、仲裁裁决的承认与执行

1958 年 6 月 10 日联合国在纽约签订了《承认与执行外国仲裁裁决公约》（简称 1958 年《纽约公约》）。该公约是当前国际上关于执行外国仲裁裁决的最主要公约。目前世界上许多国家参加了《纽约公约》，我国也是其成员方之一。《纽约公约》强调两点：

（1）承认双方当事人签订的仲裁协议有效；

（2）根据协议所作出的仲裁裁决，缔约国应承认其效力并有义务执行。

五、合同中的仲裁条款

1. 规定在我国仲裁的条款

凡因执行本合同所产生的或与本合同有关的一切争议，双方应通过友好协商解决；如果协商不能解决，应提交北京中国国际贸易促进委员会中国国际经济贸易仲裁委员会，根据该地的仲裁程序规定进行仲裁。仲裁裁决是终局的，对双方都有约束力。

2. 规定在被诉方所在国的仲裁条款

凡因执行本合同所产生的或与本合同有关的一切争议，双方应通过友好协商解决。如果协商不能解决，应提交在被诉方所在国进行。如在中国，由北京中国国际贸易促进委员会中国国际经济贸易仲裁委员会，根据该地的仲裁程序规定进行仲裁；如在外国，由××（对方所在国仲裁机构的名称）根据该仲裁机构的仲裁规则进行仲裁。仲裁裁决是终局的，对双方都有约束力。

3. 规定在第三国仲裁的条款

凡因执行本合同所产生的或与本合同有关的一切争议，双方应通过友好协商解决；如果协商不能解决，应提交××（第三国某地和仲裁机构的名称），根据该仲裁机构的仲裁规则进行仲裁。仲裁裁决是终局的，对双方都有约束力。

想想议议8-2

长沙市的 A 公司委托深圳市的 B 公司进口机器一台，合同规定买方对货物品质的索赔期限为货到目的港 30 天内。货到 S 市后，B 公司即将货转至长沙市交 A 公司，由于 A 公司的厂房尚未建成机器无法安装。半年后，待厂房建成，机器装好，经商检机构检验，发现该机器均系旧货，不能很好运转，A 公司遂请 B 公司向外商提出索赔，外商置之不理。我方应吸取哪些教训？

📋 课堂讨论

完成本任务后，请进行自我测试：你是否已明确商检、索赔、不可抗力和仲裁的深刻内涵？

● 阅读与思考 8 – 1

A 公司的索赔请求是否合理

A 公司向 B 公司订购一批食糖，合同规定："如发生政府干预行为，合同应予延长，以至撤销。"签约后，因 B 公司所在国连遭大雨，甜菜严重歉收，政府颁布禁令，不准食糖出口，致使 B 公司在约定的装运期内不能履行合同，B 公司便以发生不可抗力事件为由要求延长履约期限或解除合同，A 公司拒不同意 B 公司的要求，并就此提出索赔。

● 任务小结

本任务主要通过介绍商检、索赔、不可抗力与仲裁的基本概念和适用范围，使读者了解作为国际贸易中的重要合同条款的组成部分的 4 个条款的基本作用，并且能独立商讨和签订商检、索赔、不可抗力与仲裁条款。

第 3 部分　任务实训

⊃ 案例分析

进口铜矿石含土壤刚入国门便被退运出境

近日，九州海关在九州口岸货运码头，从珠海某公司进口的一批铜矿石中发现含有土壤，经会商商检部门检验检疫验货，证实该批货物中存有大量土壤，对其作出退运处理。目前企业向海关申请办理直接退运申请。此类事件，在九州口岸尚属首次。

据了解，土壤是《中华人民共和国进出境动植物检疫法》规定的 4 类国家禁止进境物之一，因为土壤经常隐藏着多种危害农作物和动物的有害生物，特别是土传病害的病原微生物等，而土壤的无害化处理又无有效可行的方法，风险较大，因此世界上多数国家都禁止土壤入境，我国也不例外，一旦发现便作退回或销毁处理。

思考题：

（1）珠海公司的做法是否合适？

（2）为什么仲裁是解决国际贸易争议的重要方式？

● 模拟实训

登入中国海关总署、国家质检总局和
中国国际贸易仲裁委员会的网站，了解这些机构的组成及其职能

【实训目的】通过网上调查，加深对本任务内容的理解。

【实训方式】网上查找资料与实地调研，撰写调研报告。

【实训对象】本地区外贸企业、海关和质检局等。

【实训内容】中国海关总署、国家质检总局和中国国际贸易仲裁委员会的组织机构以及

职能调研。

【实训步骤】实训步骤如下：

（1）学生分组；

（2）分组进行前期调研，收集和整理相关资料，了解中国海关总署、国家质检总局和中国国际贸易仲裁委员会组织机构及职能等方面的信息；

（3）分组完成调研报告；

（4）全班集体讨论；

（5）教师点评。

任务9　探究国际贸易方式

↘ 任务提示

本任务将引领你明确传统和新型国际贸易方式的概念及适用范围。

↘ 任务先行

什么是国际贸易方式？它研究什么？要了解这些问题，请往下看。

第1部分　案例导入与解析

➡ 案例导入

国际贸易方式的选择

20世纪90年代初，联合国决定资助巴基斯坦更换某一路段的电缆，共有几十公里长。资助条件之一是，巴基斯坦必须对这段电缆工程进行国际工程招标，否则不予资助。巴基斯坦方面表示同意，并在国际专业媒体发布招标公告，开始招标。

我国某集团公司（以下简称W公司）得到消息后，决定参与竞标。但考虑到公司本身对巴基斯坦当地的具体情况并不十分熟悉，为保险起见，W公司就委托巴基斯坦的一家本地公司（以下简称K公司）做代理商，代替自己参与这次投标。

随后巴基斯坦的K公司积极参与竞标，由于我国W公司对于这次投标志在必得，因而标底较低，顺利中标，遂开始履行合同，寻找分公司进行生产。但分公司马上发现了问题：巴基斯坦需要的是旧式电缆，而我国的电缆企业早已更新设备，停止生产该种电缆。如果按照巴基斯坦的合同要求生产电缆，就意味着分公司将现有的生产线全部停工，而将废弃不用的旧式电缆生产设备重新安装、调试，培训员工进行生产。这样，即使生产出旧式电缆，其成本也将是W公司中标的标底的数倍，亏损严重，更不要说赚取利润了。

经过一番努力和周折，最后W公司无奈之下只好单方面中止合同，并为此付出了巨额的经济代价。

那么，实际业务中，我们如何正确应用国际贸易方式，以规避风险和损失？国际贸易有哪些方式？要回答这些问题，我们先从国际贸易方式谈起。

➲ **案情介绍**

A 商为何会亏损

A 贸易商于 7 月与一农场订立远期合同，购进 10 000 蒲式耳玉米，10 月交货，价格为每蒲式耳 4.30 美元。该商担心 11 月新玉米收获时市价下跌，遂即以每蒲式耳 4.50 美元买入 11 月的期货合同两分（每份 5 000 蒲式耳）。11 月，该商将购进的玉米全部转售，因新货上市，市价下跌，只售得每蒲式耳 4.20 美元，亏损 1 000 美元。而此时期货价格也趋疲，由于交割期到，无奈将两份期货合同卖出对冲，价格为每蒲式耳 4.20 美元，连同佣金 100 美元，在期货交易中亏损 3 100 美元。加上现货市场的亏损，总计亏损 4 100 美元。

➲ **案例解析**

为转移现货市场价格的风险，应采取套期保值做法，期货市场上应与现货市场同时递向操作。

该商在订立远期收购合同后，如果想锁定收益，应该看准时机在期货市场卖出，即自己已经是多头的情况下，及时做空。

第 2 部分 任务学习引导

重要知识

国际贸易方式的含义

国际贸易方式是一种用于国际间的贸易方式，其范围扩大化，交易类型复杂化。

随着国际贸易的发展，贸易方式亦日趋多样化，除采用逐笔售定的方式外，还有包销、代理、寄售、拍卖、招标与投标、期货交易、对销贸易等。

9.1 认知传统国际贸易方式

9.1.1 经销和代理

一、经销

1. 经销的含义和性质

经销（Distribution）在国际贸易中是指经销商按照约定条件为国外供货商销售产品。双方订立协议或相互约定，由供货商向经销商定期、定量供应货物，经销商在本国市场上销售。

采用经销方式要发生货物所有权的转移，因此，经销业务中的供货商和经销商之间是一种买卖关系。经销商"自付资金"买出口商的货物，自行销售，自负盈亏，自担风险。

2. 经销的种类

经销分为一般经销和独家经销两种。

1）一般经销

一般经销又称定销，是指经销商不享受独家经营权，供货商可在同一时间、同一区域内确定几个商家经销同类商品。

2）独家经销

独家经销（Sole Distribution）又称包销（Exclusive Sales），是指出口商就指定商品，授予经销商在一定期限内，在指定区域范围内独家经营的权利。出口商承诺在协议有效期内不向包销地区内的其他客户出售包销商品。

（1）独家经销的优点：① 通过专营权的给予，有利于调动独家经销商经营的积极性，利用独家经销商的销售渠道，巩固和扩大市场。② 可减少多头经营产生的自相竞争的弊端，更有效地实现一定的价格管理和销售目标。③ 有利于有计划地组织生产和供货。双方有着稳定的利益关系，出口商就能够对市场销售作全面、系统和长期的规划和安排，制定近期和远期的销售策略。

（2）独家经销的缺点：① 独家经销商可能利用其垄断地位操纵价格和控制市场。有的独家经销商利用自己多年来独家专营所形成的特殊地位，反过来制约出口商，如故意压低价格，在其他方面讨价还价等，使对方蒙受损失。② 独家经销商可能还经营其他出口企业的商品，使其不能专心经营约定的商品。③ 若独家经销商经营能力差，会出现"包而不销"的情况，出口商又不能向其他商人销售，从而减少了销量，失掉了客户。由于独家经销是独家经销商买断商品后在自行销售，所以独家经销商要有一定的资金投入和承担销售风险，若独家经销商资金不足或销售能力差，则有可能形成"包而不销"的局面。因此，对出口商来说，选择一个合适的独家经销商是成功采用这一贸易方式的关键所在。

（3）独家经销协议的内容。采用独家经销方式，出口人与独家经销商之间的权利与义务是由独家经销协议所确定的。独家经销协议包括下列主要内容：① 独家经销协议的名称、签约日期与地点；② 独家经销协议双方的关系；③ 独家经销商品的范围；④ 独家经销地区；⑤ 独家经销期限；⑥ 专营权；⑦ 独家经销数量或金额；⑧ 作价办法。

（4）采用独家经销方式时应注意的问题：① 选择独家经销商时，既要考虑其政治态度，又要注意资信情况、经营能力及其在该地区的商业地位。对大众商品采用独家经销方式时，为了慎重起见，可以有一个试行阶段。② 适当规定独家经销商品范围、地区及独家经销数量或金额。确定商品范围、地区的大小，要同客户的资信能力和我们的经营意图相适应。在一般情况下，独家经销商品的范围不宜过大。规定独家经销数量或金额的大小，应参照我们货源的可能和市场的容纳量以及我们的经营意图来决定。③ 在协议中应规定中止或索赔条款。为了防止包销商垄断市场或经营不力、"包而不销"或"包而少销"的情况出现，应在独家经销协议中规定中止条款或索赔条款。

一般经销与独家经销的相同点：出口人与一般经销人之间同出口人与独家经销人之间一样，都是售定性质的买卖关系，因而协议的内容基本相同。一般经销与独家经销方式的不同之处在于：独家经销人享有独家专营权，而一般经销人无此权利，可能同一种商品在同一时间、同一地区有多个定销人。

二、代理

代理（Agency）是许多国家商人在从事进出口业务中习惯采用的一种贸易做法。在国际市场上存在着名目繁多的代理商。其中包括采购、销售、运输、保险、广告等多方面的代理商，本书介绍的只限销售代理。

1. 代理的含义与性质

按照国际上的一般解释，代理人（Agent）是作为委托人（Principal）的国外代表，他和委托人的关系是委托代理关系。国际贸易中的销售代理，是指委托人授权代理人代表他向第三者招揽生产、签订合同或办理与交易有关的各项事宜，由此而产生的权利与义务直接对委托人发生效力。代理同独家经销的性质不同。前已述及独家经销商同出口商之间的关系是买卖关系，在独家经销方式下，由独家经销商自筹资金、自担风险和自负盈亏。而销售代理商同出口商之间的关系，因不是买卖关系，故销售代理商不垫资金、不担风险和不负盈亏，他只获取佣金。

2. 代理的种类

1）总代理

总代理（General Agency）是在指定地区委托人的全权代表。他除了有权代表委托人进行签订买卖合同、处理货物等商务活动外，也可进行一些非商业性的活动。他有权指派分代理，并可享有分代理的佣金。

2）独家代理

独家代理（Sole Agency）是在指定地区内，由他单独代表委托人行为的代理人。委托人在该指定地区内，不得委托其他第二个代理人。不过必须指出：独家代理具有的专营权与独家经销商所具有的专营权并不完全一样。通常，除非协议另有约定，一般也可允许委托人直接向指定的代理地区的买主进行交易。为了不损害独家代理的利益，有些协议规定，凡委托人直接与指定代理地区的买主达成交易的，仍然向独家代理计付佣金。

3）佣金代理

佣金代理（Commission Agency）又称一般代理，是指在同一代理地区、时间及期限内，同时有几个代理人代表委托人行为的代理人。佣金代理根据推销商品的实际金额或根据协议规定的办法和百分率向委托人计收佣金，委托人可以直接与该地区的实际买主成交，而无须向佣金代理支付佣金。

3. 代理协议

代理协议是明确协议双方委托人与代理人之间权利与义务的法律文件。其主要内容包括下列几项。

（1）协议双方当事人。

（2）指定的代理商品。在协议中应明确说明代理商品的品名、规格等。

（3）指定的代理地区。代理地区是指代理人有权开展代理业务的地区。这种地区规定方法与前述独家经销协议规定方法相同。

（4）授予代理的权利。该条款的内容差异程度较大，取决于不同性质的代理人。例如，独家代理协议，通常要规定提供专营的条款。

（5）协议有效期及中止条款。按照国际市场的一般习惯做法，代理协议既可以定期，也可以是不定期。定期的 1～5 年。如果不规定期限的话，双方当事人在协议中规定，其中一方不履行协议，另一方有权中止协议。

（6）代理人佣金条款。关于代理人佣金条款，是代理协议的重要条款之一，其中包括下列内容：代理人有权索取佣金的时间、佣金率、计佣的基础以及偿付佣金方法等。

4. 独家代理与独家经销的异同

在出口业务中独家代理与独家经销有相似之处。

（1）都具有垄断性质，都有在指定地区和期限内对某种商品专营的权利。

（2）都能调动独家经销商和独家代理商经营商品的积极性。

两者的主要区别表现在如下几个方面。

（1）性质不同。代理人与委托人之间是委托代理关系，包销商与出口人之间是买卖关系。

（2）风险不同。独家代理不承担经营风险；独家经销商自担风险，自负盈亏。

（3）目的不同。独家代理人赚取的是佣金，而独家经销商赚取的是商业利润。

（4）专营权不同。独家代理人在特定地区和期限内，享受代销指定商品的专营权；独家经销商拥有独家经销的专营权，包括专买权和专卖权。

9.1.2 招标和投标

一、招标和投标概述

1. 招标和投标的含义

招标（Invitation to Tender）是指招标人（买方）发出招标通知，说明采购的商品名称、规格、数量及其他条件，邀请投标人（卖方）在规定的时间、地点按照一定的程序进行投标的行为。

投标（Submission of Tender）是与招标相对应的概念，它是指投标人应招标人的邀请或投标人满足招标人最低资质要求而主动申请，按照招标的要求和条件，在规定的时间内向招标人递价，争取中标的行为。

2. 招标和投标的特点

（1）招标方式下，投标人是按照招标人规定的时间、地点和条件进行的一次性报盘。这种报盘是对投标人有约束力的法律行为，一旦投标人违约，招标人可要求得到补偿。

（2）招标和投标属于竞卖方式，即一个买方面对多个卖方，卖方之间的竞争使买方在价格及其他条件上有较多的比较与选择，从而在一定程度上保证了采购商品的最佳质量。

3. 国际招标的方式

（1）竞争性招标（Intenational Competitive Bidding，ICB）。竞争性招标是指招标人邀请几个乃至几十个投标人参加投标，通过多数投标人竞争，选择其中对招标人最有利的投标人达成交易。它属于"兑卖"的方式。

（2）谈判招标（Negotiated Bidding）。谈判招标又叫"议标"，它是非公开的，是一种非竞争性的招标。这种招标由招标人物色几家客商直接进行谈判，谈判成功，交易达成。

（3）两段招标（Two-Stage Bidding）。两段招标是指无限竞争招标和有限竞争招标的综合方式，采用此类方式时，则是用公开招标，再用选择招标分两段进行。

政府采购物资，大部分采用竞争性公开招标的办法。

二、招投标的基本程序

一般来说，招投标需经过招标、投标、开标、评标与定标等程序。

1. 招标

公开招标应当发布招标通知。招标通知应当通过报刊或者其他媒介发布。其中属于政府采购而采用公开招标或者邀请招标方式的，则还应当遵循政府采购信息发布管理规定。目前财政部指定的政府采购信息发布媒体有 3 家，即中国政府采购网、中国财经报、中国政府采购杂志。招标通知应当载明下列事项：① 招标人的名称和地址；② 招标项目的性质、数量；③ 招标项目的地点和时间要求；④ 获取招标文件的办法、地点和时间；⑤ 对招标文件收取的费用；⑥ 需要公告的其他事项。

2. 投标

投标人应当按照招标文件的规定编制投标文件。投标文件应当载明下列事项：① 投标函；② 投标人资格、资信证明文件；③ 投标项目方案及说明；④ 投标价格；⑤ 投标保证金或者其他形式的担保；⑥ 招标文件要求具备的其他内容。

投标文件应在规定的截止日期前密封送达投标地点。招标人或者招标投标中介机构对在提交投标文件截止日期后收到的投标文件，应不予开启并退还。招标人或者招标投标中介机构应当对收到的投标文件签收备案。投标人有权要求招标人或者招标投标中介机构提供签收证明。

投标人可以撤回、补充或者修改已提交的投标文件，但是应当在提交投标文件截止日之前，书面通知招标人或者招标投标中介机构。

3. 开标

开标应当按照招标文件规定的时间、地点和程序以公开方式进行。开标由招标人或者招标投标中介机构主持，邀请评标委员会成员、投标人代表和有关单位代表参加。

投标人检查投标文件的密封情况，确认无误后，由有关工作人员当众拆封、验证投标资格，并宣读投标人名称、投标价格以及其他主要内容。

投标人可以对唱标作必要的解释，但所作的解释不得超过投标文件记载的范围或改变投标文件的实质性内容。开标应当作记录，存档备查。

4. 评标与定标

评标应当按照招标文件的规定进行。

招标人或者招标投标中介机构负责组建评标委员会。评标委员会由招标人的代表及其聘请的技术、经济、法律等方面的专家组成，总人数一般为 5 人以上单数，其中受聘的专家不得少于三分之二。与投标人有利害关系的人员不得进入评标委员会。

9.1.3 寄售与拍卖

一、寄售

1. 寄售的概念和性质

寄售是指委托人（货主）先将货物运往寄售地，委托国外一个代销人（受托人），按照寄售协议规定的条件，由代销人代替货主进行销售，在货物出售后，由代销人向货主结算货款的一种贸易做法。

2. 寄售的特点

在国际贸易中采用的寄售方式，与通常的卖断方式比较，具有下列几个特点。

（1）寄售人先将货物运至目的地市场（寄售地），然后经代销人在寄售地向当地买主销售。因此，它是凭实物进行买卖的现货交易。

（2）寄售人与代销人之间是委托代售关系，而非买卖关系。代销人只能根据寄售人的指示处置货物。货物的所有权在寄售地售出之前仍属寄售人。

（3）寄售货物在售出之前，包括运输途中和到达寄售地后的一切费用和风险，均由寄售人承担。

（4）寄售货物装运出口后，在到达寄售地前也可采用出售路货的办法，先行销售，即当货物尚在运输途中，由代销人寻找买方出售。

3. 寄售的利弊

1）寄售的优点

（1）寄售货物出售前，寄售人拥有货物的所有权。因此，尽管货物已经运往寄售地，但对货物的销售处理和价格确定等大权，仍操在寄售人手中，有利于随行就市。

（2）寄售方式是凭实物买卖，货物与买主直接见面，有利于促进成交。

（3）代销人不负担风险与费用，一般由寄售人垫资，代销人不占用资金，可以调动其经营的积极性。

2）寄售的缺点

寄售对于委托人来讲，也有明显的缺点。

（1）出口方承担的风险较大，费用较多，而且增加出口人的资金负担，不利于其资金周转。

（2）寄售货物的货款回收较为缓慢，一旦代销人不守协议时，可能遭到货、款两空的危险。因此，若在我国出口业务中采用寄售方式时，必须严格选择代销人和寄售地，订好寄售协议。

4. 寄售协议

寄售协议是委托人与代销人为明确双方的权利、义务和有关寄售的条件签订的协议。

寄售协议规定了有关寄售的条件和具体做法，其主要内容如下。

（1）协议双方之关系条款。寄售人和代销人之间的关系，是一种委托代理关系。货物在出售前所有权仍属寄售人。代销人应按协议规定，以代理人身份出售商品，收取货款，处理争议等，其中的风险和费用由寄售人承担。

（2）寄售商品的价格条款。

（3）佣金条款。规定佣金的比率，有时还可增加佣金比率增减额的计算方法。通常佣金由代销人在货款中自行扣除。

（4）协议双方当事人的义务条款。代销人的义务包括保管货物，代办进口报关、存仓、保险等手续并及时向寄售人通报商情。代销人应按协议规定的方式和时间将货款交付寄售人。有的寄售协议中还规定代销人应向寄售人出具银行保函或备用银行证，保证承担寄售协议规定的义务。寄售人按协议规定时间出运货物，并偿付代销人所垫付的代办费用。

二、拍卖

拍卖（Auction）是指一种具有悠久历史的交易方式，在今天的国际贸易中仍被采用。

通过拍卖成交的商品通常是品质难以标准化，或按传统习惯以拍卖出售的商品，如裘皮、茶叶、烟草、羊毛、木材、水果以及古玩和艺术品等。

1. 拍卖的概念

拍卖（Auction）是指由经营拍卖业务的拍卖行接受货主的委托，在规定的时间和场所，按照一定的章程和规则，以公开叫价的方法，把货物卖给出价最高的买主的一种贸易方式。

2. 拍卖的特点

1）拍卖是在一定的机构内有组织地进行的

拍卖一般都是在拍卖中心，在拍卖行的统一组织下进行的。拍卖行可以是由公司或协会组成的专业拍卖行，专门接受货主委托从事拍卖业务，也可以是大贸易公司内部设立的拍卖行，还可以是由货主临时组织的拍卖会。

2）拍卖具有自己独特的法律和规章

拍卖不同于一般的进出口交易，这不仅表现在交易磋商的程序和方式上，也表现在合同的成立和履行等问题上，许多国家的买卖法中对拍卖业务有专门的非同一般的规定。除此之外，各个拍卖行又订阅了自己的章程规则，供拍卖时采用。这些都使得拍卖方式形成了自己的特色。

3）拍卖是一种公开竞买的现货交易

拍卖采用事先看货，当场叫价，落槌成交的做法。拍卖开始前，买主可以查看货物，做到心中有数。拍卖开始后，买主当场出价、公开竞买，由拍卖主持人代表货主选择交易对象。成交后，买主即可付款提货。

3. 拍卖的形式

1）增价拍卖

增价拍卖也称淘汰式拍卖，是常用的一种拍卖方式。拍卖时，由拍卖人宣布预定的最低价格，然后由竞买者相继叫价，竞相加价，直到拍卖人认为无人再出更高的价格时，则用击槌动作表示竞买结束，将这批商品卖给最后出价最高的人。在拍卖人击槌前，竞买者可以撤销出价。

2）减价拍卖

减价拍卖又称荷兰式拍卖，这种方法是先由拍卖人喊出最高价格，然后逐渐减低叫价，直到有某一竞买者认为已经低到可以接受的价格，表示买进为止。

3）密封递价拍卖

密封递价拍卖又称招标式拍卖，采用这种方法时，先由拍卖人公布每批商品的具体情况和拍卖条件等，然后由各买方在规定时间内将自己的出价密封递交拍卖人，以供拍卖人进行审查比较，决定将该货物卖给哪一个竞买者。这种方法不是公开竞买，拍卖人有时要考虑除价格以外的其他因素。

4. 拍卖的一般程序

拍卖业务进行的程序，一般可分为 3 个阶段。

1）准备阶段

参加拍卖的货主先要把货物运到拍卖地点，存入仓库，然后委托拍卖行进行挑选、分类、分级，并按货物的种类和品级分成若干批次。拍卖行要收取分批费。

准备拍卖的商品都分放在专门的仓库，在规定的时间内，允许参加拍卖的买主到仓库查看货物，有些还可抽取样品。查看货物的目的，是为了使买方进一步了解货物的品质状况，以便按质论价。

2）正式拍卖

拍卖会在规定的时间和地点开始，并按照拍卖目录规定的先后顺序进行。拍卖一般采用由低到高的增价拍卖方式。从法律上讲，拍卖过程中也包含发盘和接受两个环节。买方喊价相当于发盘，主持人落槌则属于接受。按照拍卖业务的惯例，在主持人的木槌落下之前，买主可以撤回其出价，这类似于一般买卖活动中，发盘人在受盘人表示接受前撤销其发盘。同样，货主在货物出售前也可以撤回要拍卖的货物。如果竞买者喊出的最高价仍低于货主所拟定的最低可接受价，货主无法接受，他可以要求主持人不敲木槌，将货物撤下来。

3）成交与交货

拍卖以其特有的方式成交后，拍卖行的工作人员即交给买方一份成交确认书，由买方填写并签字，表明交易正式达成。在买方付清货款后，买方凭拍卖行开出的栈单或提货单到指定的仓库提货。提货也必须在规定的期限内进行。

想想议议9-1

中方公司在国外物色了一家美国公司作为其代销人，并签订了寄售协议。货物在送往寄售地销售的途中，遭遇洪水，使50%的货物被洪水冲走。因道路路基需要维修，货物存仓发生了2 100美元的仓储费。损失和费用该由谁承担？

9.2 把握新型国际贸易方式

9.2.1 加工贸易与补偿贸易

一、加工贸易

1. 加工贸易的含义

加工贸易，主要是指对外加工装配贸易、中小型补偿贸易和进料加工贸易。而通常所说的"三来一补"，指来料加工、来件装配、来样加工和中小型补偿贸易，其中来样加工不在加工贸易的范围内。

2. 加工贸易的特征

（1）两头在外。加工贸易最基本的特征是"两头在外"，即其用以加工成品的全部或部分料件采购自境外，而其加工成品又销往境外的货物流向上的特征。

（2）加工增值。加工增值是加工贸易得以发生的企业方面的根本动因。企业对外签订加工贸易合同的目的在于通过加工使进口料件增值，并从中赚取差价或工缴费。

（3）料件保税。我国海关现行的法规规定海关对进口料件实施保税监管，即对其进口料件实施海关监管下的暂缓缴纳各种进口税费的制度。料件的保税可以降低企业的运行成本，增强出口成本的竞争力。

3. 加工贸易的种类

（1）进料加工。进料加工又叫以进养出，是指用外汇购入国外的原材料、辅料，利用本国的技术、设备和劳力，加工成成品后，销往国外市场。这类业务中，经营的企业以买主的身份与国外签订购买原材料的合同，又以卖主的身份签订成品的出口合同。两个合同体现为两笔交易，它们都是以所有权转移为特征的货物买卖。进料加工贸易要注意所加工的成品在国际市场上要有销路，否则，进口原料外汇很难平衡。从这一点看进料加工要承担价格风险和成品的销售风险。

（2）来料加工。来料加工是指加工一方由国外另一方提供原料、辅料和包装材料，按照双方商定的质量、规格、款式加工为成品，交给对方，自己收取加工费。有的是全部由对方来料，有的是一部分由对方来料，一部分由加工方采用本国原料的辅料。此外，有时对方只提出式样、规格等要求，而由加工方使用当地的原料、辅料进行加工生产，这种做法常被称为"来样加工"。

来料加工与进料加工有相似之处，都是"两头在外"的加工贸易方式，原材料来自国外，最终产品销往国外，但二者又有明显的区别：① 料件付汇方式不同。来料加工料件由外商免费提供，不需付汇；进料加工料件必须由经营企业付汇购买进口。② 货物所有权不同。来料加工货物所有权归外商所有，进料加工货物所有权由经营企业拥有。③ 经营方式不同。来料加工经营企业不负责盈亏，只赚取工缴费；进料加工经营企业自主盈亏，自行采购料件，自行销售成品。④ 承担风险不同，来料加工经营企业不必承担经营风险，进料加工经营企业必须承担经营过程中的所有风险。⑤ 海关监管要求不同。经营企业进料加工项下的保税料件经海关批准允许与本企业内的非保税料件进行串换；来料加工项下的保税料件因物权归属外商，不得进行串换。⑥ 进料加工有退税，退税办法按新颁布的退税率执行；来料加工产品复出口不退税。

（3）装配业务。装配业务是指由一方提供装配所需设备、技术和有关元件、零件，由另一方装配为成品后交货。

（4）协作生产。协作生产是指一方提供部分配件或主要部件，而由另一方利用本国生产的其他配件组装成一件产品出口。商标可由双方协商确定，既可用加工方的，也可用对方的。所供配件的价款可在货款中扣除。协作生产的产品一般规定由对方销售全部或一部分，也可规定由第三方销售。

二、补偿贸易

1. 补偿贸易的含义

补偿贸易又称产品返销，是指交易的一方在对方提供信用的基础上，进口设备技术，然后以该设备技术所生产的产品，分期抵付进口设备技术的价款及利息。

2. 补偿贸易的特点

补偿贸易的主要特点如下。

（1）贸易与信贷结合。一方购入设备等商品是在对方提供信贷的基础上，或由银行介入提供信贷。

（2）贸易与生产相联系。设备进口与产品出口相联系，出口机器设备方同时承诺回购对方的产品，大多数情况下，交换的商品是利用其设备制造出来的产品。

（3）贸易双方是互惠关系。补偿贸易购入的是机器设备，出口的是产品，可以说是一种进出口相结合的特殊的信贷交易，具有明显的利用外资的作用。

3. 补偿贸易的种类

按照偿付标的不同，补偿贸易大体上可分为3类。

（1）直接产品补偿。即双方在协议中约定，由设备供应方向设备进口方承诺购买一定数量或金额的由该设备直接生产出来的产品。这种做法的局限性在于，它要求生产出来的直接产品及其质量必须是对方所需要的，或者在国际市场上是可销售的，否则不易为对方所接受。

（2）其他产品补偿。当所交易的设备本身并不生产物质产品，或设备所生产的直接产品非对方所需或在国际市场上不好销售时，可由双方根据需要和可能进行协商，用回购其他产品来代替。

（3）劳务补偿。这种做法常见于同来料加工或来件装配相结合的中小型补偿贸易中。具体做法是：双方根据协议，往往由对方代为购进所需的技术、设备，货款由对方垫付，我方按对方要求加工生产后，从应收的工缴费中分期扣还所欠款项。

上述3种做法还可结合使用，即进行综合补偿。有时，根据实际情况的需要，还可以部分用直接产品或其他产品或劳务补偿，部分用现汇支付。

4. 采用补偿贸易应注意的问题

（1）要注意把购买机器设备同返销产品密切结合起来。做到购买或引进合理、可行，补偿有利，经济效益好，偿还期限短。返销的产品的规格、标准、数量及价格都应在合同中予以明确规定。

（2）要注意购买机器设备的同时，引进专利或专用技术，提高我国科学技术水平。有的采用补偿贸易方式的工厂企业只考虑购买机器设备，忽视引起软件技术这一重要内容。但外商一般不愿意转让其先进技术，我们可以购买机器设备为前提，在谈判时争取获得一定先进技术。

（3）要注意使用对双方都有利的支付方式。补偿贸易的显著特点是要利用外资，必须先使用外国的机器设备后付本息，避免外商先使用我们的外汇资金的现象出现，如果规定使用的支付方式违背了这个原则，就脱离了补偿贸易的概念。同时，还要保证收汇及时、安全，避免外汇风险。

（4）选择补偿贸易项目要切实可行，注意经济效益。要选择生产型的项目，保证返销数量，企业要自身达到外汇平衡。一定做好采用补偿贸易前期各项准备工作，对每个经济效益指标都要进行论证和评估。

（5）在补偿贸易合同中要明确双方的权利、义务和责任。在合同中除一般规定双方的权利与义务外，还要约束对方按时履约发货和购买返销产品，并对其不履约应有一定的补救约束措施，防止对方不履约和不按时履约给我方造成损失。

（6）选择资信好的外商作为合作对象。补偿贸易的合作对象资信如何对我们是十分重要的，除要求他有一定的资金和信誉外，还应有一定的融通能力。

（7）在签订补偿贸易合同时，要注意合同的合法性。合同各项条款，不得与我国现行法律和规定相违背，不能与对方国家政策相抵触。

（8）补偿贸易的返销产品不能影响我国正常向返销国出口，也不能顶替向这些国家出口的配额。

9.2.2 租赁贸易与期货贸易

一、租赁贸易

1. 租赁贸易的含义

租赁贸易又称租赁信贷，是指由租赁方（出租人）在一定时期内使用，并收取租金，但设备仍归出租人所有的贸易方式。租赁贸易是信贷和贸易相结合的一种贸易方式。租赁贸易通常由租赁公司居间，与承租人签订租赁契约，又与设备所有人订立买卖合同，资金由租赁公司提供。它是承租人获得设备的一种独特的筹资方式。

2. 租赁贸易的特点

租赁贸易的特点如下。

（1）租赁是所有权和使用权相分离的一种物质流动形式。租赁贸易是指企业之间较长期的动产租赁。租赁对象主要是资本货物，包括机电设备、运输设备、建筑机械、医疗器械、飞机船舶，甚至各种大型成套设备和设施等。

（2）租赁贸易是融资与融物相结合，物质与货币结合交流的运动形式。租赁贸易是在信贷基础上进行的，出租人一般为准金融机构，即附属于银行或信托投资公司的租赁公司，也有专业租赁公司或生产制造商兼营自己产品的租赁业务。承租人通常为生产或服务企业。租赁期一般较长，是一种以融物的形式实现中长期资金融通的贸易方式。

（3）租赁贸易往往是三边贸易，即有 3 个当事人：出租人、承租人和供货商。承租人选定所需设备和供应商后，由租赁公司洽谈购买。

（4）租赁是国内外贸易的辅助渠道。租赁贸易实质上是出租人向承租人提供信贷的一种贸易方式。从利用外资、引进设备的角度来看，它与一般的中长期信贷和延期付款有相似之处。但对供需双方来说，有其特有的优越性。

3. 租赁贸易的种类

（1）融资租赁（Financial Lease）。融资租赁也称金融租赁，是指租赁公司出资购买用户选定的设备，出租给用户。租赁期较长，接近设备的使用期。租赁期内由用户自行维修保养，租赁期满，设备归用户所有，或者由用户支付残值后拥有设备。在整个设备使用期内只租给一个用户，租赁公司按设备成本利息加上费用，分摊成租金向承租人收取，故而又称为完全支付租赁或一次性租赁。这是最基本的租赁形式。

（2）经营租赁（Operating Lease）。这种形式的租赁期限较短，在设备使用的有效期内，不仅仅租给一个用户，每个用户所缴付的租金只相当于设备投资的一部分，故又称为不完全支付租赁。在租赁期内，由出租人提供设备维修保养服务，以期保持设备的良好状态供再次出租。对承租人来说，这种租赁方式和提供的服务，使他获得了正常运转的高新技术设备，但租金也比较高。经营租赁的标的物是通用设备。当承租人只需短期使用某种通用设备时，往往采用这种租赁方式。经营租赁的出租人通常是生产制造商兼营的租赁公司或者专业租赁公司。

（3）转租租赁。我国在以租赁方式引进国外设备时，往往由我国的租赁公司作为承租人向国外租赁公司租用设备，然后再将该设备转租给国内用户。经营转租业务的租赁公司，一方面为用户企业提供了信用担保，即以自己的名义承担了支付租金的责任；另一方面又为用户承办涉外租赁合同的洽谈和签订，以及各项进口手续和费用。

我国租赁公司除办理转租租赁外，也作为中介机构为国内用户企业介绍国外租赁公司，由用户企业与国外公司直接签约。我国租赁公司开立保函，为国内承租人定期支付租金作保。

（4）回租租赁。即承租人向出租人租赁原来属于自己的设施。一般做法是先由承租人和出租人签订租赁协议，然后再签订买卖合同，由出租人购进标的物，将其租给承租人，即原物主。这种租赁方式主要用于不动产，由于承租人缺少资金而出售不动产以筹措所需资金。

回租租赁均为融资租赁，标的物的售价将分摊在各期租金中。故在回租租赁业务中，标的物的售价往往并不反映真正的市场价，而更多地取决于承租人所需资金的数额，当然也不可能超过其真正的市场价。

4. 租赁贸易的作用

1）对承租人而言，租赁贸易的作用

（1）企业利用中长期信贷或延期付款方式购入设备，将记录在企业的资产负债表内，而租赁的设备，则不作为企业的负债记录，不影响企业的举债能力。

（2）即使企业能以自有资金购入设备，若改用租赁方式，则可增强流动资金的周转能力，改善企业的资产质量。

（3）承租人支付的租金可列入生产或经营成本从而降低了企业应税收入的数额。

（4）承租人可按自身需要选择生产厂商和所需设备，确定技术指标；而租赁公司作为市场中的大买家，往往拥有优越的谈判地位，能以相对优惠的价格购进设备，从而降低承租人支付的租金。

（5）以租赁方式引进设备，承租人只需和租赁公司达成协议，而落实资金和采购设备均由租赁公司负责，故而业务环节减少，设备到位所需时间较短。

（6）承租人可以分享租赁公司所享受的减免税优惠及所具有的资金运作优势，从而降低租金支出。

（7）承租人所支付的租金，包括设备价款、利息和租赁手续费。租金在租赁期内一般固定不变，而中长期贷款的利率往往是浮动的，有上升的趋势。

（8）国际市场是买方市场，承租人作为用户，具有一定的优势，充分利用这一优势，在一定条件下，比起直接获得国外出口信贷，更具现实性和更为经济，比起外商直接投资，在收益分配和经营控制上更有利于设备引进方。

2）对出租人而言，租赁贸易的作用

（1）出租人购买设备进行租赁业务，作为设备所有人，可享受投资减税待遇及折旧或按政策加速折旧的优惠。

（2）金融租赁公司作为出租人，租赁贸易也是一种金融业务，由此扩大了资金投放市场。由于拥有设备所有权和应收租主的承诺贷款风险较小。

（3）专业租赁公司作为出租人，一般只需支付所购设备款项的20%～40%，其余部分则以设备所有权和租金受让权作为抵押，由银行等金融机构提供贷款，但出租人仍享有全部减税利益。

（4）一些大型制造公司往往附设租赁公司，通过以租代销扩大出口业务。特别对于一些售价高，相对陈旧老化的设备，租赁是一种行之有效的促销方式。

5. 国际租赁贸易的程序

以融资租赁为例说明国际租赁贸易的一般做法。

（1）委托租赁。用户企业将已选定的租赁物品向租赁公司提示，并填写租赁委托书。租赁委托书中应包括企业资产负债状况及经营指标。如有必要，应表明可以提供的担保。

（2）洽购标的物。由用户企业或租赁公司或双方联合，与租赁标的物的制造厂或供应商磋商购买标的物的贸易条件。

（3）签订租赁合同。当购买标的物的贸易条件已商定，租赁公司即出具租赁费估价单。双方然后就租期、租金、租赁标的物的交接验收、维修保养以及保险等条件达成一致，并签署租赁合同。

（4）签订购货合同。租赁公司与制造商就事先谈妥的贸易条件，正式签订购货合同。

（5）交货验收。制造商按合同规定直接向用户企业交货。我国企业以租赁方式引进设备，其手续等同于一般进口贸易。用户企业验收合格，以承租人身份向租赁公司出具验收收据。

（6）支付租金和履行合同。承租人应按合同规定定期支付租金，并履行合同中规定的其他义务。租赁公司亦应按合同规定，承担保险和维修责任。在融资租赁中，一般由用户自行维修。

（7）期满留购。融资租赁期满后，通常标的物所有权即归承租人所有。租赁合同也可规定由用户支付一定数额的设备残值后，才拥有所有权。

二、期货贸易

1. 期货贸易的定义

期货贸易（Futures-Trading）是指在期货交易所内，按一定规章制度进行的期货合同的买卖。

期货交易所是指期货贸易的场所，目前期货交易所已遍布世界各地，其中交易量比较大的有美国芝加哥商品交易所、芝加哥商业交易所、纽约商品交易所、纽约商业交易所、伦敦金属交易所、东京工业品交易所、东京谷物交易所、香港期货交易所、新加坡国际金融交易所等，交易的商品涉及农副产品、有色金属、贵金属、金融产品等。

就商品期货贸易而言，交易的品种基本属于供求量较大、价格变动频繁的初级产品，如谷物、棉花、食堂、咖啡、可可、油料、活牲畜、木材、有色金属、原油以及贵金属等。

2. 期货贸易的特征

与现货贸易相比，期货贸易具有以下特征。

（1）期货交易的地点、方式、环境有严格限制。期货交易是在法定的交易所内，在严格的组织与管理下，遵循特定的交易规则进行的交易行为。交易方式是集中在交易所以公开竞争的方式进行，不是一对一签订契约。

（2）期货交易在多种情况下无须进行商品交割。期货交易买卖对象是标准化的期货合约，交易的目的不是为了获得实物商品，而是为了转移有关商品的价格风险或赚取期货合约的买卖差价收益，事实上大部分期货合同在期满之前通过对冲了结了履约义务，用于实际交割的合约仅占期货合同交易的很小部分，一般仅占2%左右。

（3）并不是所有商品都可以作为期货品种进行交易。期货交易的品种是在商品的品种、规格、质量、数量、交割方式上都实现了标准化的商品。

（4）期货交易的法律与规则限定比较严格。由于期货交易有较大投机性，并且容易发生欺诈行为，所以一般有专门的管理机构。通常期货交易是依靠会员制度、保证金制度、每日价差结算无负债制度等一系列保障制度来保证市场运行的，而现货交易是以《合同法》为法律保障的。

（5）期货交易需要的资金少，见效快，方便灵活。由于期货交易不需要按实际期货合同价值交纳现金，只要交纳很少比例的保证金，一般占合同总价值的5%左右，而且数额可大可小，期限可长可短，非常灵活。

3. 期货贸易的方式

商品期货贸易主要有两大类，分别是以转移价格风险为目的的套期保值业务和以盈利为目的的投机交易。

1）套期保值

套期保值（Hedging）是期货市场交易者将期货交易与现货交易结合起来进行的一种市场行为。由于同一种商品的实际货物市场价格和期货市场价格的变化趋势基本上是一致的，涨时俱涨，跌时俱跌，套期保值者可在购入现货的同时，在期货市场上出售期货，或在出售现货的同时买入期货，这样必然出现一亏一盈的情况，盈亏相抵，可以转移现货价格变动的风险。

（1）卖期保值（Selling Hedge）。卖期保值是指套期保值者根据现货交易情况，先在期货市场上卖出期货合同，然后再买进以平仓的做法。通常生产商在购进产品待售时，或加工商在采购原料时，为防止日后价格下跌带来损失，会采用卖期保值的做法。

（2）买期保值（Buying Hedge）。与卖期保值相反，买期保值是指套期保值者根据现货交易情况，先在期货市场上买入期货合同，然后再卖出期货合同进行平仓。这种做法是为了避免现货市场价格上涨带来的损失。

2）投机

从事期货贸易的除了套期保值者外，更多的是投机者（Speculator）。投机者在期货市场上通过"买空卖空"或"卖空买空"，希望以较小的资金来博取利润。与套期保值者相反，投机者愿意承担价格变动的风险，一旦预测期货价格将上涨，投机者就会买进期货合同（"买空"或"多头"）；一旦预测期货价格将下跌，就会卖出期货合同（"卖空"或"空头"），待价格与自己预料的方向变化一致时，再抓住机会进行对冲。

4. 期货交易的基本操作

（1）选择合适的经纪商，在经纪商那里开立账户、缴纳保证金；

（2）以书面交易订单形式或用电话及其他通信形式向经纪商下达交易命令；

（3）经纪商通过其派在交易所内的代表将交易指令转给经纪商派在交易所内进行交易的经纪人，经纪人按照交易指令进行交易；

（4）成交后，由结算所核定、确认和结算，通知经纪商，并由经纪商转告客户。

想想议议9-2

我国某公司和外商洽谈一笔补偿贸易，外商提出以信贷方式向我方提供一套设备，并表示愿意为我方代销产品。我方能接受吗？

📑 课堂讨论

完成本任务后，请进行自我测试：你是否已明确几种传统与新型国际贸易方式的深刻内涵？

● 阅读与思考 9 - 1

拍卖行的拒绝有无道理

某公司在拍卖行经竞买获得一批精美瓷器，在商品拍卖时，拍卖条件中规定，"买方对货物的过目或不过目，卖方对商品的品质概不负责"。该公司在将这批瓷器通过公司所属商行销售时，发现有部分瓷器出现网纹，严重影响了这部分商品的销售。该公司因此向拍卖行提出索赔，但遭到拍卖行的拒绝。

● 任务小结

本任务主要通过介绍经销与代理、寄售与拍卖、招标与投标、加工贸易与补偿贸易、租赁贸易与期货贸易等形式的含义、特点、类型和基本操作程序，使读者了解作为国际贸易中的重要国际贸易方式的组成部分的 10 种方式的基本作用，并且能独立使用这些国际贸易方式。

第 3 部分　任务实训

⊃ 案例分析

代理切莫随意变更交易条款

1997 年 10 月，甲公司与乙进出口公司（以下简称乙公司）签订代理出口协议一份。协议约定甲公司委托乙公司代理出口花生果 1 000 吨，出口单价随信用证，协议总金额约为720 万元人民币。甲公司的主要义务是组织货源，并负责装船前的一切工作。乙公司的主要任务是对外签订出口合同；办理有关的出口手续；货物装船后，及时向银行提交有关单据，办理结汇手续，并根据当日银行汇率折合人民币（扣除代理费及可能出现的有关费用）划拨到甲公司账户。在代理出口过程中，双方实际出口花生果 554.485 吨，乙公司先后共支付给甲公司货款 12.5 万美元和 18 万元人民币，余款一直未付，甲公司遂于 1999 年将乙公司诉诸法庭。法院受理后根据相关法律判决：乙公司应按照代理出口协议和外销合同原定的货款支付方式和价款，在扣除代理费和有关的费用后，还应当支付给甲公司货款 170 多万元，并承担逾期付款违约金及案件诉讼费等共计 200 余万元。

思考题：

（1）法院的判决是否合适？

（2）在国际贸易代理中应注意哪些问题？

● 模拟实训

模拟国际招标与投标/拍卖

【实训目的】通过对国际招标与投标/拍卖的模拟，尝试对国际招标与投标/拍卖这种国际贸易方式有一个初步的了解。

【实训内容】

（1）组织学生对国际招标与投标/拍卖进行场景设置；

（2）指导学生查阅相关资料，全面理解国际招标与投标/拍卖的相关知识。

【实训方式】查找资料，撰写调研报告。

【实训对象】本地区外贸公司。

【实训步骤】实训步骤如下：

（1）学生分组；

（2）分组进行前期调研，收集和整理相关资料，了解本地区一些国际招标与投标/拍卖方面的信息；

（3）分组完成调研报告；

（4）全班集体讨论；

（5）教师点评。

项目 2 小结

本项目围绕国际贸易实务设计了各环节的基本知识，设置了重要知识、课堂讨论等栏目，体现了对一些重要理论知识的重组。

本项目进程以任务先行开始，以任务小结结束，希望读者在完成项目任务之后，能够及时进行自我的过程性评价，并能掌握国际贸易各项实务技能操作。

本项目技能目标：完成本项目后，读者应该能够把握国际贸易术语、国际贸易磋商与谈判、进出口贸易主要条款、国际贸易结算、国际贸易运输与保险、商检与索赔和国际贸易方式的丰富内涵，以现代国际贸易的实务技能指导日常国际贸易活动。完成本项目将为今后从事国际贸易工作奠定良好的基础。

开心一刻

狡猾的期货交易

1907 年 10 月前，里弗莫在已研究很长时间的谷物期货上，各持有 1 000 万蒲式耳的小麦和玉米空单。当里弗莫将股票全部清盘，准备旅行度假时发现小麦暴跌有很多浮赢，而玉米却有更多的浮亏。原来有人在操纵玉米价格，当时尽管有大量的玉米在农民手中，可是就是运不出来。里弗莫收集了大量谷物新闻和小道消息，发现玉米做多操纵者还持有大量燕麦多单，而另一金融巨头持有大量燕麦空单，两人素有积怨。于是，里弗莫在几家经纪行抛出几笔燕麦空单。市场其他参与者认为里弗莫要同其他金融巨头联手做空燕麦和玉米，便纷纷抛出燕麦和玉米多单。结果，里弗莫顺利地平了玉米空单，在小麦和玉米上总体而言略亏。

项目 3

探索国际贸易创新模式

◉ **知识目标**

　　通过完成本项目，你应该能够：

　　1. 了解一些国际贸易创新与电子商务的相关概念；

　　2. 理解国际贸易创新的原因；

　　3. 掌握电子商务对国际贸易的影响。

◉ **技能目标**

　　1. 能够针对电子商务环境下国际贸易的相关单据，合乎规范地制作并熟练使用；

　　2. 创造性地分析和解决电子商务环境下的国际贸易中的实际问题。

　　◆ 项目解析

　　◆ 案例导入

　　◆ 案例解析

　　◆ 课堂讨论

　　◆ 任务小结

　　◆ 阅读与思考

　　◆ 案例分析

　　◆ 实训操作

▶▶ **项目解析**

　　尊敬的读者：前面我们已经学习了一些国际贸易的基本概念、理论和国际贸易 8 项实务技能，本项目开始学习国际贸易创新模式，共有一个任务：探索国际贸易创新。从国际贸易创新理论出发，重点分析电子商务环境下的国际贸易形式，并把握其基本流程和方法。

　　为了更好地把握国际贸易理论与实务，为今后更好地开发新的国际贸易方式打下坚实基础，请尝试完成本项目：探索国际贸易创新模式。

你可以对照知识目标以及技能目标，反复演练，有的放矢地依次完成各项任务，直至完成本项目，为早日掌握国际贸易理论和技能做好准备。

任务 10 探索国际贸易创新

↘ 任务提示

本任务将引领你明确国际贸易创新及电子商务环境下的国际贸易操作相关知识。

↘ 任务先行

什么是国际贸易创新？电子商务环境下的国际贸易方式又是什么？它研究什么？要了解这些问题，请往下看。

第 1 部分 案例导入与解析

➲ 案例导入

习惯与自然

一根小小的柱子，一截细细的链子，拴得住一头千斤重的大象，这不荒谬吗？可这荒谬的场景在印度和秦国随处可见。那些驯象人，在大象还是小象的时候，就用一条铁链将它绑在水泥柱或钢柱上，无论小象怎么挣扎都无法挣脱。小象渐渐地习惯了不挣扎，直到长成了大象，可以轻而易举地挣脱链子时，也不挣扎。

驯虎人本来也像驯象人一样成功，他让小虎从小吃素，直到小虎长大。老虎不知肉味，自然不会伤人。驯虎人的致命错误在于他摔了跤之后，让老虎舔干净他流在地上的血，老虎一舔就不可收拾，终于将驯虎人吃了。

那么，为什么会出现这些现象？什么是创新？要回答这些问题，我们先从国际贸易创新学起。

➲ 案情介绍

从东莞千家鞋厂倒闭看中国制造

近两年，从广东一些制造业基地不断传来负面消息，如东莞有约千家鞋厂倒闭。事实上，那里不少鞋厂已经准备外迁。表面上看，鞋厂倒闭可以归结为 3 个原因：人民币升值、人工成本上升及《劳动合同法》的实施。而更深层的原因是"中国制造"的绝大多数产品迄今仍然停留在低档的复制阶段。

东莞号称"世界鞋都"，鞋产量占全世界的十分之一，但核心的问题在于，东莞的鞋不是耐克，不是阿迪达斯，而是普通得不能再普通的鞋，每个国家如果愿意都能生产。在人民币没有升值的时候，在人工成本还比较低的时候，东莞的鞋比其他国家的鞋有优势，也就是价格更便宜。现在人民币升值了，价格优势当然不复存在。

➲ 案例解析

经济合作与发展组织（OECD）曾发表过一份研究报告，称中国要想在 2020 年之前进入创新型国家行列，必须增进研发投资的产出效率，提高整体教育水平。

自 1995 年以来，中国加大了研发投入，但经合组织研究报告指出，迄今为止，中国科研投入主要集中在设备更新、产品试验以及高端技术领域，而对基础研究、长期项目、能源与环保技术的重视程度不够。总之，就中国现状而言，建设一个现代化的、成熟完善的创新体系依然任重道远。

20 世纪 80 年代中期以来，中国实行了一系列的经济改革措施，但经济领域的创新能力依然很弱。

中国应抛开计划经济的遗产，集中精力为研究开发创造更好的框架条件。鼓励竞争，促进融资，加强知识产权保护，提高高校毕业生的数量和质量，以此来促进本国企业的科技创新。

第 2 部分　任务学习引导

重要知识

国际贸易创新的含义

创新是当代国际贸易发展的最显著的特征。当代国际贸易创新就是对 20 世纪 90 年代以来国际贸易各个领域、各个方面的全面的立体式的创新现象的集中概括。当代国际贸易创新表明国际贸易进入了一个全新的发展时代。

10.1　直面国际贸易创新

10.1.1　国际贸易创新的内容

如果把当代国际贸易创新作一简单的概括，我们就会发现，当代国际贸易创新包含了国际贸易发展的各个方面。

1. 观念创新

当代国际贸易创新首先表现为各国在对外贸易观念上的创新。它具体包括以下几点：

（1）把贸易开放看成是对外开放的起点和基本方面；

（2）客观地估价对外贸易在一国经济发展中的实际作用，把经济发展与贸易发展的平衡、国际贸易与国内贸易的协调看成是发展对外贸易的基本原则；

（3）把对外贸易看成是处理国家关系的越来越重要的外交手段。

2. 格局创新

当代国际贸易创新突出地表现在国际贸易格局的创新上。它具体包括以下几点：

（1）以地缘经济为特征的贸易集团取代了以政治联盟为基础的贸易联盟，贸易集团化格局基本确立；

（2）区域贸易集团具有强烈的对外扩展趋势，全球一体化步伐正在加快；

（3）国际贸易重心已从单一的欧洲重心过渡到了多重重心并存的状态，并正在形成以亚太为重心的新单一重心的格局。

3. 制度创新

制度创新是当代国际贸易创新的又一重要标志。它具体包括以下几点：

（1）具有真正法人地位的、拥有更强约束性和更高运转效能的世界贸易组织逐步取代关贸总协定；

（2）区域性协调机制的迅速建立和不断加强；

（3）国别的"管理贸易"制度的推广和普遍化。

4. 政策创新

政策创新是当代国际贸易创新的重要内容。它具体包括以下几点：

（1）有限制的可调节的自由贸易政策逐步抬头，保护主义开始相对地退入低潮；

（2）直接的贸易限制措施逐渐被间接的贸易限制措施所取代，新型的更灵活和更隐蔽的贸易限制措施正在不断地被创造出来；

（3）贸易政策趋向于和其他经济政策甚至外交政策在更大程度上融合；

（4）区域内"共同贸易政策"开始形成。

5. 构成创新

贸易内容的构成上的创新是当代国际贸易创新的又一重要方面。它具体包括以下几点：

（1）国际贸易的内容在比例结构上出现重大调整，服务贸易的比重相对于货物贸易正在快速上升，制成品中技术产品特别是高新尖技术产品的比重大幅度增加，原材料产品中具有特别意义的资源产品的贸易量增长迅速；

（2）多边贸易的内容和范围大大扩展：乌拉圭回合协议把服务贸易、与贸易有关的知识产权和投资措施以及长期游离于关贸总协定体制以外的农产品和纺织品纳入到多边体制的管辖范围。

6. 工具创新

当代国际贸易创新还包括国际贸易工具的创新。它具体包括以下几点：

（1）投资和知识产权成为推动国际贸易的越来越重要的手段；

（2）现代通信技术为国际贸易提供了新的信息工具；

（3）国际贸易惯例、规则的革新更科学地规范了国际贸易的全过程；

（4）运输方式的革命使国际贸易如虎添翼；

（5）各国在促进和便利贸易发展方面的一系列新的政策举措。

事实上，当代国际贸易创新的实际内容还远不止上述这些方面。当代国际贸易创新已经深入到当代国际经济发展的各个领域，并通过和当代国际金融创新、国际投资创新的日益融合，产生新的更广泛的创新，从而推动整个国际经济的全面创新。

10.1.2 国际贸易创新的原因

全面、深入地剖析当代国际贸易创新形成的原因和条件，有利于把握当代国际贸易发展的趋势。当代国际贸易创新有以下几方面原因。

（1）当代国际政治格局的急剧转换为当代国际贸易创新提供了极为宽松的国际政治环境。国际贸易发展史清楚地表明，国际贸易的发展和国际政治环境之间存在着紧密的相关关系。国际政治环境健康稳定的时期往往就是国际贸易蓬勃发展的时期；国际政治环境动荡不定特别是在大规模的战争时期，国际贸易就会停滞甚至萎缩。因此，宽松的国际政治环境是国际贸易发展和创新的前提条件。

（2）当代国际经济相互依赖关系的日益增强为当代国际贸易创新提供了广阔的国际经济舞台和创新压力。当代世界生产力的发展推动了全球经济的社会化、国际化进程，社会分工、国际分工日益朝着更广泛、更深刻的方向发展，整个国际经济越来越成为一个紧密相连、不可分割的发展体系。这是当代国际经济发展中的最显著的特点。

（3）当代科技革命的迅猛发展和国际生产力的飞速增长为当代国际贸易创新提供了坚实的技术基础和雄厚的物质基础。以信息革命、生物工程等为特征的当代科技革命在过去的10年里取得了辉煌的成就。它不仅表现为新技术日新月异的发明，而且更突出地表现在新技术在应用上的突飞猛进。这不仅给国际贸易的发展带来了勃勃生机，而且还为当代国际贸易创新提供了坚实的技术基础。事实上，电子数据交换的日益广泛的运用和全球范围"信息高速公路"计划的推出，以现代技术服务和信息传输为内容的国际服务产品的形成和发展，以高新尖技术产品为交易对象的现代技术贸易的日益壮大，既是当代国际贸易创新的基础，它们本身又构成了当代国际贸易创新的组成部分。

（4）当代各国经济所面临的问题和困难的解决为当代国际贸易创新提供了外在强制。当各国开始把主要注意力集中到经济发展方面以后，那些一直被"冷战"状态所掩盖或淡化的经济发展问题开始越来越清楚地暴露出来。尽管不同的国家都存在着各自不同的问题，但是它们大都共同面临着下列问题：① 如何更有效地实现国内经济与国际经济的融合？如何发挥对外贸易对国内经济增长的"发动机"作用？② 如何保持国际收支的基本平衡？如何消除贸易收支的逆差？③ 如何实行各国经济贸易政策的国际间协调？如何合理地分割国际贸易利益？

（5）当代国际贸易发展自身所面临的问题和困难的解决为当代国际贸易创新提供了内在动力。当代国际贸易发展受到了来自两个方面的阻挠：① 国际贸易长期以来一直面临的而又无法消除的障碍。这些障碍中最突出的有两个：一是自由贸易和保护贸易的两难选择。各国对外贸易政策和制度的摇摆不定人为造成了国际贸易发展的无序性和非周期性动荡。二是多边贸易体制的功能残缺与低效能。关贸总协定无法管辖所有的贸易行为，而且仅有的管辖能力还表现为"软约束"，这更加剧了国际贸易发展的无序性和非周期性动荡。② 国际贸易同时又面临着新的国际环境的挑战。具体体现在如下几方面：一是如何适时地变更有关国际贸易的一系列的思想和观念；二是如何调整"冷战"后的国际贸易格局；三是如何在现有的基础和框架上改革和完善国际贸易制度；四是怎样在国际贸易的构成、手段和工具上充分体现当代科技革命的最新成就和现代经济贸易理论的最新发展。

当代国际贸易发展自身所面临的上述两个方面的问题和困难严重地阻碍着国际贸易的健

康发展和其对国际经济的推动作用的正常发挥。它们从国际贸易的内在的最深层次上驱动着国际贸易自身的全面创新。这是当代国际贸易创新的内在动力之所在。正是由于这一内在动力的驱动，当代国际贸易才发生了从观念到格局、制度、政策、构成和工具的全面的、深刻的创新。

想想议议10-1

梅迪奇是佛罗伦萨的银行家族，早在15世纪意大利创意蓬勃发展的时期，梅迪奇结合其他几个家族的势力，把雕刻家、科学家、诗人、哲学家、金融家、画家和建筑家集聚在佛罗伦萨，在这里彼此交会、相融、探索，打破不同领域与文化的界线，全力打造了一个以新观念为基础的新世界，这就是文艺复兴时期，历史上最有创意的时代。如今我们把汇聚不同范畴与文化，彼此深入激荡的方式，通称为梅迪奇效应。

10.2 放眼电子商务与国际贸易创新

10.2.1 电子商务与应用

一、电子商务概述

1. 电子商务的概念

电子商务源于英文 Electronic Commerce，简写为 EC。顾名思义，其内容包含两个方面：一是电子方式，二是商贸活动。

电子商务广义的意思是在网络上进行商务贸易和交易。

（1）电子商务通常是指在全球各地广泛的商业贸易活动中，在因特网开放的网络环境下，基于浏览器/服务器应用方式，买卖双方不谋面地进行各种商贸活动，实现消费者的网上购物、商户之间的网上交易和在线电子支付以及各种商务活动、交易活动、金融活动和相关的综合服务活动的一种新型的商业运营模式。

（2）电子商务是指利用简单、快捷、低成本的电子通信方式，买卖双方不谋面地进行各种商贸活动。

电子商务可以通过多种电子通信方式来完成。简单的，比如通过打电话或发传真的方式来与客户进行商贸活动，似乎也可以称作电子商务。但是，现在人们所探讨的电子商务主要是以 EDI（电子数据交换）和 Internet（互联网）来完成的，尤其是随着 Internet 技术的日益成熟，电子商务真正的发展将是建立在 Internet 技术上的，所以也有人把电子商务简称为 IC（Internet Commerce）。

从贸易活动的角度分析，电子商务可以在多个环节实现，由此也可以将电子商务分为两个层次，较低层次的电子商务如电子商情、电子贸易、电子合同等；最完整的也是最高级的电子商务应该是利用 Internet 进行全部的贸易活动，即在网上将信息流、商流、资金流和部分的物流完整地实现，也就是说，你可以从寻找客户开始，一直到洽谈、订货、在线付（收）款、开具电子发票以至到电子报关、电子纳税等通过 Internet 一气呵成。

要实现完整的电子商务还会涉及很多方面，除了买家、卖家外，还要有银行或金融机构、政府机构、认证机构、配送中心等机构的加入才行。由于参与电子商务中的各方在物理上是互不谋面的，因此整个电子商务过程并不是物理世界商务活动的翻版，网上银行、在线电子支付等条件和数据加密、电子签名等技术在电子商务中发挥着重要的不可或缺的作用。

2. 电子商务的特点

与传统的商务活动相比，电子商务的特点可归结为以下几点：商务性、服务性、集成性、可扩展性、安全性、协调性。

（1）商务性。电子商务最基本的特性是商务性，即为网上购物者提供一种方便、快捷的买卖交易的服务手段和机会。因而，电子商务对任何规模的企业而言，都是一种机遇。就商务性而言，电子商务可以扩展市场，增加客户数量，通过将万维网信息连至数据库，企业能记录下每次访问、销售、购买形式和购货动态以及客户对产品的偏爱，这样企业可以通过统计这些数据来获知客户最想购买的产品是什么。

（2）服务性。在电子商务环境中，客户不再受地域的限制，像以往那样，忠实地只做某家邻近商店的老主顾，他们也不再仅仅将目光集中在最低价格上，因而，服务质量在某种意义上成为商务活动的关键。技术创新带来新的结果，万维网应用使得企业能自动处理商务过程，并不再像以往那样强调公司内部的分工。现在在 Internet 上许多企业都能为客户提供完整服务，而万维网在这种服务中充当了催化剂的角色。企业通过将客户服务过程移至万维网上，使客户能以一种比过去简捷的方式完成过去他们较为费事才能获得的服务。显而易见，电子商务提供的客户服务具有一个明显的特性：方便。这不仅对客户来说如此，对于企业而言，同样也能受益。在国外，大银行通过电子商务，客户能全天候地存取资金，快速地阅览诸如押金利率、贷款过程等信息，从而使服务质量大为提高。

（3）集成性。电子商务是一种新兴产业，其中用到了大量新技术，但并不是说新技术的出现就必须导致老设备的死亡。万维网的真实商业价值在于协调新老技术，使用户能更加行之有效地利用他们已有的资源和技术，更加有效地完成他们的任务。电子商务的集成性，还在于事务处理的整体性和统一性，它能规范事务处理的工作流程，将人工操作和信息处理集成为一个不可分割的整体。这样不仅能提高人力和物力的利用率，也提高了系统运行的严密性。

（4）可扩展性。要使电子商务正常运作，必须确保其可扩展性。万维网上有数以百万计的用户，而传输过程中，时不时地出现高峰状况。倘若一家企业原来设计每天可受理40万人次访问，而事实上却有80万，就必须尽快配有一台扩展的服务器，否则客户访问速度将急剧下降，甚至还会拒绝数千次可能带来丰厚利润的客户来访。对于电子商务而言，可扩展的系统才是稳定的系统。如果在出现高峰状况时能及时扩展，就可使得系统阻塞的可能性大为下降。电子商务中，耗时仅2分钟的重新启动也可能导致大量客户流失，因而可扩展性可谓极其重要。

（5）安全性。对于客户而言，无论网上的物品如何具有吸引力，如果他们对交易安全性缺乏把握，他们根本就不敢在网上进行买卖。企业和企业间的交易更是如此。在电子商务中，安全性是必须考虑的核心问题。欺骗、窃听、病毒和非法入侵都在威胁着电子商务，因此要求网络能提供一种端到端的安全解决方案，包括加密机制、签名机制、分布式安全管理、存取控制、防火墙、安全万维网服务器、防病毒保护等。

（6）协调性。商务活动是一种协调过程，它需要雇员和客户，生产方、供货方以及商务伙伴间的协调。为了提高效率，许多组织都提供了交互式的协议，电子商务活动可以在这些协议的基础上进行。

二、电子商务的应用

1. 电子商务的应用功能

1）售前服务中的功能

Internet 作为一个新媒体，具有"即时互动、跨越时空和多媒体展示"等特性，它强调了互动性，而且广告资料更新较快，比传统媒体的广告费用低廉。企业可利用网上主页（Homepage）和电子邮件（E-mail）在全球范围内作广告宣传；客户可借助网上检索工具迅速地找到所需要的商品信息。

2）售中服务中的功能

网上售中服务主要是帮助企业完成与客户之间的咨询洽谈、网上订购、网上支付等商务过程，对于销售无形产品的公司来说，Internet 上的售中服务为网上的客户提供了直接试用产品的机会，如音像制品的试听、试看以及软件的试用等。

3）售后服务中的功能

网上售后服务的内容主要包括帮助客户解决产品使用中的问题，排除技术故障，提供技术支持，传递产品改进或升级的信息以吸引客户对产品与服务的反馈信息。电子商务能十分方便地采用网页上的"选择"、"填空"等格式文件来收集用户对销售服务的反馈意见，这使企业的市场营销能形成一个封闭的回路。网上售后服务不仅响应快、质量高、费用低，而且可以大大减低服务人员的工作强度。

2. 电子商务应用的类型

1）企业内部电子商务

企业内部电子商务，即企业内部之间，通过企业内部网（Intranet）的方式处理与交换商贸信息。企业内部网是一种有效的商务工具，通过防火墙，企业将自己的内部网与Internet 隔离，它可以用来自动处理商务操作及工作流，增强对重要系统和关键数据的存取，共享经验，共同解决客户问题，并保持组织间的联系。通过企业内部电子商务，可以给企业带来如下好处：增加商务活动处理的敏捷性，对市场状况能更快地作出反应，能更好地为客户提供服务。

2）企业间电子商务

企业间电子商务（简称为 B2B 模式），即企业与企业（Business to Business）之间，通过 Internet 或专用网方式进行电子商务活动。企业间电子商务是电子商务 3 种模式中最值得关注和探讨的，因为它最具有发展潜力。据 IDG 公司 1997 年 9 月的统计，1997 年全球在Internet 上进行的电子商务金额为 100 亿美元，其中企业间电子商务活动占 79%。Forrester研究公司预计企业间电子商务活动将以 3 倍于企业—个人间电子商务的速度发展。这是因为，在现实物理世界中，企业间电子商务贸易额是消费者直接购买的 10 倍。

3）企业与消费者之间的电子商务

企业与消费者之间的电子商务（简称为 B2C 模式），即企业通过 Internet 为消费者提供一个新型的购物环境——网上商店，消费者通过网络在网上购物、在网上支付。由于这种模式节省了客户和企业双方的时间和空间，大大提高了交易效率，节省了不必要的开支，因此网上购物将成为电子商务的一个最热门的话题。

10.2.2 电子商务环境下的国际贸易

在国际贸易中采用电子商务能明显地节约成本，提高工作效率。

一、电子商务对国际贸易的影响

电子商务对国际贸易的影响不断向深层次扩展，在国际贸易理论、国际贸易管理、国际贸易运行机制、国际贸易营销手段及国际贸易运输方式等方面都带来了深刻的变革。

1. 虚拟公司——国际贸易新的经营主体

跨国公司战略联盟是"虚拟公司"的主要表现形式。这种创新型的跨国公司战略联盟与"虚拟经营"采用了合作竞争的经营方式，揭开了信息社会公司组织及运作方式变革的序幕。通过开放系统的动态网络组合寻找资源和联盟，虚拟公司能够适应瞬息万变的经济竞争环境和消费需求向个性化、多样化方向发展的趋势，给跨国公司带来分工合作、优势互补、资源互用、利益共享的好处。

2. 虚拟市场——国际贸易新的运行环境

电子商务通过网上"虚拟"信息的交换，开辟了一个新的市场空间，这是一个开放的、多维的、立体的市场空间，它突破了传统市场以一定的地域为存在前提的局限性，在全球范围内以信息网络为纽带连成一个统一的大"市场"，促进了经济全球化的进程和新型世界市场的形成。信息流动加速了资本、商品、技术等生产要素的全球流动，带动了全球"网络经济"的崛起，在这种网络贸易的环境下，各国间的经贸联系与合作也大大加强。

3. 电子商务——国际贸易新的推动力量

电子商务突破了时空限制，使得信息跨国界传递和资源共享得以实现，满足了国际贸易快速增长的要求，从而促进了国际贸易的发展。网络国际商品交易额的上升就意味着那些通过信件、跨越国境服务、有形货物运输的交易额的下降。电子商务通过降低交易成本和交易价格，提高效率，不断创造出更多的商业机会，这些机会来源于电子商务手段能够降低交易价格，让那些成本过高或执行困难的交易变得可能。同时，电子商务通过提供国际市场调研、广告和营销、购买以及通过网上银行进行支付等方式成为传统贸易的辅助手段。

二、基于 EDI 的国际贸易

20 世纪 60 年代后，世界进入了电子与信息技术的时代，世界经济已呈现出一体化的特征，全球贸易范围不断扩大，贸易金额大幅度上升，促使各种贸易单证和文件的处理数量急剧增加。在此背景和需求下，美国首先在商务领域中开发了以计算机、网络通信和数据标准化为要件的电子数据交换，形成了电子商务的雏形，开创了电子商务时代的先河。

1. EDI 的基本概念

EDI 是英文 Electronic Data Interchange 的缩写，中文可译为"电子数据交换"，是指按照商定的协议，将商业文件标准化和格式化，并通过计算机网络，在贸易伙伴的计算机网络系统之间进行数据交换和自动处理。

2. EDI 的基本内涵

（1）定义的主体是"经济信息"。也就是说 EDI 是面向商业文件，如汇票、发票、船运单、进出口货物报关单、进出口许可证等，当然，这其中也必须包括企业处理业务所必须涉及的企业内部经济信息。

（2）交换的信息是"按照协议"形成的，是"具有一定结构特征的"。

（3）传播渠道中无人工干预。传递信息的路径是以计算机到数据通信网络，再到商业伙伴的计算机，中间不需人工干预。经济信息的标准化及通信网络为信息传递建立了基础。

（4）EDI 信息的最终用户通过应用软件系统自动处理传递数据，EDI 信息的传输发送依赖于 EDI 软件技术的开发和使用。

3. EDI 的操作过程

当今世界通用的 EDI 通信网络，是建立在 MHS 数据通信平台上的信箱系统，其通信机制是信箱间信息的存储和转发。具体实现方法是在数据通信网上加挂大容量信息处理计算机，在计算机上建立信箱系统，通信双方需申请各自的信箱，其通信过程就是把文件传到对方的信箱中。文件交换由计算机自动完成，在发送文件时，用户只需进入自己的信箱系统。

4. EDI 与国际贸易

EDI 对国际贸易的影响是革命性的，它深化了国际分工，扩大了国际贸易，使国际市场的格局发生了变化。EDI 能将市场、客户和出口企业等诸方面紧密地联系在一起，突破了以往时空上的限制，从而使企业有可能获得竞争优势，因而成为企业增强国际市场竞争能力的一个重要手段。安得森认为，它能够促进信息共享、减少运营成本、节省时间和资源、提高顾客服质量、改善商业关系。其优势具体表现为以下几方面。

（1）有效地建立贸易伙伴之间的密切联系，增加贸易机会。EDI 以因特网为载体，能快速、正确地将各国供应商、中间商和采购商的各种商务信息公布于世，增强国际市场的透明度，为商家带来更多的商机。

（2）有效地实现及时供应，加强出口企业对市场的应变能力。当前国际贸易出现了一个新特点，即进口商要求小批量、多品种、快交货的零库存的发展趋势，传统贸易方式对此难以适应，而 EDI 具有独特的高速信息传输的特点，缩小了出口企业与供应商的时空距离，满足了不同进出口商的要求，实现了生产企业的即时生产。

（3）顺应了欧美等发达国家的有关规定，提高了参与市场的竞争力。在新加坡和日本等国，已明文规定进出口货物通关、报验必须采用 EDI 贸易方式。因此，若不运用 EDI 开展国际贸易，就有可能被排除在这些国家的市场之外，丧失潜在的市场份额。

（4）降低出口企业的成本。① 降低了单证与人工成本。包括两个方面：一是单证的纸张成本和处理费用得到节省；二是人员开支费用得到节省。根据联合国国际贸易发展会议的统计，传统贸易方式中各国每年用纸单证的费用总计约 3 000 亿美元，而 EDI 方式处理电子单证费用仅为传统贸易方式的 1/4。② 降低了库存占用成本。采用 EDI 贸易方式能实行即时生产和供应，可最大限度地减少库存量，甚至实现零库存。③ 降低了采购成本。采用 EDI 贸易方式，可在网上进行商品采购，不仅能达到物美价廉的目的，还减少了相关通信费用。④ 减少了因纸单证出错、遗失而补救的费用。据香港国际贸易电脑服务有限公司的资料显示，采用 EDI 贸易方式可降低其费用约 40%。由于 EDI 应用软件具有自查功能，对信息源上的数据输入错误可及早查改，从而减少了补救费用。

（5）优化了运作机制，提高了管理效率。首先，它优化了企业内部的组织结构。EDI 的应用使经营管理中的各项信息的管理、统计分析和保存实现了计算机一体化，从而使机构和人员更加精练。其次，优化了企业的营运机制。EDI 的应用加快了内外信息的交流，增强了进出口贸易的磋商、签约和履行过程中各项流程的办事效率。

（6）优化了企业的经营决策。EDI 贸易方式具有快捷、信息量大的优点，运用有关软件进行统计分析,可为企业决策提供更科学的依据,增强决策的正确性。

有一家新疆营养品企业,什么营销的模式都用过,如专卖、商超终端、医药OTC、直销、会议营销,甚至连传销都做过,但是最后的结果都没有起到营销效果,企业负债累累,几乎到了关闭的状态。你有什么好方法可使该企业起死回生?

📖 课堂讨论

完成本任务后,请进行自我测试:你是否已明确国际贸易创新与电子商务环境下的国际贸易方式的深刻内涵?

⦿ 阅读与思考 10–1

电子商务助国际贸易草根化

2008年年底,敦煌网就在珠三角地区首推了"制造港"业务,直接针对中小制造企业。"制造港"业务的核心是利用敦煌网海外市场的影响力,通过交易全程的一对一式的客户经理服务,直接在海外市场推介出口制造企业,实现这些制造企业的直接出口。从实际的职能上来看,敦煌网在其中扮演了贸易公司的角色,令人惊讶的是,"制造港"业务在第一个月就创下了300万美元订单的业绩。

⦿ 任务小结

本任务主要通过介绍国际贸易创新和电子商务环境下的国际贸易等的含义、特点、类型和基本操作程序,使读者了解其在国际贸易中的基本作用,并且能独立使用它。

第3部分 任务实训

⇨ 案例分析

从无人问津到供不应求

在我国陕北有名的贫困县定边县,有大量的银杏树,以往银杏叶被人们认为是无用的东西。一天,他们在网上看到一则广告,某地急需该叶子制药。于是他们立即组织收集,那年仅这一项收入就达180万元。以后每年都有大量订单从网上传过来,要求收集银杏叶,以致这几年银杏叶供不应求。

思考题:

(1) 为什么银杏叶从无人问津到供不应求?

(2) 这个案例给我们什么启示?

◉ **模拟实训**

EDI 技术对国际贸易的作用

【实训目的】通过网上查找资料，尝试对 EDI 技术有一个初步的了解。

【实训方式】查找资料，撰写调研报告。

【实训对象】本地区。

【实训内容】本地区外贸企业利用 EDI 技术方面的调研。

【实训步骤】实训步骤如下：

（1）学生分组；

（2）分组进行前期调研，收集和整理相关资料，了解本地区一些经济学方面的信息；

（3）分组完成调研报告；

（4）全班集体讨论；

（5）教师点评。

项目 3 小结

本项目围绕国际贸易创新设计了各环节的基本知识，设置了重要知识、课堂讨论等栏目，体现了对一些重要理论知识的重组。

本项目进程以任务先行开始，以任务小结结束，希望读者在完成项目任务之后，能够及时进行自我的过程性评价，并能掌握国际贸易创新各项知识点和应用技能。

本项目能力目标：完成本项目后，读者应该能够把握国际贸易创新及电子商务环境下的国际贸易方式的丰富内涵，以现代国际贸易的创新技能指导日常国际贸易活动。完成本项目将为今后从事国际贸易工作奠定良好的基础。

开心一刻

第一个吃螃蟹的人

历史学家喜欢追溯首创和第一，其意义显而易见，因为只有第一个吃螃蟹的人才能称得上勇敢者。

中国改革开放 30 多年，谁是发起和缔造了这场改变了当今世界命运的伟大革命者，谁是冲在这场伟大革命最前列的勇士和英雄，我们或许需要花费一定的时间和客观公正的史学研究，然而现在大家能够统一和共同确认的是对前一问题的肯定，那便是：邓小平同志是中国改革开放的缔造者和主要领导者。

那么，到底谁是冲锋在这场伟大革命最前列的勇士和英雄呢？有人说是深圳人，然而"特区"的孕育和"特区"这一词最早出现，却是在 20 世纪 80 年代初中期；有人说应是 1978 年 12 月安徽小岗村的 18 户摁手印分田的农民，他们该是冲锋在这场伟大革命最前列的勇士和英雄。可浙江人不同意这种说法，浙江人明确告诉我：中国的改革风暴确实始于穷得连饭都吃不上的农民，是中国农民最先掀起的改革风暴，但我们浙江人毫无疑问是这场急风暴雨中"第一个吃螃蟹的人"。

如果说农民走出庄稼地开始经商，"我们浙江人挑着补鞋机走遍全中国的时候，绝大多数中国人还在靠粮票、靠定额过日子呢！"如果说民营企业，"这更不用说了，是我们浙江人最先开创了民营企业的先河，而且先有'浙江制造'，后来才有了'中国制造'的……"

浙江人的理直气壮，是因为改革开放的历史早已证明了这一点，而今天的浙江经济，特别是浙江广大农村所掀起的民营经济风暴，事实上一直引领着中国特色社会主义道路的样式和样板。

这是毫无疑问的历史。

参 考 文 献

［1］ 连有．新编国际贸易概论．北京：电子工业出版社，2008.
［2］ 陈宪，张鸿．国际贸易．上海：上海财经大学出版社，2007.
［3］ 冷柏军．国际贸易理论与实务．北京：中国财经经济出版社，2000.
［4］ 鲁丹萍．国际贸易理论与实务．北京：清华大学出版社，2009.
［5］ 张卿．国际贸易实务．北京：对外经济贸易大学出版社，2007.
［6］ 张炳达．国际贸易实务．上海：立信会计出版社，2005.
［7］ 黎孝先．国际贸易实务．北京：对外经济贸易大学出版社，2000.
［8］ 张魁锋．贸易实务．北京：经济科学出版社，2001.
［9］ 郎丽华．国际贸易案例精选．北京：经济日报社出版社，2005.
［10］ 冯德连．国际贸易理论与实务．北京：中国物资出版社，1998.
［11］ 郑光贵．国际贸易理论与实务．大连：东北财经大学出版社，1998.
［12］ 李晓璇．国际商务综合实训教程．重庆：重庆大学出版社，2006.
［13］ 张帆．进出口业务实训．北京：中国劳动社会保障出版社，2001.
［14］ 张晓明．国际贸易实训．北京：高等教育出版社，2005.
［15］ 冯静．国际贸易实务．北京：北京大学出版社，2009.
［16］ 刘园．国际贸易谈判．上海：复旦大学出版社，2008.
［17］ 戚世忠．国际贸易结算．杭州：浙江大学出版社，1989.
［18］ 谢娟娟．对外贸易单证实务．天津：南开大学出版社，2001.
［19］ 张亚芬．国际贸易实务与案例．北京：高等教育出版社，2002.
［20］ 中华人民共和国商务部网站．http：//www. mofcom. gov. cn/.
［21］ 在线国际商报网站．http：//www. shangbao. net. cn/.
［22］ 中国国际电子商务网．http：//www. ec. com. cn/.